Evan James Williams

GWYDDONWYR CYMRU

Evan James Williams

FFISEGYDD YR ATOM

ROWLAND WYNNE

GWASG PRIFYSGOL CYMRU
2017

www.gwasgprifysgolcymru.org

Mae cofnod catalogio'r gyfrol hon ar gael gan y Llyfrgell Brydeinig

ISBN   978-1-78683-072-2
eISBN   978-1-78683-073-9

Datganwyd gan Rowland Wynne ei hawl foesol i'w gydnabod yn awdur ar y gwaith hwn yn unol ag adrannau 77 a 78 Deddf Hawlfraint, Dyluniadau a Phatentau 1988.

THE LEARNED SOCIETY OF WALES
CYMDEITHAS DDYSGEDIG CYMRU
CELEBRATING SCHOLARSHIP AND SERVING THE NATION
DATHLU YSGOLHEICTOD A GWASANAETHU'R GENEDL

CYMYSGEDD
O ffynonellau cyfrifol
FSC
www.fsc.org   FSC® C013604

Cysodwyd gan Marie Doherty
Argraffwyd gan CPI Antony Rowe, Melksham

I'm hwyrion
Alex, Iwan, Mali a Ruby

Evan James Williams
(*Trwy ganiatâd caredig Adran Ffiseg, Prifysgol Aberystwyth*)

CYNNWYS

Pulchra sunt quae videntur,
Pulchroria quare scientur,
Longe pulcherrima quae ignorantur.

Niels Steensen (1638–86)
Gwyddonydd ac offeiriad pabyddol o Denmarc

(Prydferth yw'r oll a welwn,
Prydferthach yw'r hyn a ddeallwn,
Prydferthaf yw'r hyn na allwn ei amgyffred.)

RHAGAIR GOLYGYDD
Y GYFRES

O'r Oesoedd Canol hyd heddiw, mae gan Gymru hanes hir a phwysig o gyfrannu at ddarganfyddiadau a menter gwyddonol a thechnolegol. O'r ysgolheigion cynharaf i wyddonwyr a pheirianwyr cyfoes, mae Cymry wedi bod yn flaenllaw yn yr ymdrech i ddeall a rheoli'r byd o'n cwmpas. Mae gwyddoniaeth wedi chwarae rôl allweddol o fewn diwylliant Cymreig am ran helaeth o hanes Cymru: arferai'r beirdd llys dynnu ar syniadau gwyddonol yn eu barddoniaeth; roedd gan wŷr y Dadeni ddiddordeb brwd yn y gwyddorau naturiol; ac roedd emynau arweinwyr cynnar Methodistiaeth Gymreig yn llawn cyfeiriadau gwyddonol. Blodeuodd cymdeithasau gwyddonol yn ystod y bedwaredd ganrif ar bymtheg, a thrawsffurfiwyd Cymru gan beirianneg a thechnoleg. Ac, yn ogystal, bu gwyddonwyr Cymreig yn ddylanwadol mewn sawl maes gwyddonol a thechnolegol yn yr ugeinfed ganrif.

Mae llawer o'r hanes gwyddonol Cymreig cyffrous yma wedi hen ddiflannu. Amcan cyfres Gwyddonwyr Cymru yw i danlinellu cyfraniad gwyddoniaeth a thechnoleg yn hanes Cymru, â'i chyfrolau'n olrhain gyrfaoedd a champau gwyddonwyr Cymreig gan osod eu gwaith yn ei gyd-destun diwylliannol. Trwy ddangos sut y cyfrannodd gwyddonwyr a pheirianwyr at greu'r Gymru fodern, dadlennir hefyd sut y mae Cymru wedi chwarae rhan hanfodol yn natblygiad gwyddoniaeth a pheirianneg fodern.

SERIES EDITOR'S FOREWORD

Wales has a long and important history of contributions to scientific and technological discovery and innovation stretching from the Middle Ages to the present day. From medieval scholars to contemporary scientists and engineers, Welsh individuals have been at the forefront of efforts to understand and control the world around us. For much of Welsh history, science has played a key role in Welsh culture: bards drew on scientific ideas in their poetry; renaissance gentlemen devoted themselves to natural history; the leaders of early Welsh Methodism filled their hymns with scientific references. During the nineteenth century, scientific societies flourished and Wales was transformed by engineering and technology. In the twentieth century the work of Welsh scientists continued to influence developments in their fields.

Much of this exciting and vibrant Welsh scientific history has now disappeared from historical memory. The aim of the Scientists of Wales series is to resurrect the role of science and technology in Welsh history. Its volumes trace the careers and achievements of Welsh investigators, setting their work within their cultural contexts. They demonstrate how scientists and engineers have contributed to the making of modern Wales as well as showing the ways in which Wales has played a crucial role in the emergence of modern science and engineering.

LLUNIAU

RHAGAIR

Fel llawer arall mae gennyf atgofion melys o'm cyfnod yn astudio ffiseg yng Ngholeg Prifysgol Cymru, Aberystwyth, ar ddechrau'r chwedegau. Dyw hynny ddim yn syndod o gofio bywiogrwydd y diwylliant a oedd yn bodoli ymhlith y myfyrwyr. Ond yn ogystal â'r profiadau 'allgyrsiol' erys ambell atgof o ddarlith neu sesiwn labordy. Yn eu plith cofiaf un ddarlith gan Morrice Job – yn ymwneud â ffiseg atomig mi dybiaf – pan oedodd am ychydig i dynnu sylw at un o gyn-benaethiaid yr adran ffiseg a secondiwyd i'r llywodraeth adeg yr Ail Ryfel Byd ond na ddychwelodd i Aberystwyth oherwydd ei farwolaeth annhymig. Ei enw oedd Evan James Williams ac roedd balchder y darlithydd yn nisgleirdeb y gŵr yn amlwg. Mae'n debyg taw hynny a greodd argraff arnaf. Yn ogystal, cafodd pob un yn y dosbarth gopïau o ddau gyhoeddiad gan Williams yn disgrifio'r gwaith arloesol a gyflawnwyd yn Abersytwyth. Mae'r ddau gopi yn fy meddiant o hyd.

Dros y blynyddoedd deuthum ar draws enw Williams yn achlysurol. Ychydig wedi gadael Aberystwyth darllenais amdano mewn erthygl gan Idris Jones a ymddangosodd yn un o rifynnau cynnar *Y Gwyddonydd*. Beth amser wedyn, cefais afael ar gopi ail-law o lyfr a olygwyd gan J. Tysul Jones yn cynnwys cyfres o erthyglau a theyrngedau i ddathlu pum mlynedd ar hugain ers ei farwolaeth. Roedd darllen y llyfr yn sicr yn dyfnhau fy ymwybyddiaeth ohono a'm parch tuag ato. Yna, ym 1995, union hanner can mlynedd wedi ei farwolaeth, cefais wybod bod y Sefydliad Ffiseg (the Institute of Physics) wedi gosod plac ar y tŷ lle magwyd Williams yng Nghwmsychpant, Ceredigion, i gofnodi man ei eni a'i le yn natblygiad ffiseg yr ugeinfed ganrif.

Yn ddiweddar, tra ar wyliau yn Copenhagen, achubodd cyfaill a minne ar y cyfle i ymweld ag archif Niels Bohr, un o gewri ffiseg yr ugeinfed ganrif. Mae'r archif wedi ei lleoli yn adran ffiseg Prifysgol Copenhagen a syndod a phleser oedd cael gweld llun o Williams ar un o furiau'r swyddfeydd. Roedd y llun yn cofnodi'r cyfnod yn y tridegau y bu'n cydweithio â Bohr yn Copenhagen a chafwyd cyfle i gael cip ar rai o lythyrau Williams sydd ym meddiant yr archif. (Yn gyfangwbl mae dros hanner cant o lythyrau.) Bu'r ymweliad yn sbardun i ysgrifennu erthygl ar gysylltiad Bohr â thri gwyddonydd o Gymru â Williams yn un ohonynt. Wrth baratoi'r erthygl honno deuthum ar draws llyfr Goronwy Evans sy'n adrodd hanes Williams a'i deulu. Ynddo mae llun ohono yn un o seminarau yr Institut yn eistedd ymysg llu o gewri ffiseg y cyfnod.

Bu Williams felly yn rhyw bresenoldeb achlysurol i mi dros y blynyddoedd. Mae yna gysylltiad teuluol bychan gan fy mod yn perthyn o bell i William Lewis, prifathro ysgol Llandysul pan oedd Williams yn ddisgybl yno ac un a fu yn ddylanwad pwysig wrth lywio'r bachgen tuag at fathemateg a ffiseg. Yn ogystal, mae yna rhyw deimlad o chwithdod, oherwydd pe bai Williams wedi cael byw ac wedi aros yn Aberystwyth, yna mae'n bosibl y byddwn wedi mynychu ei ddarlithiau.

Pan gefais y gwahoddiad i baratoi cofiant Williams doedd gen i fawr o syniad i ble y byddai'r daith yn arwain ac roedd peth pryder ynghylch bodolaeth digon o drywyddion gwerth chweil. O dipyn i beth, fodd bynnag, wrth chwilota yma a thraw, dechreuodd drysau agor a gwybodaeth newydd ddod i'r fei. Serch hynny, rhaid cyfaddef bod rhai cyfnodau o fywyd Williams lle mae'r dystiolaeth yn brin. Mae hyn yn arbennig o wir am ochr bersonol ei fywyd ac felly mae yna fylchau na lwyddais i'w llenwi.

Llywiwyd gyrfa Williams nid yn unig gan y chwyldro ym maes ffiseg ar ddechrau'r ugeinfed ganrif ond hefyd gan derfysgoedd y ganrif honno. Nid yw hyn yn syndod o gofio rôl flaenllaw ffisegwyr yr Almaen yn y chwyldro. Â llawer ohonynt yn Iddewon roedd twf ffasgaeth yn y wlad honno yn ystod y tridegau yn gysgod dros bob dim. Yn nes ymlaen byddai rôl gwyddonwyr ar y ddwy ochr yn allweddol yn ystod yr Ail Ryfel Byd. Ceisiwyd adlewyrchu hyn yn y llyfr hwn.

Dyddiau'i febyd yw testun pennod 1 – ei fagwraeth ar aelwyd ei deulu yng Nghwmsychpant a'i gyfnod yn yr ysgolion lleol cyn mynd i'r coleg yn Abertawe. Yn y coleg blodeuodd ei ddiddordeb mewn ffiseg a daeth y cyfle, yn dilyn blwyddyn o waith ymchwil, i godi cwr y llen ar rai o ddirgelion y pwnc.

Yn hytrach na dilyn trywydd Williams wedi gadael Abertawe mae pennod 2 yn troi at y chwyldro ym myd ffiseg a ddigwyddodd yn ystod degawdau cyntaf yr ugeinfed ganrif. Datblygiad ffiseg cwantwm oedd craidd y chwyldro, datblygiad a oedd yn gefnlen i yrfa Williams a dyma'r rheswm am ddefnyddio'r bennod i amlinellu prif elfennau'r ffiseg newydd. Yn ogystal, ceir cyfle i gwrdd â rhai o'r arloeswyr yn y maes, gwyddonwyr y byddai Williams yn cydweithio â nhw maes o law.

Ym mhenodau 3, 4 a 5 troir yn ôl at fywyd a gwaith Williams. Ym mhennod 3 gwelir ef yn bwrw'i brentisiaeth a sefydlu ei hun ym maes ffiseg yr atom. Yn sgîl hyn llwyddodd i ennill tair doethuriaeth a chael ei benodi i'w swydd gyntaf yn ddarlithydd yn adran ffiseg Prifysgol Manceinion. Hanes ei gyfnod sabothol ym mhrifysgol Copenhagen sydd ym mhennod 4. Drwy sicrhau cymrodoriaeth Rockefeller treuliodd Williams flwyddyn yn cyd-weithio â Niels Bohr, cyfnod allweddol o safbwynt ei ddatblygiad yn wyddonydd cydnabyddedig. Yn ogystal cafodd y cyfle i gwrdd a dod i adnabod ffisegwyr blaenaf y cyfnod.

Ag yntau yn ôl ym Mhrydain parhau i ddringo yr ysgol academaidd wnaeth Williams fel y dangosir ym mhennod 5. Cafodd ei benodi i swydd hŷn yn adran ffiseg Prifysgol Lerpwl ac yna yn athro a phennaeth yr adan ffiseg yng Ngholeg Prifysgol Cymru, Aberystwyth. Daeth cydnabyddiaeth o'i statws ymysg gwyddonwyr blaenllaw Prydain gyda'i ethol yn gymrawd o'r Gymdeithas Frenhinol. Yn ogystal, chwaraeodd ran allweddol yn narganfyddiad gronyn elfennol newydd.

Daeth tro ar fyd pan gychwynnodd yr Ail Ryfel Byd a dyma destun pennod 6. Gwahoddwyd Williams i ymuno yn yr ymgyrch i wrthsefyll a gorchfygu bygythiad llongau tanfor yr Almaen ym Môr Iwerydd a dyna fu ei gyfrifoldeb gydol y rhyfel. Llwyddodd yr ymgyrch a chydnabyddir taw Williams yn anad neb fu'n gyfrifol am hynny.

Â'r Ail Ryfel Byd yn dirwyn i ben gallai ffisegwyr, a Williams yn eu plith, edrych ymlaen at ddyfodol llewyrchus gyda llywodraethau yn cydnabod rôl ffiseg yn natblygiad arfau rhyfel newydd. Ond, fel yr adroddir ym mhennod 7, trawyd Williams yn ddifrifol wael. Ni lwyddodd i ailgydio yn ei waith yn Aberystwyth a bu farw ag yntau ond yn 42 mlwydd oed. Defnyddir pennod 8 i gloi'r stori gan gyflwyno trosolwg o waith a bywyd Williams.

Yn naturiol, trafodir syniadau ffisegol o bryd i'w gilydd sydd yn debyg o fod yn heriol i nifer o ddarllenwyr. Mae hynny yn arbennig o wir am gynnwys pennod 2. Serch hynny nid yw hyn yn faen tramgwydd oherwydd gellir dilyn llif y stori a gyflwynir heb orfod ymbalfalu gyda chysyniadau dieithr. Anogir y darllenydd i wneud hynny lle bo galw.

Wrth fynd ati i gasglu deunydd elwais ar fodolaeth nifer o gofiannau gwyddonwyr enwog. Cafodd rhai eu cyhoeddi yn gymharol ddiweddar. Os nad yn sôn am Williams ei hun, maent yn amlinellu digwyddiadau, disgrifio lleoliadau a rhoi blas ar fywyd gwyddonwyr sydd yn berthnasol i'w gyfnod. Manteisiais hefyd ar y cyfle i gyfeirio at wyddonwyr eraill o Gymru lle roedd hynny yn briodol. Ceir manylion ynghylch nifer o'r prif ffynonellau a fu o ddefnydd i mi yn yr adran Llyfryddiaeth ar ddiwedd y llyfr.

Gallaf dystio i'r croeso a'r cymorth a gefais ymhob man ynghyd â'r parodrwydd i chwilota pan oedd angen. Hoffwn ddiolch yn benodol i Julie Archer, Rheolwr Cofnodion, Llyfrgell Hugh Owen, Prifysgol Aberystwyth (lle mae archif Williams wedi ei lleoli); Susan Thomas, Archifau Richard Burton, Prifysgol Abertawe; Finn Aaserud a Felicity Pors, Archif Niels Bohr, Copenhagen. Yn ogystal hoffwn ddiolch i archifyddion a gweinyddwyr y sefydliadau canlynol: Prifysgol Caerdydd; Prifysgol Caergrawnt a Choleg Gonville a Caius, Coleg y Frenhines a Choleg y Drindod; Prifysgol y Drindod Dewi Sant; Prifysgol Lerpwl; Prifysgol Manceinion; Cofrestrfa Prifysgol Cymru; Llyfrgell yr Amgueddfa Wyddoniaeth yn Llundain (lle mae rhan o Archif Niels Bohr i'w gweld); y Gymdeithas Frenhinol (lle mae papurau Patrick Blackett wedi eu lleoli); y Comisiwn Brenhinol ar gyfer Arddangosfa 1851; y Sefydliad Brenhinol; Gwasanaeth Archif BBC Cymru; a Chyngor Sir Ceredigion.

Yn yr un modd cefais wasanaeth cwrtais a chyflym gan nifer o lyfrgelloedd, gan gynnwys Prifysgol Abertawe, Prifysgol Caerdydd,

Llyfrgell Genedlaethol Cymru a'r Llyfrgell Brydeinig. Yn achos Prifysgol Abertawe, bu John Tucker o gymorth mawr drwy drefnu i mi ddod yn aelod o lyfrgell y brifysgol ac felly sicrhau mynediad ar lein i gyfnodolion a chylchgronau.

Yr oedd llyfrau Goronwy Evans a Tysul Jones yn amlwg yn fannau cychwyn. Cafodd Goronwy ei fagu yng Nghwmsychpant ac mae ganddo gof plentyn o Williams a bu'n lladmerydd brwd dros gadw'r hanes amdano'n fyw. Bu'n gymwynasgar iawn â mi drwy rannu y deunydd sydd ganddo a'm goleuo ynghylch sawl cornel tywyll. Pleser o'r mwyaf yw cael cydnabod fy nyled iddo.

Bu sawl person arall yn barod i roi o'u hamser. Carwn ddiolch yn benodol i John Dyke, Andrew Evans, Keith Evans, David Falla, Gareth Griffith, Alan Amphlett Lewis, Robin Marshall, Rhys Morris, Patricia Thomas a Geraint Vaughan am eu cymorth a'u cyngor. Hoffwn ddiolch hefyd i swyddogion Gwasg Prifysgol Cymru am ddod â'r cyfan i'r fei.

Gareth Ffowc Roberts, cadeirydd panel golygyddol Cyfres Gwyddonwyr Cymru, a wnaeth dynnu fy sylw at y posibilrwydd o baratoi cyfrol ar Evan James Williams a'm cymell i ymgymryd â'r dasg. Â minnau'n ddigon petrus ynghylch y syniad bu'n barod iawn i drafod yr hyn a oedd mewn golwg a'r goblygiadau o safbwynt yr awdur. Trwy hynny tawelodd lawer o'm hofnau. Gwerthfawrogaf y gefnogaeth a'r cyngor cyson a gefais ganddo gydol y daith ac am y cyfle gefais ganddo ef a'i gyd-banelwyr – Iwan Morus a John Tucker – i fentro ymgymryd â'r dasg.

Afraid dweud bod unrhyw gamgymeriadau ffeithiol neu ddadan-soddiadol yn disgyn ar fy ysgwyddau i.

Yn olaf hoffwn ddiolch i'm gwraig, Marian, fu'n hynod amyneddgar a chefnogol gan roi cymorth yn gyson. Bu ei chefnogaeth yn allweddol.

Rowland Wynne
Mehefin 2017

1

MAE GEN I FREUDDWYD

Pentref bychan yw Cwmsychpant ar y briffordd rhwng Llanbedr
Pont Steffan (neu Llambed fel y'i gelwir ar lafar gwlad) a Chastell
Newydd Emlyn (yr A475). Rhydd yr enw ddisgrifiad cryno o'r safle
gan ei fod yn gorwedd mewn pant heb nag afon na nant, er bod ambell
darddell neu ffynnon yma a thraw. Does yna yr un tafarn nac ysgol.
Bu siop fechan ar un adeg ond mae honno wedi cau ers amser. Yr unig
adeilad cyhoeddus yw'r capel – Capel y Cwm – addoldy sy'n perthyn
i'r Undodiaid. Mae Cwmsychpant felly o fewn y Smotyn Du – yr ardal
honno yn ne Ceredigion sy'n gadarnle yr enwad yng Nghymru.

I rywun sy'n gyrru ar y briffordd drwy'r pentref prin bod dim i
dynnu'r sylw heblaw am y capel a'r fynwent o'i gwmpas. Fodd bynnag, o
oedi a chymryd golwg fanylach, fe welir bod plac ar dalcen y tŷ gyferbyn
â'r capel yn coffáu y ffisegydd Evan James Williams.

Y tŷ hwn, Brynawel, yw man cychwyn a diwedd y stori a adroddir
yn y llyfr hwn, stori sy'n cyffwrdd â rhai o ddatblygiadau gwyddonol
pwysicaf yr ugeinfed ganrif, gan ymestyn o'r endidau lleiaf y gwyddom
amdanynt i ffenomenau cosmig. Mae'n arwain hefyd ymhell o
Gwmsychpant i leoliadau mor bell â Moscow ar y naill law a Califfornia
ar y llaw arall. Yn bwysicach na hyn mae'n stori am ŵr o allu ang-
hyffredin a oedd yn athrylith yn ei faes ac a ystyrir yn un o'r gwyddon-
wyr mwyaf galluog a welodd Cymru erioed. Roedd hefyd yn ŵr a
ymfalchïodd gydol ei oes yn ei filltir sgwâr a'i fagwraeth Gymreig a
Chymraeg.

Teulu Brynawel

Ganwyd Williams ar yr wythfed o Fehefin 1903, yr ieuengaf o dri mab
James ac Elizabeth (Bes) Williams. Yr oedd James Williams yn hannu o
blwyf Llanwenog, lle saif Cwmsychpant, tra ganwyd Elizabeth Lloyd yn
Llangfihangel-ar-Arth ym mhlwyf Llandysul. Fodd bynnag, oherwydd
marwolaeth ei thad bythefnos cyn iddi gael ei geni symudodd i gartref
ei mam-gu a thad-cu yng Nghwmsychpant. I ysgol Llanwenog yr aeth
y ddau ac yn sgil adnabyddiaeth pentref ac ysgol daethant at ei gilydd a
phriodi yn eu hugeiniau cynnar. Ganwyd y mab hynaf, David, ym 1894
a'r ail, John, ym 1896.

'Dyn llawn yn y gymdogaeth, yn gadarn ei gymeriad a phendant ei
farn', yw disgrifiad Goronwy Evans o James Williams yn ei lyfr 'Gwell
Dysg na Golud'. Dywed taw 'gwraig serchog yn llawn cyffro a bwrlwm'
oedd Elizabeth Williams, 'canolbwynt yr aelwyd a lle bynnag y byddai
roedd yna hiwmor a chwerthin'. I Williams, gŵr difrifol oedd ei dad,
un oedd yn selog ei aelodaeth yng nghapel cyfagos Brynteg. Mynych
y dadleuon brwd rhyngddynt ar faterion crefyddol oedd yn cythruddo
ei dad ar adegau, yn ôl y mab. Ar y llaw arall, o safbwynt crefydd, roedd
ei fam yn llai pendant ei barn ac yn fwy goddefol na'i gŵr.

Masiwn (saer maen) oedd y tad ac ef, gyda'i frawd yng nghyfraith, a
adeiladodd Brynawel. Yn anffodus anafodd y tad ei benglin wrth drin cer-
rig ac o dipyn i beth gwaethygodd y cyflwr. Yn y pendraw bu'n rhaid torri
darn o'r goes i ffwrdd, gan ei orfodi i ddefnyddio coes artiffisial weddill ei
oes. Serch hynny cerddai ef a'i deulu bob bore Sul i gapel yr Annibynwyr
ym Mrynteg rhyw filltir neu ddwy i ffwrdd, lle roedd James Williams yn
ddiacon ac yn drysorydd. Ar nos Sul, aros yn y pentref wnâi'r teulu, gan
fynychu Capel y Cwm dros y ffordd o'r tŷ. Darllenid y Beibl yn ddyddiol
ac felly roedd crefydd yn rhan annatod o fywyd y teulu.

Mae'n debyg yr ymddiddorai brawd hŷn James Williams mewn
mathemateg; llwyddodd i gael tystysgrif ar gyfer dysgu'r pwnc a chyfle
wedyn i ymarfer ei ddawn yn ei hen ysgol yn Llanwenog. Dyma efallai
rhyw fath o ragfynegiad o alluoedd y meibion.

Yn ôl D. Jacob Davies, a ddaeth yn weinidog ar gapel Undodaidd
Cwmsychpant yn ystod pumdegau'r ganrif ddiwethaf, hannai Elizabeth

Williams o'r un Llwydiaid â nifer o weinidogion Undodaidd blaenllaw, yn ogystal â'r pensaer byd-enwog Frank Lloyd Wright. Roedd yn mwynhau darllen ac yn pori'n gyson mewn papurau newydd ac unrhyw lyfr a ddoi i law. Oherwydd hyn, y geiriadur oedd un o dri llyfr oedd yn ganolog i fywyd yr aelwyd. Y ddau arall oedd y Beibl, fel y soniwyd eisoes, a chyfrol Ysgol Farddol Dafydd Morgannwg.

Mae cyfrol Dafydd Morgannwg yn tynnu sylw at ddileit James Williams mewn barddoni ac mae Evans wedi neilltuo pennod yn ei lyfr ar gyfer trafod ei waith. Yr oedd yn gystadleuydd brwd ar yr englyn mewn eisteddfodau lleol ac yn aml iawn yn dod i'r brig. Adlewyrcha'r testunau fywyd gwledig y cyfnod a dyma ddwy enghraifft, y cyntaf ynghylch dyfodiad y tractor a'r llall yn dathlu'r friallen:

Sŵn tractor hwyr a borau – a ledodd
Drwy'r wlad er ys dyddiau;
Ufudd was cynhaeafau,
Torri'r ŷd neu troi er hau.

Un fach swil chwaer y lili – yn gynnar
Y gwanwyn wna'n llonni
Ac i'r claf gwawr haf yw hi,
I'w ysbryd fe rydd asbri.

Byddai hefyd yn cystadlu ar y delyneg ac unwaith eto yn aml yn llwyddiannus. Dyma ddau bennill o gerdd gyfansoddodd ar y testun oedd wedi ei osod, sef Simne Lwfer. Simnai hen ffasiwn oedd hon lle gellid, o sefyll oddi tani, weld yr awyr uwchlaw, un y byddai yn ddigon cyfarwydd â hi fel masiwn. Gyda llaw, 'simnai' oedd y sillafiad ddefnyddiodd James Williams yn ei delyneg.

Simnai lwfer oedd y ffasiwn
Amser gynt drwy'r oll o'n gwlad,
Dyna'r simnai oedd i'r bwthyn
Bach gwyngalchog mam a nhad.
....

Peidied neb â cheisio dannod
Bod hi'n dlawd heb unrhyw fri,
Nid mewn cyfoeth byd mo'i hurddas
Oriau hedd oedd ei hawr hi.

Ar drywydd arall dywed Evans y deuai ceisiadau yn aml ar gyfer cyfansoddi cerddi cyfarch yng nghyngherddau croesawu'r milwyr nôl adref o'r fyddin. Mae'n debyg bod dros gant o'r rhain.

Mae'r farddoniaeth yn rhoi cipolwg ar fywyd ardal a ffordd o fyw y cyfnod ond, fel yr awgryma Evans, mae hefyd yn rhoi blas ar fywyd Brynawel a'r diwylliant y codwyd y tri mab ynddo ac yn pwysleisio'r dyhead o'u gweld yn siarad Cymraeg ac yn parchu'r iaith a'r diwylliant Cymraeg.

Elfen arall oedd y pwyslais roddid ar addysg. Dywed Williams fod ei dad yn credu'n gryf ym mhwysigrwydd addysg; pwysigrwydd oedd yn haeddu aberth os oedd angen. Clywodd Evans y fam ar sawl achlysur yn cynghori teuluoedd y fro, 'Rhowch lyfr i blentyn i greu'r awydd ynddo i ddarllen a'r awch at addysg.' Crynhoir hyn yn y sampler a weuodd yn ddeunaw oed, gwaith lliwgar gyda phaun balch yn y canol wedi ei amgylchynu gan flodau ac adar eraill, a'r neges 'Gwell Dysg na Golud' wedi ei gwau ar y gwaelod. Ni allai Evans fod wedi dewis gwell teitl i'w lyfr.

Fel eu rhieni, i Lanwenog yr aeth y brodyr pan ddaeth yn amser mynd i'r ysgol. David, neu Dai i'w frodyr a'i gyfeillion, oedd y cyntaf, ac ar ôl cyfnod yno daeth y cyfle iddo barhau â'i addysg yn Ysgol Sir Llandysul. Wedi matricwleiddio yn bymtheg oed, gadawodd Landysul a mynd yn 'pupil teacher' yn ei hen ysgol yn Llanwenog. Yno y bu am ddwy flynedd, gan astudio fin nos ar gyfer arholiadau'r gwasanaeth sifil. Bu'n llwyddiannus a chafodd swydd gyda'r gwasanaeth Tollau Tramor a Chartref yn South Shields. Ond syrffedodd ar y gwaith ac ym 1914 listiodd gyda'r fyddin a mynd i frwydro yng ngogledd Ffrainc. Priododd yn yr un flwyddyn ac ar ôl i'r rhyfel ddod i ben symudodd y teulu i Aberystwyth. Flwyddyn yn ddiweddarach, fodd bynnag, llwyddodd i gael mynediad i gwrs peirianneg yn Ngholeg Prifathrofaol Deheudir Cymru a Mynwy (Coleg y Brifysgol, Caerdydd wedyn) gan raddio ym 1922.

Treuliodd y rhan fwyaf o'i yrfa gyda'r Sefydliad Awyrennau Brenhinol (*Royal Aircraft Establishment*) yn Farnborough, gan ymuno

1 Sampler Elizabeth Williams, mam E. J. Williams
(Trwy ganiatâd caredig Adran Ffiseg, Prifysgol Aberystwyth)

â'r adran strwythurau. Fe'i penodwyd yn uwch swyddog a daeth yn awdurdod yn ei faes. Bu'n darlithio'n rhan-amser i fyfyrwyr ôl-radd Coleg Imperial Llundain. Derbyniodd nifer o anrhydeddau, gan gynnwys cael ei ethol yn Gymrawd o'r Gymdeithas Awyrennol Brenhinol (the Royal Aeronautical Society) a derbyn gradd DSc gan Brifysgol Manceinion. Yn ogystal, cyhoeddodd *An Introduction to the Theory of Aircraft Structures* a ddaeth yn adnabyddus fel llyfr gosod safonol. Ar drywydd gwahanol amlygodd ei hoffter o chwarae golff (mae'n debyg bod y tri brawd yn olffwyr da) drwy gyhoeddi llyfr yn dwyn y teitl *The Science of the Golf Swing*. Dywed Goronwy Evans bod David yn llai cymdeithasol ac yn dawelach personoliaeth na'i ddau frawd. Yn ôl ei ŵyr, yr oedd yn berson tra pharod i ddadlau, amharod i ddioddef nonsens a'i dymer yn gallu dod i'r wyneb pan yn gyrru. Bu farw yn Farnborough ym 1970 yn saith deg chwech mlwydd oed.

I ysgol Llanwenog aeth yr ail frawd John (Jack i'w gydnabod) ond yn anffodus dioddefai o'r fogfa a bu'n rhaid iddo dreulio llawer o amser yn ei wely, yn enwedig pan yn blentyn. Serch hynny, er yr anfantais o fethu ag elwa'n addysgol tra'n blentyn, gyda'r dycnwch oedd yn nod-weddiadol o'r teulu, mynychodd ddosbarthiadau nos a llwyddo i gymhwyso ei hun yn optegydd cydnabyddedig. Ar ôl priodi sefydlodd fusnes optegydd, gemwaith a thrin watshis ym Maesteg. Bu farw yn Abertawe ym 1983 ag yntau yn wyth deg pump mlwydd oed.

Dyddiau Ysgol

Fel ei frodyr, cychwynnodd Evan James Williams ei addysg yn ysgol Llanwenog. Buan y sylweddolwyd ei fod yn blentyn hynod alluog a gydol ei gyfnod yn yr ysgol yr oedd ar frig ei ddosbarth. Bu ei frawd hynaf David yn ei ddysgu am gyfnod, profiad gwerthfawr yn ôl Williams, yn arbennig pan yn ymdrin â llenyddiaeth Saesneg. Prifathro ysgol Llanwenog oedd J. W. Jones, gŵr llym ei ddisgyblaeth ond yn awyddus i sicrhau llwyddiant ei ddisgyblion. Ym marn Williams, dyletswydd yn hytrach na phleser oedd dysgu iddo ef a'i gyd-ddisgyblion.

Er bod ei dad yn eisteddfotwr pybyr ymddengys na wnaeth Williams ei ddilyn. Byddai, fel ei frawd John, yn troi i ganu pan wrth ryw dasg neu'i gilydd yn y tŷ ond does dim sôn iddo wneud hynny ar lwyfan eisteddfod. Ei unig atgof yw iddo unwaith ennill yng nghystadleuaeth adrodd i blant ac, ar yr un noson, ddod yn gyntaf ar chwarae'r organ geg. Flynyddoedd wedyn roedd yn dal i gofio taw'r alaw a ddaeth â buddugoliaeth iddo oedd 'God Save the King'.

Ym 1915, ag yntau yn ddeuddeg oed, efelychodd ei frawd hynaf drwy ennill yr hyn a elwid yn *free place* yn Ysgol Sir Llandysul gan gael y marciau uchaf drwy'r sir yn yr arholiad. Golygai hyn nad oedd angen talu am ei addysg tra yn Llandysul. Mae'n debyg i'w brifathro yn Llanwenog ei geryddu am adael yr ystafell ugain munud yn gynnar yn yr arholiad rhifyddeg. Fodd bynnag, Williams gafodd y gair olaf gan iddo lwyddo i ennill marciau llawn ar y papur hwnnw. Canlyniad ei orchest, yn ôl Lucy Bellamy a oedd yn yr un dosbarth ag ef, oedd i'w gyd-ddisgyblion ei gario o gwmpas ar ysgol. Cafodd hithau yr un anrhydedd gan iddi ddod yn drydydd yn yr arholiad.

Prifathro ysgol Llandysul oedd William Lewis, un o'r ardal a gafodd ei fagu ar fferm Talfedw, Pencarreg. Ef oedd prifathro cyntaf yr ysgol pan ei sefydlwyd ym 1895. Yn dra galluog, aeth i Ysgol Coleg Dewi Sant Llambed ac mae sôn ei fod yn codi yn y bore i odro cyn mynd i'r ysgol. Ysgol oedd hon yn perthyn i Goleg Dewi Sant ac yn cyflwyno addysg gyffelyb i'r hyn oedd yn cael ei gynnig yn ysgolion gramadeg y cyfnod. O'r ysgol enillodd Lewis ysgoloriaeth i'r coleg, lle cwblhaodd gwrs mathemateg tair blynedd mewn dwy flynedd a hynny gyda gradd dosbarth cyntaf. Yna llwyddodd i sicrhau ysgoloriaeth arall i Goleg y Frenhines, Caergrawnt, gan dderbyn gradd dosbarth cyntaf mewn mathemateg ar ddiwedd tair blynedd ym 1890, gorchest oedd yn dwyn y teitl *Wrangler*. Ar ôl gadael Caergrawnt bu'n dysgu mewn nifer o ysgolion, gan gynnwys Ysgol Llanymddyfri cyn ei benodi'n brifathro Ysgol Sir Llandysul. Yn naturiol, roedd ganddo ddiddordeb arbennig mewn addysg fathemategol a gwyddonol a thra'n brifathro parhaodd i ddysgu mathemateg, gwersi a oedd wrth fodd Williams. Os taw dyletswydd oedd dysgu yn Llanwenog, trodd yn fwynhad pur dan ddylanwad ac ysbrydoliaeth Lewis, gan sicrhau bod ei ddiddordeb cynhenid mewn ffiseg a mathemateg yn ffynnu.

Person arall a fu'n gryn ddylanwad ar Williams oedd yr athro gwyddoniaeth John Jones. Daeth Jones i Landysul o ysgol gynradd leol er mwyn llenwi bwlch dros gyfnod y rhyfel. Digon gwantan oedd ei gymwysterau academaidd. Serch hynny, i Williams roedd yn athro penigamp a'i wersi, drwy roi 'bywyd a lliw' i'r hyn yr oedd yn ei gyflwyno, yn hyfrydwch pur. Tystia taw'r athro hwn fu'n gyfrifol am gyflwyno iddo'r wefr o ddehongli a datrys canlyniadau arbrofion, ymarfer a fu'n agos iawn at ei galon gydol ei yrfa academaidd.

Yng nghyfnod Williams, arferiad disgyblion nad oedd yn byw yn agos i'r ysgol oedd lletya yn Llandysul yn ystod yr wythnos a mynd adref ar y penwythnosau. Dyna fu ei hanes yntau. Dau arall a oedd yn lletya yn 6 Marble Terrace oedd John Tysul Jones ac Evan Tom (Ianto)

Davies a daeth y tri yn ffrindiau da. Flynyddoedd wedyn canmolodd y drefn breswyl, gan ddatgan ei bod yn rhagori ar fyw gartref a'i bod yn drueni nad oedd yn bodoli mwyach. Yn ei farn ef roedd y bywyd preswyl yn meithrin cymuned glos ymysg y disgyblion, yn gyfle i osgoi yr hyn a fyddai'n tynnu sylw'r disgybl yn ei gartref ei hun ac yn datblygu'r gallu i berson fod yn hunanddibynnol.

Ar ôl dyddiau ysgol aeth Tysul Jones i Goleg Prifysgol Cymru, Aberystwyth a thra yno daeth yn gyfeillgar â Waldo Williams ac Idwal Jones. Graddiodd mewn Cymraeg ac yna mynd yn athro, gan ddysgu mewn nifer o ysgolion cyn ei benodi'n bennaeth adran yn ei hen ysgol yn Llandysul. O Landysul aeth yn brifathro Ysgol Uwchradd Fodern Henllan ac yna Ysgol Uwchradd Castell Newydd Emlyn, gan dderbyn gradd MA Prifysgol Cymru tra yn y swydd honno.

I Goleg Prifysgol Cymru Aberystwyth yr aeth Davies a graddio mewn mathemateg gymhwysol. Oddi yno aeth i Goleg Prifysgol Abertawe gan dderbyn ail radd, y tro hwn mewn mathemateg bur, ac yna radd MSc. Astudiodd ar gyfer ei ddoethuriaeth ym Mhrifysgol Rhufain cyn mynd am gyfnod i Baris ac yna yn ôl i Brydain i ddarlithio yng Ngholeg y Brenin, Prifysgol Llundain. Yn debyg i Williams, fel y ceir gweld isod, ymddengys bod Davies yn gymeriad bywiog, a thra yn Rhufain cafodd ei restio dair gwaith. Ar un achlysur, roedd ef a chriw o fyfyrwyr yn y Colosseum yn llawn hwyl a sbri. Penderfynwyd y dylai pawb ganu eu hanthem genedlaethol. Davies oedd yr olaf, ond tra'n morio 'Hen Wlad fy Nhadau' glaniodd yr heddlu. Yn ffodus, ni chafodd ei hebrwng i'r carchar. Yn amlwg yn fathemategydd disglair, fe'i dyrchafwyd maes o law yn ddarllenydd, cyn symud i Gadair Mathemateg Coleg Prifysgol Southampton. Ar y pryd ef oedd yr unig athro mathemateg ym Mhrydain nad oedd wedi astudio naill ai yn Rhydychen neu Gaergrawnt.

Direidi a Dysg

Flynyddoedd wedyn rhannodd Davies rai o'i atgofion o Williams yn ystod ei ddyddiau ysgol. Cofia'r bachgen byr ond llydan o gorff â gwên ddireidus ar ei wyneb. Llysenw Williams oedd Desin ac mae Goronwy Evans yn cynnig tri eglurhad am y modd y cafodd y llysenw hwnnw. Yr eglurhad cyntaf oedd taw dyma sut yr oedd Williams yn ynganu'r gair deryn pan yn blentyn a'r ail oedd bod y llysenw'n adlewyrchu'r ffaith ei fod yn fach o gorff. Y trydydd, a'r mwyaf tebygol yn ôl Evans, yw ei fod yn deillio o'r gair *decimal*, a hynny yn adlewyrchu ei allu wrth drin rhifau. Pa eglurhad bynnag sydd agosaf at y gwir, tra'n ddigon hapus i'w gyfeillion ei alw'n Desin, atgof Davies yw nad oedd Williams yn croesawu cael ei alw'n '*Decimal*'. Yn wir gwneud hynny oedd y ffordd sicraf o gael cosfa ganddo ac o gofio'i gryfder corfforol mae'n siwr y byddai'r troseddwr yn cofio'r wers.

Yn ôl Davies, byddai Williams wastad ynghanol unrhyw dwrw, ei chwerthiniad yn uwch na neb a'r posibilrwydd o chwarae triciau byth ymhell o'i feddwl. Un tro cafodd Davies gerydd gan yr athro gwyddoniaeth oherwydd bod ei nodiadau gwaith cartref ar waith ymarferol yn cynnwys diagramau diystyr. Roedd hyn yn gymaint o syndod i Davies ag i'r athro ond mewn byr amser daeth yn amlwg bod Williams wedi cael gafael ar y llyfr gwaith cartref wedi i Davies orffen a mynd ati i newid y diagramau. Fel y tystiai eraill, parhaodd y gyneddf hon gydol ei oes.

2 Dau gyfaill ysgol, E. J. Williams ar y chwith
ac E. T. (Ianto) Davies ar y dde
(Trwy ganiatâd caredig Goronwy Evans)

Criced oedd hoff gêm Williams ac yn arbennig batio. Wedi cinio ganol dydd yn y llety, yr arferiad ymysg y bechgyn yn yr haf oedd taw y cyntaf i gyrraedd y cae fyddai hefyd y cyntaf i fatio. Yn benderfynol taw ef fyddai'r bachgen hwnnw, câi Davies y dasg o aros wrth ddrws y tŷ ac os oedd unrhyw awgrym bod rhywun arall yn y stryd ar fin mynd allan, yna roedd i roi rhybudd i Williams a hwnnw wedyn yn gadael ei fwyd a rhuthro i'r cae. Wedi gadael ysgol trodd oddi wrth griced at denis a pharhaodd ei ddiddordeb yn y gêm honno weddill ei fywyd.

Ym 1918 ag yntau wedi bod dair blynedd yn ysgol Llandysul, bu Williams yn llwyddiannus yn arholiadau tystysgrif ysgol Bwrdd Canol Cymru, gyda rhagoriaeth mewn nifer o bynciau gan gynnwys rhifyddeg, geometreg, ffiseg a mecaneg. Cofia Davies iddo fynd ati ar ôl pob arholiad i farcio'r papur ar sail yr atebion a roddodd er mwyn cyfrif'o'r marc yr oedd yn debyg o'i gael. Pan gyhoeddwyd y marciau gwelwyd bod nifer ohonynt o fewn rhyw 2 y cant i'w gyfrifiad ef. Ymysg y rhain yr oedd un hynod o isel, sef 41 y cant ar gyfer Lladin, marc a oedd yn agos iawn at y ffin rhwng llwyddiant a methiant. Roedd pasio Lladin yn bwysig, oherwydd drwy wneud hynny fe eithrid yr ymgeisydd o anghenion matricwleiddio. Felly, o gofio cywirdeb ei ragfynegiadau, pam anelu mor agos at y trothwy? Yn syml, 'swot' yn unig fyddai'n llwyddo i gael marc uchel mewn Lladin, ac yn sicr doedd Williams ddim yn chwennych y teitl hwnnw. Anodd peidio ag edmygu'r gamp o gyflwyno digon o atebion cywir i sicrhau mai crafu dros y trothwy a wnâi.

Gyda chryn hapusrwydd y trodd i baratoi ar gyfer arholiadau tysty-sgrif uwch Bwrdd Canol Cymru gan ei fod yn ei alluogi i roi o'r neilltu nifer o'r pynciau y bu'n astudio tan hynny a chanolbwyntio ar y rhai, megis ffiseg, yr hoffai orau. Roedd hyn yn golygu newid yn y rheolau ar gyfer disgyblion oedd yn lletya yn Llandysul. Yn gyffredin roedd yn rhaid i bawb fynd i'w gwely erbyn deg y nos. Fodd bynnag, câi y rhai oedd yn astudio ar gyfer y dystysgrif uwch barhau gyda'u gwaith cartref am awr arall, tan un ar ddeg y nos. Ag yntau yr unig un yn 6 Marble Terrace oedd yn paratoi ar gyfer y dystysgrif uwch ar y pryd ef, felly, fyddai'r unig un i lawr grisiau. Ond doedd hynny ddim at ei ddant o gwbl a byddai yn ceisio perswadio gwraig y tŷ i aros gydag ef, gan ruthro i fyny'r grisiau o'i blaen pan benderfynai hithau droi am y gwely.

Gwreiddyn y drwg oedd y straeon am ysbrydion a glywai yn fynych tra'n blentyn, gyda'r canlyniad ei fod yn rhy ofnus i fod mewn ystafell yn hwyr y nos ar ei ben ei hun. Llwyddodd i oresgyn ei ofnau yn y pendraw a daeth gweithio yn ei ystafell tan oriau mân y bore yn rhan o batrwm ei fywyd. Ond parhaodd i fod yn ofergoelus. Flynyddoedd wedyn, pan fyddai Davies ag yntau yn ôl yn yr ardal, gyrrai draw i gartref ei ffrind fin nos. Roedd dwy ffordd yn ôl i Gwmsychpant, un yn hwy na'r llall o ryw ddwy neu dair milltir. Ond roedd y ffordd fer yn mynd heibio plasty gwag lle darganfuwyd cyrff dau ddyn oedd wedi cyflawni hunanladdiad. Dros ei grogi wnâi Williams ddim teithio yn ôl ar y ffordd fer. Fel y dywed Davies gallai ei ddychymyg Celtaidd fod yn drech na'i resymeg.

Yn ystod haf 1919, yn un o ddau yn unig o'r ysgol a oedd yn ymgeisio, llwyddodd yn yr arholiadau'r tystysgrif uwch mewn ffiseg, cemeg a mathemateg. Â phrinder athrawon dros gyfnod y rhyfel, mae'n debyg na chafodd fawr o wersi na chymorth tra'n paratoi ar gyfer arholiadau tystysgrif ysgol uwch. Serch hynny, credai Williams iddo elwa llawer ar y profiad o roi cymorth i ddisgyblion eraill a bod dan orfodaeth i ddarllen ystod o lyfrau, a bod y profiad hwnnw wedi'i baratoi ar gyfer ei gyfnod fel myfyriwr.

Cofia J. Tysul Jones ac E. T. Davies am un digwyddiad arbennig yn ei gwmni ar noson braf yn ystod yr haf hwnnw. Trodd Williams atynt a dweud yn lled ddifrifol ei fod yn gweld seren o'i flaen a oedd yn cynrychioli doethuriaeth DSc a chymrodoriaeth y Gymdeithas Frenhinol (FRS) ac y gwnâi gyrraedd y seren honno mewn ugain mlynedd. Beth bynnag am farn ei gyd-letywyr ar y pryd, y rhyfeddod yw iddo wireddu'r freuddwyd honno o fewn yr amser a bennodd. Mae'n nodedig ei fod yn ymwybodol o arwyddocâd academaidd DSc ac FRS ag yntau ond yn un ar bymtheg mlwydd oed, tystiolaeth nid yn unig o ehangder ond hefyd dyfnder ei ddarllen.

Mynd i'r Coleg

O gofio'r uchelgais a rannodd gyda'i ddau ffrind mae'n siwr bod cystadlu am ysgoloriaethau prifysgol ar ei feddwl. Gwyddai wrth gwrs am lwyddiant ei brifathro yn sicrhau mynediad i Goleg y Frenhines,

Caergrawnt ond roedd Williams dros dair blynedd yn iau nag oedran Lewis yn mynd i Gaergrawnt. Yn ogystal roedd hwnnw eisoes wedi ennill gradd mewn mathemateg.

Ar y llaw arall, oherwydd diffyg athrawon cymwys, nid oedd y sefyllfa yn yr ysgol yn ffafriol o safbwynt paratoi ar gyfer ysgoloriaethau. Felly, mae'n debyg nad oedd yr opsiwn o aros yn yr ysgol am flwyddyn arall i baratoi ar gyfer arholiadau ysgoloriaeth yn apelio. Beth bynnag, nid person i aros yn ei unfan oedd Williams a byddai yn awyddus i chwilio am sialens newydd. Ar ddamwain gwelodd hysbyseb yn y papur dyddiol yn datgan bod Cyngor Abertawe yn cynnal arholiad ar gyfer ysgoloriaethau mynediad i goleg technegol y dref. Enynnwyd ei ddiddordeb ond yn anffodus roedd yr arholiad i'w chynnal y dydd wedyn a'r trên olaf am Abertawe wedi gadael. Fodd bynnag, cafodd achubiaeth, oherwydd daeth ei frawd John adref ar ei foto beic a chynnig mynd ag ef ar gefn y beic. Dyna wnaeth. Safodd yr arholiad y dydd wedyn a'r canlyniad oedd iddo ennill ysgoloriaeth. Camp hynod o gofio na fu unrhyw baratoad, hyd y gywyddys, ar ei ran.

Pam mynd i goleg technegol? Yn gyntaf roedd modd astudio ar gyfer gradd, yn benodol arholiadau gradd allanol Prifysgol Llundain. Yn ogystal daethai Williams i'r casgliad, am y tro beth bynnag, taw gwell fyddai astudio peirianneg am y tybiai y byddai hynny yn arwain at well cyfleoedd am swydd. Mae'n siwr i'r ffaith mai peirianneg oedd pwnc ei frawd ddylanwadu yn hyn o beth. Fodd bynnag, mwy arwyddocaol oedd y datblygiadau a oedd yn yr arfaeth ar gyfer y coleg.

Pan benderfynwyd yn wythdegau'r bedwaredd ganrif ar bymtheg y dylid sefydlu un coleg prifysgol yn ne Cymru ac un arall yng ngogledd Cymru (roedd coleg prifysgol eisoes yn bodoli yn Aberystwyth), Caerdydd fu'r dewis yn y de. Roedd Abertawe yn llai na hapus â'r penderfyniad, yn arbennig o gofio'r ystod eang o ddiwydiannau a oedd yn bodoli yn yr ardal a'r galwadau technegol ddoi yn sgil hynny. Ddiwedd y ganrif dechreuwyd cynnal dosbarthiadau nos yn ysgol ramadeg y dref ac yna ym 1901 sefydlwyd Coleg Technegol Abertawe. Mewn byr o dro gofynnwyd i Brifysgol Cymru ddatgan bod y coleg yn gymwys ar gyfer astudio tuag at raddau'r brifysgol mewn gwyddoniaeth a gwyddoniaeth gymwysiedig. Ddaeth dim o'r cais ar y pryd ond ni ddiffoddwyd

y dyhead ac ail gychwynnwyd ar y dasg o ddwyn perswâd ar Brifysgol
Cymru cyn i'r Rhyfel Byd Cyntaf ddod i ben. Fodd bynnag, roedd barn
allanol gref bod paratoi graddau ar yr ochr wyddonol a thechnolegol yn
unig yn annerbyniol; ni ellid ystyried sefydliad yn brifysgol neu goleg
prifysgol yng ngwir ystyr y gair onibai ei fod yn cynnwys y dyniaethau
hefyd. Derbyniwyd hyn gan Abertawe, ehangwyd y cais i gynnwys y
dyniaethau ac yn haf 1919, gyda bendith Llys Prifysgol Cymru, cafwyd
caniatâd gan y Cyfrin Gyngor i sefydlu coleg prifysgol. Pan ymgeisiodd
Williams am yr ysgoloriaeth gwnâi hynny yn y gobaith cryf y byddai
yn ymuno â sefydliad a fyddai yn dod yn rhan o Brifysgol Cymru a
gwireddwyd y gobaith hwnnw erbyn iddo ddod yn fyfyriwr yn y coleg
technegol yn nhymor yr hydref 1919. Cychwynnodd, fel y crybwyllwyd
eisoes, ar gwrs peirianneg ond wedi tymor trodd yn ôl at y gwyddorau
pur gan astudio ffiseg, cemeg a mathemateg a llwyddo yn arholiadau'r
haf canlynol yn y pynciau hyn. Arholiadau canolradd allanol Prifysgol
Llundain oedd y rhain.

Ym mis Hydref 1920 cofrestrwyd myfyrwyr cyntaf Coleg Prifysgol
Abertawe, wyth deg naw i gyd, a Williams yn eu plith gan gychwyn eu
hastudiaethau yn y coleg technegol. Fodd bynnag, nid oedd y sefyllfa'n
un ddelfrydol o bell ffordd. Tra bod y coleg prifysgol yn paratoi myfyr-
wyr ar gyfer graddau Prifysgol Cymru yn ogystal â dysgu'r myfyrwyr a
oedd yn cwblhau arholiadau Prifysgol Llundain, yr oedd cyrsiau eraill y
coleg technegol yn parhau a phrin y gellid dweud bod lle digonol i bawb.
Yn ogystal, roedd y cyfarpar a'r cyfleusterau a oedd ar gael yn y labordai
yn annigonol. Mewn gwirionedd yr oedd dau sefydliad yn gweithredu
dan yr un to. Yn wyneb y sefyllfa hon myfyrwyr gwyddoniaeth yn unig
gafodd fynediad yn y flwyddyn gyntaf.

Yn ffodus, roedd gwaredigaeth wrth law oherwydd yr oedd stâd
Singleton, gan gynnwys adeilad Abaty Singleton, wedi dod i feddiant
y cyngor lleol ac ar ôl trafodaethau cytunwyd bod yr Abaty yn ogystal
â thir cyffiniol yn cael ei neilltuo ar gyfer y coleg prifysgol. Ag adeilad
yr abaty yn awr ar gael derbyniwyd myfyrwyr yn y celfyddydau yn ail
flwyddyn y coleg prifysgol. Yn ogystal, cychwynnwyd ar y gwaith o godi
adeiladau dros dro ar gyfer y disgyblaethau gwyddonol ar y tir cyffiniol
ac erbyn y drydedd flwyddyn yr oedd ystafelleodd a labordai ar gyfer

yr adran ffiseg wedi eu cwblhau. Felly ar ôl treulio dwy flynedd yn y coleg technegol, cwblhaodd Williams ei radd yn yr adeiladau newydd ar safle Singleton.

Fel y gellid disgwyl, bychan oedd nifer staff yr adran ffiseg – heblaw am y pennaeth, doedd ond dau ddarlithydd amser llawn ac un rhan amser. Y pennaeth oedd yr Athro Evan Jenkin Evans. Wedi ei eni a'i fagu yn Llanelli, mynychodd ysgol ramadeg y dre cyn mynd i Goleg Prifysgol Cymru, Aberystwyth, lle graddiodd ym 1902. Oddi yno aeth i Goleg Brenhinol Gwyddoniaeth, Llundain (a ddaeth wedyn yn rhan o Goleg Imperial, Prifysgol Llundain) gan dderbyn gradd y coleg (associateship) ym 1906. Arhosodd yn y coleg fel arddangosydd,

3 E. J. Williams yn fyfyriwr yng Ngholeg Prifysgol Abertawe tua 1921
(Trwy ganiatâd caredig Goronwy Evans)

yn gyntaf mewn astroffiseg ac yn nes ymlaen mewn ffiseg. Ym 1908 cafodd ei benodi i ddarlithio yn adran ffiseg Prifysgol Manceinion. Enillodd radd DSc Prifysgol Llundain ym 1915 ac yn y flwyddyn honno fe'i dyrchafwyd yn ddarlithydd hŷn. Bedair blynedd yn ddiweddarach daeth yn gyfarwyddwr cynorthwyol yr adran ffiseg.

Gyda phenodi Evans yn athro cyntaf Coleg Prifysgol Abertawe mewn ffiseg daeth heriau a chyfleodd newydd i'w ran. Un yn arbennig oedd cyflwr cwbl anaddas y cyfleusterau yn y coleg technegol ac un o'i brif dasgau oedd cynllunio y labordai newydd ar gampws Singleton, tasg lle gallai elwa ar ei brofiad ym Manceinion. Rhoddodd hyn gyfle iddo sefydlu adran ffiseg gyda llechen lân, ac wrth wneud hynny mae'n siwr bod cael myfyriwr disglair fel Williams ymysg ei braidd o'r cychwyn yn bleser iddo. Yn wir tystia Evans, ag yntau wedi sylweddoli o'r cychwyn bod gan Williams allu eithriadol, iddo ei gymell i ddilyn cyrsiau ychwanegol mewn ffiseg damcaniaethol a chemeg ffisegol. Yn ddarlithydd penigamp, rhoddai bwyslais ar feithrin dulliau ymchwil gan gynnwys arferion arbrofol da. Yn agos at ei fyfyrwyr oherwydd nad oedd ond llond dwrn ohonynt, mae'n siwr iddo sefydlu awyrgylch gynhaliol a fyddai wrth fodd Williams ag yntau yn awr yn gallu canolbwyntio ar ei hoff bwnc.

Nid y darlithiau a'r gwaith labordy oedd yr unig gynhaliaeth, oherwydd ar ddiwedd y flwyddyn gyntaf aed ati i sefydlu Cymdeithas Ffiseg a Mathemateg ar gyfer y myfyrwyr a'r staff, gan ethol yr athro yn llywydd a Williams yn ysgrifennydd. Y bwriad oedd cynnal tri chyfarfod yn nhymor y Nadolig a thri arall yn ystod yr ail dymor ag amod bod te i'w weini cyn pob cyfarfod. Onibai bod siaradwr gwadd wedi ei wahodd darllenid papur gan aelod o staff neu fyfyriwr. Wedyn roedd cyfle i drafod a dengys cofnodion y gymdeithas barodrwydd Williams i roi ei big i fewn.

Ar ddiwedd y flwyddyn penderfynwyd cynnal picnic a Williams yn un o'r tri a gafodd y cyfrifoldeb o drefnu'r digwyddiad. A gyflawnodd rhwy ystryw neu driciau yn ystod y digwyddiad? Efallai, oherwydd go brin i'w ddireidi ballu tra'n fyfyriwr. Cofia Iwan Edwards, cyd-fyfyriwr yn yr adran ffiseg, un hanesyn. Mae'n debyg bod tîm rygbi Llanelli i chwarae ar faes Abertawe ganol yr wythnos. Aeth Williams ati i gymell ei gyd-fyfyrwyr i brynu tocyn a'i roi i'r athro gyda'r canlyniad y caent hwythau y prynhawn i fynd i'r gêm hefyd. Y gobaith oedd y byddai teyrngarwch Evans i fro ei febyd yn drech nag unrhyw ymdeimlad o ddyletswydd. Yn anffodus nid felly bu ac unig ymateb yr athro oedd chwerthin yn iach a diolch iddynt am feddwl amdano.

Cyfeiriwyd eisoes at barodrwydd Williams i ganu. Sonia Iwan Edwards amdano yn troi i ganu 'Calon Lân' yn y labordy. Arwydd oedd hynny i'r myfyrwyr eraill ei bod yn amser rhoi'r gorau i'w gwaith er mwyn mynd i ddarlith neu i'r ffreutur am seibiant. O gofio bywiogrwydd Williams efallai nad ymddygiad allan o'r cyffredin oedd hyn. Fodd bynnag, mewn llythyr at Goronwy Evans cyfeirir at sylw myfyriwr arall, a oedd yn y coleg ar yr un pryd, bod Williams braidd yn 'ecsentrig' a'i fod yn ddihid o ran ei ddillad a'i olwg. Yn benodol, cofiai ei fod yn gwisgo hosan wlanen hir o gwmpas ei wddf yn ystod oerni'r gaeaf.

Yn haf 1923 safodd arholiadau terfynol y cwrs gradd ac ennill dosbarth cyntaf gan dderbyn y clod uchaf posibl gan yr arholwr allanol. Charles Barkla oedd hwnnw, athro athroniaeth naturiol Prifysgol Caeredin, yn Gymrawd o'r Gymdeithas Frenhinol ac yn enillydd gwobr Nobel am ei ymchwiliadau ar belydrau X. Yn arholwr tra profiadol ac adnabyddus, mae'n werth dyfynnu'r cymal canlynol o'i adroddiad ynghylch Williams; 'his papers submitted in the Honours Degree Examination were some of the most remarkable I have ever had the privilege of reading'. Anodd meddwl am eirda gwell.

Cychwyn Ymchwilio

Yn sgîl ei lwyddiant roedd yn naturiol i Williams benderfynu aros yn Abertawe i baratoi ar gyfer gradd meistr dan oruchwiliaeth Evans a llwyddodd i sicrhau un o ysgoloriaethau Prifysgol Cymru (Ysgoloriaeth Ôl-raddedig y Trysorlys) am ddwy flynedd. Yn ogystal â Williams, roedd tri arall yn sefyll yr arholiadau gradd a chafodd un ohonynt – Thomas John Jones – radd dosbarth cyntaf. Fel Williams, arhosodd yn Abertawe i baratoi ar gyfer gradd meistr a bu'r ddau yn ymchwilio yn yr un maes, sef llif trydan drwy fetalau hylifol.

I bob pwrpas ymgymerodd Williams â dwy astudiaeth benodol, un yn ymwneud â gwaith ymchwil yn y labordy a'r llall yn canolbwyntio ar ystyriaethau damcaniaethol. Pwrpas y cyntaf oedd mesur y modd y mae dargludedd metalau hylifol yn amrywio pan fo'r tymheredd yn newid, hyn gyda'r bwriad o sicrhau mesuriadau oedd yn gywirach ac yn ymestyn dros ystod tymheredd ehangach na'r rhai oedd wedi eu cyhoeddi gan eraill. Roedd yr ymchwil yn galw am fanylder a medrusrwydd wrth ddatblygu cyfarpar addas a'i weithredu'n llwyddiannus, ac mewn geirda yn ddiweddarach tynnodd Athro Evans sylw at fedr Williams i oresgyn yr anawsterau a oedd o reidrwydd yn codi. Cynhaliodd arbrofion gydag arian byw ac yna gyda mesur gwanedig o sawl metal arall wedi ei ychwanegu i arian byw (sef amalgamau) a llwyddodd i sicrhau cyfres o fesuriadau. Wedi i Williams adael, parhawyd i gynnal ymchwiliadau cyffelyb yn yr adran gan fyfyrwyr a oedd yn paratoi ar gyfer cyflwyno traethawd MSc. Un o'r rheini oedd Iwan Edwards y cyfeiriwyd ato uchod.

Yr oedd gwaith cyd-ymchwilydd Williams, sef Thomas John Jones, yn ymwneud â mesur y modd y mae gwrthiant trydanol metalau hylifol yn newid ym mhresenoldeb maes magneteg a'r pwnc hwn fu'n sail i ail astudiaeth Williams. Aeth ati i geisio dirnad sut yr oedd maes magneteg yn creu'r newid a arddangosid mewn arbrofion. Y canlyniad fu iddo ddatblygu fframwaith ddamcaniaethol ar gyfer y dasg ac yna dadansoddi'r mesuriadau a wnaed gan Jones ac eraill. Yn sgîl y dadansoddiadau, llwyddodd i daflu golau ar natur y prosesau a oedd yn arwain at y newid gwrthiant. Un elfen dra phwysig oedd y mudiant neu'r llif a oedd yn ymddangos yn yr hylif oherwydd presenoldeb y maes magnetig. Fel yn achos llifeiriant dŵr mewn afon, gallai fod yn esmwyth neu, os yn gryf, yn dyrfol (*turbulent*). Yr oedd fframwaith Williams yn golygu y gallai wahaniaethu rhwng y ddau fath a thrwy hynny ddadansoddi canlyniadau gwahanol arbrofion a oedd yn arddangos un ai llif esmwyth neu un tyrfol. Tra'n gwneud hyn gwelodd bod ei ganlyniadau, a oedd yn deillio o ystyriaethau trydanol a magnetig, hynny yw ystyriaethau electromagnetig, yn cyfateb i'r hyn a ganfyddid drwy astudiaethau hydrodynameg – sef y wyddor sy'n ymwneud â mudiant hylifau. Flynyddoedd wedyn byddai Williams yn ailgydio yn y canfyddiad hwn.

Mae'n debyg, yn ôl ei frawd David, taw Jones oedd wedi sbarduno'r astudiaeth ddamcaniaethol hon, oherwydd na allai ef, na neb arall o ran hynny, egluro'r mesuriadau trydanol a ganfyddid wrth astudio'r metal hylifol dan sylw – arian byw – pan ym mhresenoldeb maes magnetig. Enynnodd y dirgelwch chwilfrydedd Williams. Hoeliodd ei holl sylw ar ei ddatrys ac yn sydyn, am dri y bore ag yntau yn ei wely, daeth ateb pan sylweddolodd taw llif yn yr arian byw oedd y rheswm. Cododd ac aeth ati yn syth ac yn llawn cynnwrf i ddatrys yr hafaliadau perthnasol a gweld bod yr ateb yn cydweld â chanlyniadau'r arbrofion. Dyma'r enghraifft gyntaf, yn ôl Williams, o deimlo'r wefr o ddeall a datrys canfyddiad arbrofol a oedd, tan hynny, yn ddirgelwch.

Mewn geirda gan ei athro rhai blynyddoedd wedyn dywed Evans i Williams ddatblygu ei astudiaeth ddamcaniaethol ar ei liwt ei hun, gan nodi bod greddf gyson Williams i roi ei wybodaeth ddamcaniaethol ar waith pan yn wynebu problem arbrofol wedi creu argraff ddofn arno. Fel y ceir gweld, dyma un o nodweddion amlycaf Williams, sef ei awydd yn wastadol i fynd dan y wyneb, pa arbrawf bynnag fyddai dan sylw, i archwilio hanfodion y broses er mwyn ceisio deall yr hyn a oedd yn digwydd.

Cyflwynodd Williams ei ddwy astudiaeth i Brifysgol Cymru ym mis Ebrill 1924, rhai misoedd cyn diwedd y flwyddyn academaidd, a dyfarnwyd gradd MSc iddo am y gwaith. Ymddangosodd dau gyhoeddiad o'i eiddo yn y *Philosophical Magazine* – cylchgrawn gwyddonol uchel ei barch – flwyddyn yn ddiweddarach.

Â Williams wedi cael blas ar waith ymchwil a blwyddyn o grant Prifysgol Cymru heb eto ei defnyddio, daeth yn amser i benderfynu ar y cam nesaf. Dichon y gallai aros yn Abertawe i barhau i ymchwilio yn yr un maes a pharatoi ar gyfer doethuriaeth. Er, o ystyried na ddyfarnwyd PhD i fyfyriwr o'r adran tan ddechrau'r tri degau, mae'n bosibl nad oedd y cyfleusterau angenrheidiol ar gyfer hynny yn bodoli ym 1924. Ar y llaw arall, o gofio'r uchelgais rannodd gyda'i ddau gyfaill ysgol, roedd yn ymwybodol ei fod yn bwysig iddo ehangu ei orwelion. Hynny a orfu ac erbyn tymor yr hydref 1924 yr oedd wedi symud i adran ffiseg Prifysgol Manceinion gyda geirda gwresog gan ei athro. Cyn dilyn ei hynt yn yr adran honno, fodd bynnag, mae'n briodol tynnu sylw at sefyllfa ffiseg y cyfnod – cyfnod pan oedd math newydd o ffiseg yn dod i'r fei ac a fyddai wedi ei grybwyll yn rhai o gyfarfodydd y Gymdeithas Ffiseg a Mathemateg. Dyna destun y bennod nesaf.

2

SIGLO'R SEILIAU

Ffiseg y Bedwaredd Ganrif ar Bymtheg

Yn ei lyfr *When Physics Became King* olrheinia Iwan Rhys Morus
dwf ffiseg yn ystod y bedwaredd ganrif ar bymtheg. Tra nad oedd y
gair 'ffisegydd' yn bodoli ym Mhrydain tan 1830, dengys Morus bod
ffiseg, erbyn diwedd y ganrif, wedi datblygu yn ddisgyblaeth gydna-
byddedig a llwyddiannus a oedd yn cael ei gweld fel sail ein deallt-
wriaeth o'r byd o'n cwmpas ac yn rhan annatod o ddiwylliant y cyfnod.
Ymestynnai'r llwyddiant hwn o ddamcaniaethau sylfaenol i ddatbly-
giadau diwydiannol.

Dau o brif gonglfeini ffiseg y ganrif – ffiseg glasurol, fel y'i gelwir
– oedd mecaneg Newton a damcaniaeth electromagneteg Maxwell, y
naill yn ymwneud â mudiant a'r llall â thonnau. Yr oedd mecaneg Isaac
Newton wedi ei hen sefydlu. Fe'i cyflwynwyd gan Newton yn ei gamp-
waith – y *Principia* – ddiwedd yr ail ganrif ar bymtheg ac fe'i crynhoir
yn ei dair deddf sylfaenol sy'n rhoi disgrifiad mathemategol cyflawn o
fudiant gwrthrych dan ddylanwad grymoedd fel, er enghraifft, mudiad
pêl drwy'r awyr dan ddylanwad grym disgyrchiant y ddaear. Un nod-
wedd arbennig o 'fydysawd' Newton, yw ei fod yn benderfynedig (*deter-
ministic*). Felly, yng nghyswllt y bêl, o wybod ei lleoliad a'i chyflymder ar
adeg benodol, yna gellir rhagfynegi yn union ei lleoliad a'i chyflymder
ar adeg ddiweddarach. Dyma nodwedd fyddai'n cael ei herio fel y ceir
gweld yn nes ymlaen yn y bennod hon.

Pwnc arall o ddiddordeb i Newton oedd natur golau ac arweinia
hyn at yr ail gonglfaen, sef damcaniaeth electromagneteg Maxwell. Ym

marn Newton llif o ronynnau oedd golau yn ei hanfod ond roedd rhai o'i gyfoedion yn anghytuno, gan ddatgan y dylid ei gynrychioli trwy gyfrwng tonnau. Gan mlynedd yn ddiweddarch, ar ddechrau'r bedwaredd ganrif ar bymtheg llwyddodd Sais, gŵr o'r enw Thomas Young, i ddangos yn ddigamsyniol taw tonnau oedd yn cyfleu y darlun cywir.

Rydym yn ddigon cyfarwydd â thonnau yn y byd o'n cwmpas. Pan deflir carreg i ddŵr llonydd gwelir y tonnau yn ymestyn allan yn gylchoedd o'r lle disgynnodd y garreg gyda chrib a phant bob yn ail. Tonfedd yw'r enw ar y pellter rhwng pob crib (neu bant) ac amledd yw nifer y cribau, neu bantiau, a aiff heibio man penodol mewn eiliad. Mae'r ddau fesur â chysylltiad clos â'i gilydd; wrth i'r donfedd fynd yn fwy mae'r amledd yn lleihau, ac wrth i'r donfedd leihau mae'r amledd yn cynyddu – a defnyddir y naill neu'r llall pan yn disgrifio ton.

Os taw drwy gyfrwng ton yr oedd disgrifio golau, yna beth oedd natur y tonnau hyn? Daeth yr ateb yn dilyn synthesis trydan a magneteg a ddatblygwyd gan un o gewri ffiseg y bedwaredd ganrif ar bymtheg, Albanwr o'r enw James Clerk Maxwell a ddaeth yn bennaeth labordy'r Cavendish ym Mhrifysgol Caergrawnt. Drwy adeiladu ar waith Michael Faraday, arloeswr ym myd astudio trydan a magneteg, llwyddodd Maxwell i greu fframwaith mathemategol a oedd yn uno'r ddwy ffenomen. Yn sgîl hyn rhagfynegodd fodolaeth tonnau electromagnetig. Ar sail ei ddamcaniaeth a'r data arbrofol a oedd ar gael ar y pryd, cyfrifodd Maxwell gyflymdra y tonnau electromagnetig a dangos bod hynny'n cyfateb i gyflymdra golau. Daeth felly i'r casgliad taw cynnwrf electromagnetig oedd tonnau golau, sef osgiliadau trydanol a magnetig.

Rhai blynyddoedd yn ddiweddarach, ym 1888, daeth cadarnhad o hynny pan brofwyd bodolaeth tonnau electromagnetig gan Almaenwr o'r enw Heinrich Hertz. Llwyddodd Hertz i allyrru osgiliadau electromagnetig drwy'r awyr a'u canfod ychydig bellter i ffwrdd. Roedd yr osgiliadau hyn yn cyfateb i'r hyn a elwir heddiw yn donnau radio.

Er taw Hertz gafodd y clod, llwyddodd Cymro – David Edward Hughes – i gynhyrchu y tonnau hyn ymron i ddeng mlynedd ynghynt. Cynhaliodd arddangosiad ym mhresenoldeb nifer o wyddonwyr a oedd yn cynnwys Cymro arall, Syr William Henry Preece, a oedd yn brif beiriannydd y teligraff i'r Swyddfa Bost, ond yn anffodus ni lwyddodd i'w perswadio a rhoddodd y gorau i'r arbrawf. Mab i deulu o'r Bala oedd Hughes a ymfudodd i'r Unol Daleithiau pan oedd yn saith mlwydd oed. Datblygodd yn ddyfeisydd ac arbrofwr athrylithgar a hynod fedrus. Ef ddatblygodd brototeip pob microffon a ddefnyddir heddiw ac ef hefyd a ddyfeisiodd yr argraffwr teligraff cyntaf.

Ym 1895, ychydig flynyddoedd wedi darganfyddiad Hertz, llwyddodd Almaenwr arall o'r enw Wilhelm Röntgen i arddangos bodolaeth pelydrau X. Gwnaeth hyn drwy osod foltedd uchel ar draws electrodau tiwb gwydr a oedd wedi ei wagio gan yrru cerrynt trydan drwyddo a phrofi bod pelydriadau anhysbys yn ymddangos. Rhoddodd yr enw pelydrau X iddynt. Daethpwyd i'r casgliad taw tonnau electromagnetig oedd y pelydriadau hyn hefyd, a hynny a brofwyd rhai blynyddoedd yn ddiweddarach. Erbyn hyn gwelir radio, golau a phelydrau X fel enghreifftiau o'r un ffenomen ac yn perthyn i'r hyn a elwir yn sbectrwm electromagnetig. Mae'r sbectrwm yn ymestyn dros ystod enfawr o donfeddi; radio ar y naill law â thonfeddi hir (i'w mesur fesul metrau) a phelydrau X ar y llaw arall â thonfeddi eithriadol o fach (oddeutu biliwnfed rhan o fetr).

Cyn i Röntgen ddarganfod pelydrau X roedd gwyddonwyr, ers rhai blynyddoedd, wedi bod yn astudio llif trydan drwy nwyon ar wasgedd isel drwy ddefnyddio cyfarpar tebyg i'w un ef ac wedi sylwi ar olau gwan yn dod o electrod negatif y tiwb gwydr. *Cathode rays* oedd yr enw a roddwyd i'r golau hyn. Roedd cryn drafod ynghylch natur y pelydrau; ai tonnau oeddent neu ronynnau? Dyma oedd maes ymchwil Joseph John Thomson fel pennaeth labordy'r Cavendish yng Nghaergrawnt. Trwy ei arbrofion llwyddodd i brofi taw gronynnau gwefr negatif oedd y *cathode rays*. Dyma ganlyniad a oedd yn agor pennod newydd yn natblygiad ffiseg, oherwydd hwn oedd y gronyn elfennol cyntaf i'w ddarganfod – yr electron fel y'i enwyd wedyn. Hynod yw nodi bod Thomson, er blaengaredd ei arbrofion, yn berson pur drwsgwl mae'n debyg; adroddir bod ei gynorthwywyr yn ceisio'u gorau i'w wahardd rhag trin yr offer.

Ymhlith ei gyhoeddiadau mae llyfr sy'n cyflwyno ymdriniaeth fathemategol o hanfodion trydan a magneteg a ddaeth yn dra phoblogaidd fel llyfr gosod. Roedd y llyfr hwn ymysg llyfrau y daeth Evan James

Williams ar eu traws tra'n paratoi ar gyfer arholiadau'r tystysgrif uwch. Tystia iddo gael blas ar ei ddarllen ac i hynny gryfhau ei ddiddordeb mewn ffiseg.

Ond o ble roedd yr electron yn dod? I Thomson roedd yn anorfod ei fod yn tarddu o grombil yr atom gan danseilio, felly, yr hen syniad bod yr atom yn endid anwahanadwy. Arweiniodd hyn at ddyfalu natur ei gyfansoddiad. Y model pwdin eirin oedd syniad Thomson, sef bod yr atom yn debyg i belen o wefr bositif. O fewn y belen roedd yr electronau wedi eu gwasgaru drwyddi megis eirin mewn pwdin, y wefr bositif yn cadw'r electronau, a hwythau i gyd â gwefr negatif, rhag gwasgaru oherwydd gwrthyrriad trydanol. Fodd bynnag, model cwbl wahananol a orfu, model a gyflwynwyd rhai blynyddoedd yn ddiweddarach ym 1911 gan Ernest Rutherford, un o fyfyrwyr cyntaf Thomson.

Rutherford a Chrombil yr Atom

Yn un o ddeuddeg o blant, ganwyd Rutherford ym 1871 mewn ffermdy yn nhalaith Nelson, Ynys y De, Seland Newydd. Mynychodd Goleg Christchurch ac ar ôl graddio enillodd ysgoloriaeth i'r Cavendish ym 1895 gan ymuno â Thomson fel myfyriwr ymchwil. Datblygodd yn arbrofwr medrus ac ym 1898 fe'i apwyntiwyd yn athro ffiseg ym Mhrifysgol McGill, Montreal. Daeth yn ôl i Brydain ym 1907 i gadair ffiseg ym Mhrifysgol Manceinion, cyn symud i'r Cavendish ym 1919 yn olynydd i J. J. Thomson.

Disglair, ysbrydoledig, diflino, byrlymus, di-lol, hunan-hyderus, dyfeisgar – dyna rai o'r ansoddeiriau a ddefnyddir i ddisgrifio Rutherford. Yn un o gewri ffiseg yr ugeinfed ganrif, roedd yn arbrofwr heb ei ail. Ateb cyd-fyfyriwr a holwyd am ei gyfeillgarwch gydag ef oedd taw amhosibl oedd sôn am gyfeillgarwch ag un o rymoedd natur. Fel ffis-egydd doedd dim pall ar ei gywreinrwydd. Sylw arall amdano oedd na chollodd y gallu i gael ei synnu.

Wedi cyfnod yn parhau â'r gwaith ar ddatblygu derbynnydd ton-nau radio a gychwynnodd yn Seland Newydd, aeth ati i gydweithio â Thomson yn ei astudiaethau ar lif trydan drwy nwyon. Fodd byn-nag, tynnwyd ei sylw gan ddatblygiad nodedig yn Ffrainc. Roedd

Henri Becquerel yn archwilio sylweddau ffosfforegol (*phosphorescent* – sylweddau sy'n tywynnu ar ôl i belydriadau megis pelydriadau uwchfioled ddisgyn arnynt) i weld a oeddent yn allyrru pelydrau X. Darganfu, ym 1896, bod halwyni wraniwm yn allyrru pelydriadau pa un bynnag a oeddent yn ffosfforegol ai peidio. Fe'u galwodd yn belydrau wranig. Darganfu Marie Curie effaith gyffelyb mewn elfennau eraill gan alw'r ffenomen yn ymbelydredd (*radioactivity*) a rhoi'r label 'ymbelydrol' ar yr elfennau oedd yn ei arddangos.

Trodd Rutherford i astudio'r ffenomen gan barhau â'r gwaith wedi symud i Montreal. Drwy ddefnyddio ffoiliau metal o wahanol drwch darganfu bod dau belydriad gwahanol, un yn treiddio ymhellach drwy'r ffoiliau na'r llall. Fe'u henwodd yn belydrau α a β (y llythrennau Groegaidd alffa a beta). Yn ddiweddarach, llwyddwyd i ddangos bod trydydd pelydriad yn bodoli a oedd yn treiddio ymhellach fyth a galwyd hwnnw yn belydr γ (gamma). Daethpwyd i ddeall taw gronynnau oedd y pelydrau α a β, y naill â gwefr bositif a'r llall â gwefr negatif, a phrofwyd mewn byr o dro taw electronau oedd yr olaf. Tybiai Rutherford taw atomau heliwm wedi colli dwy electron ('ïon' yw'r enw a roddir ar atom sydd wedi colli electronau ac felly â gwefr bositif) oedd pelydrau α ac fel y cawn weld, bu'n parhau i'w hastudio gyda chanlyniadau dramatig. O ran y pelydrau γ, profwyd maes o law taw tonnau electromagnetig oeddent ond â thonfedd a oedd yn llai hyd yn oed na phelydrau X.

Tra'n cynnal arbrofion ar yr elfen thoriwm sylweddolodd Rutherford a'i gyd-weithiwr, y cemegydd Frederick Soddy, ei bod yn ymddangos bod y thoriwm yn troi yn elfen arall yn sgil y broses ymbelydrol – dadfaeliad ymbelydrol fel y daethpwyd i'w adnabod. Anodd oedd credu'r fath beth. Wedi'r cwbl, prin bod ymdrechion yr alcemyddion dros y canrifoedd yn cael eu hystyried yn weithgaredd wyddonol. Serch hynny, profodd arbrofion pellach taw dyna oedd yn digwydd a bod elfennau ymbelydrol yn trawsnewid yn ddigymell i elfennau eraill.

Roedd y darganfyddiad hwn yn goron ar ymchwiliadau Rutherford ac yn cadarnhau ei le fel arweinydd ym maes astudio ymbelydredd. Does rhyfedd felly i Rutherford dderbyn gwobr Nobel Cemeg ym 1908. Dichon i'r ffaith iddo gael ei anrhydeddu fel cemegwr fod yn fater o ddifyrrwch iddo. Wedi'r cwbl, roedd yn hoff o ddweud taw dau fath o wyddoniaeth oedd yn bodoli sef 'ffiseg a chasglu stampiau,' brawddeg a ddyfynnir gydag awch gan bob ffisegydd!

Parhaodd Rutherford i astudio gronynnau α wedi iddo symud i Fanceinion ym 1907 a llwyddodd i brofi taw ionau heliwm oeddent. I ganfod y gronynnau gosodid plât ffotograffig ar draws eu llwybr ac wrth astudio'r modd y treiddient drwy ffoil metal sylwodd bod y smotyn lle roedd y gronynnau yn taro'r plât yn niwlog ac aneglur. Awgrymai hyn bod y gronynnau yn cael eu gwasgaru wrth fynd drwy'r ffoil. Aeth ati gyda'i gydweithiwr – yr Almaenwr Hans Geiger – i archwilio ymhellach.

Roedd yr arbrawf yn dangos bod mwyafrif y gronynnau yn mynd yn syth drwy'r ffoil neu'n cael eu hallwyro drwy ryw un neu ddwy radd. Fodd bynnag, roedd ychydig yn cael eu gwyro drwy ongl dipyn mwy. Ymunodd myfyriwr, Ernest Marsden, yn y gwaith, gyda'r dasg o weld beth fyddai'n digwydd wrth gynnal mesuriadau ar onglau mwy ac, er dirfawr syndod ac anghrediniaeth, gwelwyd bod ambell un yn cael ei daro yn syth yn ôl. Sut oedd y fath beth yn bosibl? Fel y dywedodd Rutherford, roedd yn debyg i saethu siel at ddarn o bapur a'i gweld yn dod nôl ar ei phen.

Daeth i'r casgliad bod angen maes trydanol anferth yn yr atom ei hun er mwyn troi'r gronyn ar ei sodlau. Ond o safbwynt darlun pwdin eirin Thomson o'r atom nid oedd hyn yn bosibl, gan fod y wefr bositif wedi ei gwasgaru ar ei draws ac felly yn rhy wan i greu'r fath rym. Felly rhaid bod y darlun hwnnw yn anghywir. I greu maes trydanol digonol, casgliad Rutherford oedd bod gwefr bostif yr atom wedi ei chywasgu yn un pwynt yn y canol – y niwclews – rhyw gan mil gwaith yn llai na maint yr atom. I ddefnyddio cymhariaeth arall gan Rutherford, roedd megis 'gwybedyn mewn cadeirlan'. Heblaw am yr electronau roedd y rhan fwyaf o'r atom yn wag. Felly byddai mwyafrif llethol y gronynnau α yn gwibio drwy'r ffoil heb eu hallwyro o gwbl. Serch hynny, byddai rhai yn ddigon agos i'r niwclews i gael eu hallwyro gan ei faes trydanol ac ambell un yn ei daro 'ar ei ben' a'i droi'n ôl. Cadarnhawyd casgliadau Rutherford gan arbrofion pellach a chyhoeddodd ei ddamcaniaeth ym mis Mawrth 1911.

Roedd tynnu'r llen yn ôl ar adeiledd yr atom yn arwydd bod y sicrwydd a oedd yn bodoli i lawer ar ddiwedd y bedwaredd ganrif ar bymtheg yn dechrau gwegian. Tybiai nifer o ffisegwyr bod y pwnc wedi cyrraedd ei lawn dwf ac nad oedd dim byd gwirioneddol sylfaenol i'w ddarganfod mwyach. Prin bod y ganrif newydd wedi ymddangos cyn tanseiliwyd y dybiaeth hon yn llwyr gan ddwyn i fod yr hyn y gellir ei alw yn ffiseg newydd, ffiseg a gafodd ei ymgorffori mewn dau chwyldro. Yn achos un, cwestiynau ynghylch natur lledaeniad tonnau golau fu'n sbardun, tra natur y tonnau hyn oedd sbardun y llall.

Chwyldro'r Clerc Athrylithgar

Credai Maxwell, fel gwyddonwyr eraill, bod angen cyfrwng i alluogi tonnau golau i ledaenu, yn yr un modd ag y mae'r awyr yn gyfrwng ar gyfer cynnal tonnau sŵn. Yr enw a roddwyd i'r cyfrwng hwn oedd ether, ond er sawl arbrawf hynod fanwl, methiant bob tro oedd yr ymdrech i arddangos ei fodolaeth. Fodd bynnag, ym 1905 cyhoeddodd gŵr a oedd yn ddinesydd y Swistir ond yn enedigol o'r Almaen – Albert Einstein – bapur a oedd yn ymwrthod â'r ether ac yn sgil hynny yn cyflwyno damcaniaeth newydd – damcaniaeth perthnasedd arbennig (*special relativity*).

Yn sail i'w ddamcaniaeth cyflwynodd Einstein ddau osodiad. Datganai'r gosodiad cyntaf bod holl ddeddfau ffiseg yr un fath i bob arsyllwr beth bynnag fo'r cyflymder cymharol rhyngddynt. Nid oedd y gosodiad hwn – sef egwyddor perthnasedd – yn newydd; roedd yn wybyddus ers dyddiau Galileo. Fodd bynnag, os oedd yr ether yn bodoli roedd arsyllwr a oedd yn llonydd (mewn cymhariaeth â'r ether) mewn sefyllfa 'freintiedig' – sefyllfa o lonyddwch absoliwt. Roedd ymwrthod â sefyllfa absoliwt o'r fath yn golygu nad oedd y fath beth ag ether yn bodoli.

Byrdwn yr ail osodiad oedd bod cyflymder golau yn ddigyfnewid. Roedd hwn yn syniad hollol wrth-reddfol. Wedi'r cwbl, pe bai teithiwr yn symud ar gyflymder a oedd yn agos iawn at gyflymder goleuni ac yn mynd i'r un cyfeiriad â phelydryn o olau, yna oni fyddai'r pelydryn yn ymddangos ymron yn llonydd? Nid felly meddai Einstein; o safbwynt y teithiwr dal i symud â chyflymder golau fyddai'r pelydryn.

Nid dyma'r lle i fanylu ar ganlyniadau damcaniaeth perthnasedd Einstein. Serch hynny mae'n werth tynnu sylw at ddau ohonynt. I'w darlunio, gellir defnyddio sefyllfa llong ofod fel y caiff ei gweld gan swyddog yn y ganolfan reoli ar y ddaear. I'r swyddog, ymddengys bod cloc ar fwrdd y llong ofod yn araf, hynny yw bod treigl amser ar y llong yn arafach. Yn ogystal, ymddengys hyd y llong yn fyrrach na'r hyn yw pan yn llonydd ar y ddaear. Yn wir ymddengys bod y pellter rhwng pob dim ar fwrdd y llong i gyfeiriad ei mudiant wedi crebachu. Ymlediad amser (*time dilation*) yw'r enw a roddir ar arafu treigl amser, tra gelwir crebachiad pellter yn gywasgiad hyd (*length contraction*). Sylwer bod yr effeithiau hyn yn gymesur. I'r teithiwr ar y llong ofod sy'n gweld y ddaear yn pellhau neu'n agosáu, ymddengys bod amser yn treiglo'n arafach yn y ganolfan reoli, a'i maint, i gyfeiriad symudiad y ddaear, yn fyrrach. Wrth gwrs, ni welir yr effeithiau hyn mewn bywyd bob dydd, ond maent yn ddigon real pan ddaw hi'n fater o ddeall priodweddau gronynnau elfennol lle gall cyflymdrau sy'n agosáu at gyflymder golau fodoli. Er enghraifft, oes fer sydd gan y gronynnau elfennol a gaiff eu creu mewn cyflymyddion gronynnau megis CERN yn Genefa ond, oherwydd eu bod yn symud ar gyflymder uchel iawn, maent yn bodoli yn hwy na'r disgwyl.

Canlyniad damcaniaeth perthnasedd Einstein yw bod mecaneg Newton yn anghyflawn; i bob pwrpas dim ond pan yn trafod cyflymder gryn dipyn yn llai na chyflymder golau y mae'n gywir. Un o ryfeddodau dadansoddiad Einstein ac arwydd o'i athrylith oedd iddo ddatblygu ei ddamcaniaeth heb dystiolaeth arbrofol, tystiolaeth sydd heddiw yn gyffredin ym maes arbrofion gronynnau elfennol.

Efallai taw Einstein yw'r mwyaf adnabyddus o holl wyddonwyr yr ugeinfed ganrif, y llun iconaidd ohono, ei wallt yn wyn ac aflêr, yn ymgorfforiad o'r athrylith ecsentrig. Syndod yw deall na wnaeth ddisgleirio tra'n ddisgybl ysgol nac yn fyfyriwr coleg. Yn amharod i blygu i awdurdod, sylw Heinrich Weber, ei athro ffiseg ym Mholitechnig Ffederal Zurich (ail-enwyd yn Athrofa Dechnolegol y Swistir ym 1911) lle'r aeth Einstein wedi gadael ysgol, oedd ei fod yn fachgen clyfar ond bod ganddo un bai mawr; sef na wnâi dderbyn gair rhywun arall. Serch hynny, fel y tystiodd y ffisegydd Max Born, y sonir amdano yn nes ymlaen yn y bennod hon, roedd ganddo fewnwelediad rhyfeddol i hanfodion gweithredol natur a oedd tu hwnt i'w gyfoedion. Cyhoeddodd ei bapur ar berthnasedd, nid fel academydd prifysgol ond tra yn glerc yn swyddfa patent y Swistir yn Bern. (Ym 1908 fe'i penodwyd yn ddarlithydd ym Mhrifysgol Bern. Bu'n athro wedyn mewn prifysgolion yn Zurich a Prague, cyn derbyn cadair ffiseg ym Mhrifysgol Berlin ym 1914. Bu yno tan iddo ymfudo i'r Unol Daleithiau ym 1933.) Rhyfeddach fyth yw iddo gyhoeddi ym 1905 nid un papur arloesol ond pump, pob un yn torri tir newydd.[1] Ceir gweld bod y cyntaf yn greiddiol i chwyldro arall ar ddechrau'r ugeinfed ganrif – testun gweddill y bennod hon.

Y Chwyldroadwr Anfoddog

Un ffenomen gyfarwydd, lle roedd diffyg dealltwriaeth yn parhau ddiwedd y bedwaredd ganrif ar bymtheg, oedd y modd y mae gwrthrych poeth yn pelydru golau a gwres. Er enghraifft, pan rydd y gof ddarn o haearn yn y tân mae'r haearn, wrth iddo boethi, yn dechrau gloywi gan fynd yn goch pŵl, yna yn felyn-oren ac yn y diwedd yn las-wyn. Wrth oeri, mae'r un lliwiau yn ymddangos yn eu tro ond gan ôl-droi y drefn. I astudio'r pelydriadau hyn datblygwyd y cysyniad o lestr du (*black body*), sef endid damcaniaethol a oedd yn allyrru ac yn amsugno'n llwyr ac felly ddim yn adlewyrchu unrhyw olau. (Dyma'r rheswm am ei alw'n ddu.) Y gamp oedd creu llestr du go iawn a oedd mor agos â phosibl ei weithrediad i'r llestr damcaniaethol, ynghyd ag offer i fesur y pelydriadau a ddeuai allan ohono. Yn y diwedd, llwyddwyd i wneud hynny a chyflawnwyd mesuriadau manwl ar ddosbarthiad egni'r pelydriadau yn ôl y donfedd. Y dasg nesaf oedd dyfeisio fformiwla a fyddai'n ffitio patrwm y mesuriadau. Bu sawl ymgais ond, yn anffodus, er llwyddo i gael cytundeb dros ran o'r patrwm, doedd yr un fformiwla yn gallu rhychwantu holl ystod y tonfeddi.

Roedd y pwnc yn cael cryn sylw gan wyddonwyr Almaenig ac yn eu mysg Max Planck. Yn ŵr ceidwadol ei anian ac yn deyrngar i'r wladwriaeth Almaenig newydd, ef oedd athro ffiseg Prifysgol Berlin yn ogystal â phennaeth Physikalisch-Technische Reichsanstalt, sef y ganolfan ymchwil newydd a sefydlwyd gan y llywodraeth ym 1887 i sicrhau blaengarwch cymhwyso gwyddoniaeth at ddibenion diwydiannol. Thermodynameg yw'r enw ar y gangen honno o ffiseg sy'n ymwneud â gwres a thymheredd a'u perthynas ag egni a gwaith. Dyna oedd prif ddiddordeb Planck. Gyda mesuriadau mwy manwl yn dod i'r fei ynghylch patrwm pelydriadau llestr-du, aeth yntau ati i geisio cynhyrchu hafaliad a fyddai yn abl i ddisgrifio y golau a belydrid ar draws yr holl sbectrwm. Llwyddodd i wneud hynny ac adroddodd am ei lwyddiant yng nghyfarfod y Gymdeithas Ffiseg Almaenig yn Hydref 1900. Gyda mesuriadau pellach daeth cadarnhad o fewn dyddiau bod yr hafaliad yn gywir.

Ond doedd y broses o ddyfalu fformiwla i ffitio mesuriadau yn dweud dim am natur y broses ffisegol a oedd yn gyfrifol. Ystryw fathemategol ydoedd heb ymestyn dealltwriaeth. I geisio ateb, aeth Planck ati i greu model lle roedd muriau'r llestr du yn cael eu cynrychioli gan fyrdd o osgiliaduron bychain, pob un yn osgiliadu ar amledd penodol ac yn allyrru ac amsugno pelydriad â'r amledd honno (neu'r donfedd gyfatebol). I drin yr osgiliadau hyn trodd at waith Almaenwr o'r enw Ludwig Boltzmann a oedd yn ystyried priodweddau nwyon megis tymheredd a gwasgedd fel arddangosiad o symudiadau a gwrthdrawiadau parhaus atomau (â'i gilydd ac â muriau'r llestr oedd yn eu cynnal) ac yn trin y symudiadau hyn trwy gyfrwng ystadegaeth a thebygolrwydd. Defnyddiodd Planck y dulliau hyn i gyfrifo dosbarthiad egni yr osgiliaduron ac felly amledd pelydrau y llestr du. Er dirfawr syndod iddo, darganfu nad oedd modd cael canlyniad a oedd yn cyfateb i'w fformiwla ond drwy honni bod yr osgiliaduron yn allyrru a derbyn pecynnau o egni a oedd yn gyfraneddol â'u hamledd. (Neu, o'i roi mewn ffordd arall, yn wrthol gyfraneddol â'u tonfedd.) Maes o law bedyddiwyd y cysonyn a oedd yn cysylltu egni'r pecynnau â'u hamledd yn gysonyn Planck 'h'.[2]

Yr enw roddodd Planck ar y pecynnau oedd 'cwanta' ond cyndyn iawn oedd i dderbyn yr holl oblygiadau. Iddo ef roedd y pecynnu ymhlyg yn y broses o gyfnewid egni yn hytrach na bod yr egni ei hun yn bodoli fel pecyn. Yn wir, oherwydd ei geidwadaeth bu'n ceisio ymgorffori'r canlyniad o fewn fframwaith ffiseg glasurol yn hytrach na derbyn y goblygiadau chwyldroadol. Aeth rhai blynyddoedd heibio cyn y dyfarnwyd gwobr Nobel 1918 iddo.

I lawer o'i gyfoedion hefyd 'tric mathemategol' yn unig oedd datrysiad Planck ond gwahanol oedd safbwynt Einstein. Roedd wedi bod o'r farn bod tyndra rhwng natur doredig mater (drwy fodolaeth atomau) ar y naill law a hanfod estynedig tonnau electromagnetig ar y llaw arall. Fodd bynnag, os oedd tonnau electromagnetig hefyd yn arddangos natur doredig (cwanta), yna roedd y tyndra'n diflannu. Aeth ati yn y papur gyhoeddodd ym 1905 (y cyfeiriwyd ato eisoes ar d. 33) i ddatblygu dadansoddiad damcaniaethol o lestr du poeth yn llawn gronynnau nwy a phelydriadau mewn cydbwysedd â'i gilydd. Canlyniad y dadansoddiad oedd dangos bod y pelydriadau, o safbwynt thermo-dynameg, yn gweithredu megis pecynnau – hynny yw cwanta o egni. I Einstein, dangosai hyn bod pelydriadau electromagnetig ar adegau yn gallu gweithredu fel gronynnau. Roedd y cwantwm electromanetig, felly, yn real.

Serch hynny, ymarfer damcaniaethol ar bapur oedd ei gasgliad yn hytrach na phrawf arbrofol. I gwrdd â hyn trodd Einstein, yn ei bapur, at ganlyniadau arbrofol a oedd eisoes wedi dod i'r fei ond na lwyddwyd i'w hegluro. Dair blynedd ynghynt roedd arbrofion wedi eu cynnal ar effaith golau uwchfioled pan yn taro metal. Philipp Lenard oedd y gwyddonydd, gŵr a fu ar un adeg yn gynorthwy-ydd i Hertz ac a gafodd ei eni yn Bratislafa, dinas a oedd bryd hynny yn ymerodraeth Awstria-Hwngari. Tywynnodd olau uwchfioled ar un o electrodau tiwb gwydr wedi ei wagio a sylwi bod cerrynt yn llifo drwy'r tiwb. Effaith ffo-todrydanol oedd yr enw a roddwyd ar y ffenomen hon, sef electronau yn cael eu hallyrru o'r electrod ac yn creu llif trydan. O gynnal mesuriadau, sylwodd Lenard ar nifer o ganlyniadau annisgwyl nad oedd yn gwneud synnwyr, o drin y golau fel tonnau. Gwyddai Einstein am y canlyniadau hyn a gwelodd bod modd datrys y dirgelwch trwy drin y golau fel llif o becynnau – cwanta. Yna, trwy drin yr effaith uwchfioled fel gwrthdaro rhwng y cwanta a'r electronau llwyddodd i egluro canlyniadau Lenard.

I Einstein, felly, roedd yr effaith ffotodrydanol yn brawf o fodolaeth y cwantwm golau. Ond tra gellid derbyn y fformiwla a ddatblygodd fel modd o ddatrys yr effaith, nid oedd croeso i'r cwantwm fel endid go iawn. Roedd hyn yn bennaf oherwydd tystiolaeth gref a oedd yn dangos yn ddigamsyniol bod golau yn ei hanfod yn don. Nid ar chwarae bach yr oedd cydnabod sefyllfaoedd lle dylid trafod golau mewn ffordd waha-nol. Yn wir, pan ddyfarnwyd gwobr Nobel 1921 i Einstein am ei waith ar yr effaith ffotodrydanol, osgowyd cydnabod bodolaeth y cwantwm golau. Bu rhaid aros tan 1923 cyn cael cadarnhad digamsyniol pan aeth Americanwr, Arthur Compton, i astudio yr hyn a oedd yn digwydd pan oedd pelydrau X yn taro elfennau megis carbon. Roedd y rhan fwyaf o'r pelydrau yn mynd yn syth trwodd ond roedd rhai yn cael eu gwasgaru. Er syndod iddo roedd tonfedd y rhai a wasgerid yn hwy na thonfedd y pelydrau gwreiddiol. O safbwynt priodwedd tonnau, doedd hyn ddim yn bosibl. Ond o drin y pelydrau X fel gronynnau o egni – cwanta – yna roedd eglurhad amlwg. Roedd y cwanta yn cael eu gwasgaru gan electronau yr elfen dan sylw ac, fel sy'n digwydd pan mae un gronyn yn taro un arall, yn colli egni. Trosglwyddir yr egni a gollir i'r gronyn arall, sef yr electron yn yr achos hwn. (O safbwynt cwantwm pelydr X mae'r egni, fel y dangosodd Planck, mewn perthynas wrthol â'r donfedd, ac felly mae gostyngiad egni yn cyfateb i donfedd hwy.)

Gorchfygodd arbrofion Compton bob gwrthwynebiad. Maes o law bedyddiwyd y cwantwm golau yn ffoton ac mae lle i ddadlau taw papur 1905 Einstein oedd cychwyn ffiseg cwantwm. Derbyniodd Lenard yntau wobr Nobel am ei waith. Ond mae yna eironi iddo droi, rhai blynyddoedd wedyn, yn Natsïad brwd gan arwain yr ymgyrch i bardduo yr hyn a elwid yn 'Ffiseg Iddewig', gydag Einstein, yn Iddew, yn brif darged.

Y Gŵr o Copenhagen

Â methiant ffiseg glasurol wedi arwain at ddarlun cwantaidd gogyfer â golau, roedd symbyliad i weld a allai'r cwantwm roi arweiniad mewn sefyllfaoedd eraill lle'r oedd dryswch. Un sialens amlwg oedd y model o'r atom yr oedd Rutherford wedi ei gyflwyno, model lle'r oedd electronau yn amgylchynu y niwclews a hwnnw wedi ei gywasgu yn un pwynt yn y canol. O safbwynt ffiseg glasurol, nid oedd modd i electron â gwefr negatif sefyll yn ei unfan oherwydd câi ei adynnu tuag at wefr bositif y niwclews. Beth pe bai yr electronau yn mynd o gwmpas y niwclews, megis y planedau o gwmpas yr haul? Doedd hyn ddim gwell, oherwydd roedd damcaniaeth Maxwell yn dangos y byddai'r electron, wrth gylch-droi, yn taflu allan belydriadau electromagnetig. O'r herwydd, byddai'r electron yn colli egni ac yn troelli tuag at y niwclews. Fel y cydnabu

Rutherford ei hun, roedd ei atom yn hollol ansefydlog ac, o safbwynt ffiseg glasurol, yn anghynaladwy.

A oedd modd dod o hyd i ateb? Dyma'r her a sbardunodd ddyn ifanc o Denmarc – Niels Bohr. Fe'i ganwyd ym 1885 yn Copenhagen i deulu blaenllaw, yr ail o dri o blant. Roedd ei dad-cu ar ochr ei fam yn fanciwr a gwleidydd ac un o ddynion cyfoethocaf y wlad, tra roedd ei dad yn athro enwog ym mhrifysgol y brifddinas. Yn disgleirio ym mathemateg a gwyddoniaeth, ond nid ieithoedd, mynychodd Niels Bohr Brifysgol Copenhagen ac wedi graddio ac ennill ei ddoethuriaeth penderfynodd barhau â'i astudiaethau yn labordy'r Cavendish yng Nghaergrawnt gyda Thomson, gan gychwyn yno yn hydref 1911. Yn anffodus ni fu eu perthynas yn ffrwythlon. Gwendid Saesneg Bohr oedd un anhawster. Yn ogystal, oherwydd prysurdeb Thomson, chafodd Bohr nemor ddim cyfle i drafod ei syniadau gydag ef.

Mae'n amlwg hefyd fod Bohr yn ddigon unig yng Nghaergrawnt. Fodd bynnag, fe'i achubwyd pan ddaeth ar draws un arall o fyfyrwyr ymchwil y Cavendish. Yn ei lythyrau adref dywed ei fod yn cael cryn help wrth gyfieithu ei draethawd ymchwil i'r Saesneg gan ffisegydd o Sais [*sic*] a oedd yn hynod o garedig a'i fod wedi cael hwyl arbennig yn cerdded gydag ef. Datblygodd cyfeillgarwch agos rhyngddynt â'r ddau yn cynorthwyo ei gilydd gyda'u hymchwil yn ogystal â mynychu'r theatr o dro i dro.

Cymro oedd y cyfaill newydd, sef Edwin Augustine Owen oedd wedi ei eni a'i fagu ym Mlaenau Ffestiniog. Bu'n fyfyriwr yng Ngholeg Prifysgol Gogledd Cymru, Bangor gan raddio gydag anrhydedd mewn mathemateg a ffiseg cyn ennill ysgoloriaeth Arddangosfa Frenhinol 1851 i Goleg y Drindod Caergrawnt ac i'r Cavendish i weithio gyda Thomson. Ef oedd ffrind agosaf Bohr yng Nghaergrawnt; yn wir awgrymodd Margrethe, gwraig Bohr, flynyddoedd yn ddiweddarach taw Owen oedd yr unig un a oedd yn siarad ag ef yn y Cavendish. Buont yn llythyra â'i gilydd ar ôl i Bohr adael y Cavendish ac yn ystod haf 1912 ymunodd Bohr ag Owen am ychydig ddyddiau yng ngogledd Cymru. Ar ôl gorffen ei gyfnod yn y Cavendish aeth Owen i weithio yn y Labordy Ffisegol Cenedlaethol gan ddod yn bennaeth yr adran radioleg. Yna ym 1926 fe'i penodwyd i gadair ffiseg Bangor ac yno y bu tan ei ymddeoliad ym 1954. Estynnodd wahoddiad i Bohr i ddod eto i ogledd Cymru ond nid oes cofnod i Bohr dderbyn.

Heb fawr o gynnydd yn y Cavendish, daeth tro ar fyd pan ymwelodd Bohr â Manceinion a chael y cyfle i gwrdd â Rutherford. Swynwyd Bohr gan frwdfrydedd Rutherford ac erbyn gwanwyn 1912 roedd Bohr wedi symud i Fanceinion, gan ddweud wrth Thomson ei fod yn awyddus i ddysgu ychydig am ymbelydredd. Bu'n symudiad hynod ffortunus. Roedd diddordeb Rutherford yng ngwaith a chynnydd ei fyfyrwyr yn amlwg. Siaradai â hwy yn rheolaidd gan drafod eu gwaith, a rhoi pob anogaeth iddynt. Bob prynhawn byddai pawb yn ymgynnull am de a theisen â Rutherford yn y canol yn barod i siarad am bob pwnc dan haul. Drwy ei fywiogrwydd llwyddodd Rutherford i greu diwylliant lle roedd trafod a chyfnewid syniadau yn agored yn ail natur, gan hybu'r awch i ddarganfod a deall. Roedd hyn yn ysbrydoliaeth i Bohr, gan gynyddu ei barch tuag at yr athro. Yn wir, rhai blynyddoedd wedyn cyfeiriodd at Rutherfod fel un a oedd ymron yn ail dad iddo. Er nad oedd gan Rutherford fawr o barch tuag at ddamcaniaethwyr, ymddengys ei fod wedi cymryd at y Danwr ifanc.

Â'i sefyllfa yn llawer mwy ffafriol, ymddiddorodd Bohr ym model Rutherford o'r atom a dechrau datblygu ei syniadau. Ymddengys bod Owen yn gwybod amdanynt, oherwydd mewn nodyn brysiog cyn ymweliad Bohr â gogledd Cymru dywed, 'How is the electron theory of the elements getting on? I am so interested to hear the developments and I believe myself that it will be a jolly good thing when it is done.'

Ar yr un pryd penderfynodd Bohr edrych ar ddadansoddiad Rutherford o'r modd yr oedd gronynnau α yn cael eu gwasgaru gan yr atomau ac aeth ati i'w ymestyn. Erbyn i'r amser ddod iddo fynd yn ôl i Denmarc yn haf 1912 yr oedd mwy neu lai wedi gorffen ei bapur ar y pwnc. Mae'n debyg bod Owen wedi cynorthwyo Bohr gyda'r testun Saesneg tra yng ngogledd Cymru ac mai dyma fyrdwn y sylw yn ei nodyn at Bohr cyn yr ymweliad, 'Bring all your troubles with you and I shall do my best to help you.'

Serch hynny, bu rhaid i Bohr ei roi o'r neilltu am y tro oherwydd rhyw fis wedi cyrraedd Denmarc priododd Bohr ei gariad Margrethe. Dyma un o ddigwyddiadau pwysicaf ei fywyd oherwydd bu'r briodas yn un hir a hynod ddedwydd a hithau yn gefn iddo gydol ei oes er wynebu'r ing o golli dau o'u bechgyn yn ifanc. Ond ni fu'n hir cyn ail gydio yn y papur. Y canlyniad fu i'r pâr ifanc dreulio pythefnos gyntaf eu mis mêl yn ôl yng Nghaergrawnt er mwyn i Bohr orffen ysgrifennu'r papur a chael y cyfle i drafod ei gynnwys yn fanwl gyda Rutherford ym Manceinion cyn ei anfon i'w gyhoeddi. Flynyddoedd wedyn byddai'r cyhoeddiad hwn yn fan cychwyn astudiaethau Williams ym Manceinion.

Gweledigaeth Bohr

Yn ôl yn Copenhagen cychwynnodd Bohr ar ei swydd fel athro cynorthwyol yn yr athrofa dechnolegol tra hefyd yn darlithio yn y brifysgol. Ar yr un pryd aeth ati i ddatblygu ei syniadau ynghylch natur yr atom. Crybwyllwyd uchod nad oedd model Rutherford yn gwneud unrhyw synnwyr o safbwynt ffiseg glasurol. Daeth Bohr felly i'r casgliad bod yn rhaid iddo droi at gwantwm Planck ac Einstein am waredigaeth. Sut oedd mynd ati? Penderfynodd nad oedd ffiseg glasurol yn weithredol o fewn yr atom. I'r gwrthwyneb, dadleuodd na allai electron o fewn atom fodoli ymhob man. Yn hytrach fe'i cyfyngid i orbitau penodol lle na allai allyrru pelydriadau yn barhaus. Galwodd yr orbitau hyn yn gyflyrau sefydlog. I bob pwrpas, roedd yn 'cwanteiddio' orbitau'r electron.

Beth oedd yn nodweddiadol am yr orbitau neu'r cyflyrau hyn? Gan ganolbwyntio ar yr atom symlaf, sef hydrogen, gydag un electron yn unig, haerodd Bohr bod egni penodol yn perthyn i bob orbit. Â'r electron yn yr orbit agosaf at y niwclews, yna roedd yr atom yn ei gyflwr isaf, sef yr orbit lle roedd egni yr electron ar ei isaf. Â'r electron yn un o'r orbitau eraill, yna roedd yr atom mewn cyflwr cynhyrfol, gydag egni yr electron yn cynyddu gyda phellter yr orbit o'r niwclews. Gellir darlunio'r 'lefelau' egni hyn fel ysgol lle nad oes modd rhoi troed ond ar y grisiau. Mae'r ris waelod yn cyfateb i electron yn yr orbit agosaf at y niwclews – y cyflwr cwantaidd egni isaf – a'r grisiau uwch yn cyfateb i electron yn un o'r orbitau pellach i ffwrdd o'r niwclews.

Daeth arwyddocâd y syniadau hyn yn glir i Bohr pan ofynnodd cyfaill iddo a oedd ei waith yn debyg o fod o gymorth i ddeall y golau a oedd yn cael ei allyrru o wahanol elfennau. Ers blynyddoedd roedd gwyddonwyr wedi sylwi bod metalau megis sodiwm neu lithiwm, o'u gosod mewn fflam, yn allyrru golau ar donfeddi arbennig a daethpwyd i sylweddoli bod pob elfen â'i 'set' unigryw ei hun o donfeddi neu 'linellau sbectrol' fel eu gelwid. (Sbectrosgopeg yw'r enw ar astudiaethau o'r fath.) Roedd Bohr yn ymwybodol ohonynt ond heb eu hystyried yn berthnasol i'w waith tan i'w gyfaill dynnu ei sylw at hafaliad syml yr oedd athro ysgol o'r Swistir – Johann Balmer – wedi ei chyhoeddi. Wrth geisio darganfod patrymau mathemategol a oedd yn cyfateb i donfeddi llinellau sbectrol hydrogen, yr oedd Balmer wedi llwyddo i ddod ar draws hafaliad a oedd yn cytuno â thonfeddi canfyddiad arbrofion. Yn ogystal, ar sail yr hafaliad, rhagfynegodd linellau sbectrol ar gyfer hydrogen nad oedd eto wedi eu darganfod. Serch hynny, er llwyddiant yr hafaliad, doedd neb wedi llwyddo i'w egluro.

Hafaliad Balmer oedd y symbyliad a alluogodd Bohr i ddeall arwyddocâd ei syniadau. Haerodd fod y llinellau sbectrol yn cyfateb i electron yn neidio o un orbit neu gyflwr i un arall. Yn benodol, pe bai electron yn cael digon o egni i neidio o'r cyflwr isaf i gyflwr cynhyrfol, yna, oherwydd bod yr atom yn awr yn ansefydlog, byddai yn neidio yn ôl i'r cyflwr isaf, gan allyrru cwantwm egni a oedd yn cyfateb i'r gwahaniaeth egni rhwng y ddau gyflwr. Drwy ddefnyddio perthynas Planck rhwng egni ag amledd[3] roedd modd cyfrifo amledd ac felly donfedd y golau. Dyna a wnaeth Bohr ar gyfer atom hydrogen, gan ddangos fod ei hafaliad ar gyfer cyfrifo y gwahaniaeth egni rhwng gwahanol gyflyrau yn cyfateb i hafaliad Balmer ac yn rhagfynegi y llinellau sbectrol. Yn ogystal, llwyddodd i amcangyfrif maint atom hydrogen a dangos ei fod yn agos at ganlyniadau arbrofion y cyfnod.

Wrth gyflwyno'i atom gwantaidd roedd Bohr wedi creu darlun newydd a chwyldroadol. Bu cryn drafod gyda Rutherford ac er pryder hwnnw ynghylch nifer o agweddau, megis y modd yr oedd Bohr yn cymysgu syniadau ffiseg cwantwm â ffiseg glasurol, cytunodd y dylid cyhoeddi'r gwaith. Dyna a wnaed mewn tri phapur yn rhifynnau haf a hydref 1913 y *Philosophical Magazine*, dan y teitl 'On the Constitution of Atoms and Molecules'.

Cymysg fu'r ymateb i ddamcaniaeth Bohr ar y cychwyn gyda rhai yn ei gweld yn ffantasïol. Fodd bynnag, roedd diddordeb enfawr yn yr hyn yr oedd wedi'i gyflawni. Daeth cadarnhad pellach i'w syniadau yng nghyswllt eglurhad o gyfres o linellau sbectrol a oedd yn ymddangos yn nadansoddiadau arbrofion o olau'r haul. Tybid taw hydrogen oedd y ffynhonnell, ond dadleuodd Bohr ar sail ei ddamcaniaeth eu bod yn perthyn i atomau heliwm a oedd wedi colli un electron. Cyflwynodd ei ddadl i Rutherford. Ymatebodd hwnnw drwy ddweud bod gan aelod o'i staff ddiddordeb mewn cynnal arbrofion i weld a ellid profi neu wrthbrofi haeriad Bohr. Yr aelod hwnnw oedd Evan Jenkin Evans, gŵr â diddordeb ym maes sbectrosgopeg a ddaeth wedyn yn athro ffiseg Coleg Prifysgol Abertawe ac y soniwyd amdano ym mhennod 1. Cynhaliodd Evans arbrofion a dangos bod Bohr yn gywir; canlyniad hynod bwysig o safbwynt hygrededd ei ddamcaniaeth. Barnai Einstein fod Bohr wedi cyflawni gorchest ryfeddol – tystiolaeth gystal ag unrhyw eirda. Yn wyth ar hugain mlwydd oed, roedd Bohr wedi cyrraedd y llwyfan rhyngwladol. Trawiadol yw nodi bod dau Gymro – Owen ac Evans – wedi bod yn gymorth iddo ar adegau allweddol yn ei fywyd.

Ymestyn a Datblygu

Serch hynny, nid oedd modd aros yn yr unfan. Gyda datblygiadau yn nulliau arbrofi, deuai cwestiynau newydd i'r golwg. Felly y bu ym maes llinellau sbectrol, a oedd wedi bod mor allweddol wrth arwain Bohr at ei fodel o'r atom, gyda mesuriadau mwy manwl yn arddangos bodolaeth llinellau nad oedd yn eu rhagfynegi. Fodd bynnag, drwy ymestyn a datblygu'r model, llwyddwyd i egluro'r mesuriadau. Almaenwr o'r enw Arnold Sommerfeld arweiniodd y gwaith hwn, gŵr a oedd dipyn yn hŷn na Bohr, ac yn athro ffiseg damcaniaethol Prifysgol Munich. Yn berson uchel ei barch, sefydlodd Sommerfeld ganolfan ymchwil lwyddiannus yn y brifysgol, canolfan a fyddai'n fagwraeth maes o law i rai o sêr y byd cwantwm.

Yn naturiol, bu'r llwyddiannau hyn yn fodd i ymestyn enw da Bohr. Ym 1916 crewyd cadair ffiseg ddamcaniaethol ar ei gyfer ym mhrifysgol Copenhagen ac ym 1921 gwireddwyd ei freuddwyd o weld canolfan ffiseg yn cael ei sefydlu o fewn y brifysgol – yr Universitetets Institut for teoretisk Fysik. Yna, ym 1922, dyfarnwyd gwobr Nobel iddo, flwyddyn ar ôl dyfarnu yr un wobr i Einstein. Yn ddigwestiwn, Bohr yn awr oedd un o brif arweinyddion byd y cwantwm.

Yn ogystal, llwyddodd Bohr i ddangos bod ei fodel o'r atom yn gosod sail gadarn ar gyfer deall priodweddau cemegol yr elfennau. Gwnaeth hyn drwy gyflwyno'r syniad bod orbitau – lefelau egni – yr electronau o fewn atom wedi eu clystyru yn haenau. Ym mhob elfen roedd yr haenau isaf o ran egni (y rhai agosaf at y niwclews) wedi eu llenwi. Yr electronau yn yr haenen allanol oedd felly yn penderfynu natur gemegol yr elfen. Roedd hyn yn seiliedig ar y dybiaeth taw un electron, ac un electron yn unig, oedd yn perthyn i bob orbit. Ond beth oedd yn atal yr electronau i gyd rhag disgyn i'r un orbit? I ateb y posibilrwydd hwn cyflwynodd gwyddonydd ifanc o'r enw Wolfgang Pauli – a fu'n un o fyfyrwyr Sommerfeld ym mhrifysgol Munich – egwyddor newydd, sef mai un electron yn unig a allai fodoli o fewn cyflwr sefydlog. Felly, ni allai'r electronau gasglu ar ben ei gilydd yn y cyflwr isaf. Daeth ei haeriad – egwyddor gwaharddiad Pauli – yn un o gonglfeini ffiseg.

Yr oedd datrysiad Bohr, ynghyd â'r datblygiadau a ddaeth yn ei sgîl, yn golygu bod yr orbitau yn cael eu nodweddu gan yr hyn a elwid yn rhifau cwantwm – tri i gyd – a'r rhain yn labelu cyflyrau sefydlog electron o fewn yr atom. Fodd bynnag, ymhlyg yn yr ystyriaethau a arweiniodd Pauli at gyflwyno ei egwyddor oedd ei gred bod angen ychwanegu pedwerydd rhif cwantwm, un oedd â dau werth posibl yn unig.

Beth oedd arwyddocâd y pedwerydd rhif deuwerth? Ym 1925 cyhoeddodd dau Iseldirwr, Samuel Goudsmit a George Uhlenbeck, bapur a oedd yn datgan bod y pedwerydd rhif yn cyfateb i briodwedd a oedd yn gynhenid i'r electron, yn hytrach nag i orbit yr electron fel yn achos y tri arall. Rhoesant yr enw 'sbin' i'r priodwedd newydd, enw sy'n awgrymu bod yr electron yn troelli ar ei hechel ei hun. Mewn gwirionedd roedd hyn yn gamarweiniol, gan y dangoswyd maes o law ei fod yn y bôn yn briodwedd hollol gwantaidd.

Er llwyddiannau atom Bohr-Sommerfeld (fel y caiff ei alw), roedd yn dod yn fwyfwy amlwg erbyn ugeiniau'r ganrif bod angen gweledigaeth mwy sylfaenol. Nid oedd y modd yr oedd syniadau am y cwantwm a ffiseg glasurol yn cael eu cymysgu yn argyhoeddi. Felly hefyd y rheolau *ad hoc* a ddefnyddid, a oedd yn debycach i ryseitiau nag egwyddorion.

Dechreuodd rhai ddigalonni, gydag ymdeimlad o argyfwng yn cydio. Ond rhwng 1925 ac 1927 disodlwyd yr 'hen' ddamcaniaeth cwantwm gan do o ffisegwyr ifanc, â'u rhan mor allweddol fel y daethpwyd i adnabod eu cyfraniadau fel '*knabenphysik*', sef ffiseg y bechgyn.

Ffiseg y Bechgyn

Ganwyd Werner Heisenberg yn Würzburg ym 1901, gan symud yn wyth oed i Munich gyda'i deulu pan apwyntiwyd ei dad i gadair astudiaethau Bysantaidd yn y brifysgol. Ar ddiwedd y Rhyfel Byd Cyntaf roedd Munich yn ferw chwyldroadol ac ym mis Ebrill 1919 datganodd radicaliaid sosialaidd fod Bafaria yn 'Wladwriaeth Sofietaidd'. Tra'n aros i filwyr y llywodraeth ganolog gyrraedd, ffurfiwyd nifer o gwmnïau militaraidd yn y ddinas i wrthwynebu'r chwyldroadwyr ac ymunodd Heisenberg â rhai o'i ffrindiau ag un o'r cwmniau hyn. Mewn byr o dro, gorchfygwyd y chwyldroadwyr mewn ymgyrch ddidostur a arweiniodd at farwolaeth dros fil o bobl.

Â bywyd wedi'r rhyfel yn galed, trodd llawer yn eu harddegau at ddelfrydau rhamantaidd oes a fu, gan ymuno â chymdeithasau a oedd yn hyrwyddo'r delfrydau hyn. Er mwyn sicrhau mwy o ryddid, sefydlodd rhai disgyblion ysgol eu grwpiau eu hunain a dyna fu hanes Heisenberg gan arwain 'Gruppe Heisenberg'. Eu dileit oedd cerdded, dringo a gwersylla ac, yn ogystal, trafod y byd newydd y byddai eu cenhedlaeth nhw yn ei greu.

Wedi dyddiau ysgol aeth Heisenberg i astudio yn adran ffiseg Sommerfeld ym mhrifysgol y ddinas. Yno y daeth ar draws Wolfgang Pauli a oedd flwyddyn yn hŷn; gŵr a fyddai, o safbwynt ffiseg os nad yn bersonol, yn gydymaith i Heisenberg gydol ei oes. Pauli oedd y gŵr y cyfeiriwyd ato eisoes yng nghyswllt yr egwyddor nad oedd modd i ddau electron fodoli yn yr un cyflwr. Ganwyd Pauli yn Fienna ar droad yr ugeinfed ganrif. Roedd ei deulu o dras Iddewig ond trowyd at Gatholigiaeth yn wyneb gwrth-Semitiaeth cynyddol. Yn wyddonydd hynod o alluog – fe'i cymherid ef ag Einstein – daeth yn enwog fel person diflewyn ar dafod. Ei lysenw oedd *Geissel Gottes*, sef 'Chwip Duw'. Ceir blas o'i finiogrwydd yn y sylw hwn wrth gydweithiwr a oedd, fe ymddengys, wedi ysgrifennu papur ymchwil digon dinod: 'Ich habe nichts dagregen wenn Sie langsam denken, Herr Doktor, aber ich habe etwas dagregen wenn Sie rascher publizieren als denken.' ('Does genny' ddim ots eich bod yn araf wrth feddwl ond rwy'n gwrthwynebu pan ry' chi'n cyhoeddi yn gyflymach na ry' chi'n meddwl.') Dro arall, ei sylw ynghylch papur yr oedd newydd ei ddarllen oedd, 'Das is nicht einmal falsch.' ('Dyw e' ddim hyd yn oed yn anghywir.')

O ran eu natur roedd Heisenberg a Pauli yn hollol wahanol. Roedd Heisenberg yn dawelach, yn fwy cyfeillgar a llai parod i feirniadu na Pauli, gan fwynhau natur a bod allan yn cerdded neu wersylla. Ar y llaw arall, hoffter Pauli oedd mynychu tafarndai neu gabaret. Yn dderyn y nos, byddai'n aml yn aros yn ei wely tan ganol dydd. Roedd yn ysmygu, yfed a bwyta yn ormodol, gwendidau na welid yn Heisenberg .

Dan ddylanwad Sommerfeld trodd y ddau eu golygon at ffiseg cwantwm.Ym 1921, gyda doethuriaeth o Brifysgol Munich, aeth Pauli i weithio gyda Max Born ym Mhrifysgol Göttingen. Yn dri deg wyth mlwydd oed a newydd ei benodi'n athro ffiseg ddamcaniaethol y brifysgol, nod Born oedd sefydlu canolfan ffiseg ddamcaniaethol megis adran Sommerfeld yn Munich ac i'r perwyl hwn roedd denu Pauli yn gryn gaffaeliad. Flwyddyn yn ddiweddarach aeth Heisenberg at Born yn Göttingen i lenwi'r bwlch a adawyd ar ôl i Pauli symud i Copenhagen i weithio gyda Bohr am gyfnod cyn mynd i Brifysgol Hamburg. Er mewn lleoliadau gwahanol, parhaodd eu cysylltiad gan gyfnewid syniadau drwy lythyra cyson, ymarfer a barhaodd weddill eu hoes.

Yn wyneb anawsterau atom Bohr-Sommerfeld, roedd Born o'r farn bod yn rhaid ail-adeiladu gweledigaeth y cwantwm o'i seiliau. Dyna hefyd oedd barn Pauli. I fynd i'r afael â'r dasg penderfynodd Heisenberg taw Bohr oedd debycaf o roi arweiniad ac ym 1924 trefnodd i dreulio ychydig amser yn yr Institut yn Copenhagen. Tystia Heisenberg i'r cyfnod yng nghwmni'r meistr fod yn allweddol, a thrysorodd weddill ei fywyd y profiad o gyd-gerdded am oriau gyda Bohr yn trafod hanfodion ffiseg. Does ryfedd iddo dreulio cyfnod arall estynedig yn Copenhagen ym 1924–5.

Yn ôl yn Göttingen roedd syniadau Heisenberg yn raddol grisialu. Yn benodol, daeth i'r casgliad bod yn rhaid gwahaniaethu rhwng y pethau y gellid eu harsylwi a'r rhai lle nad oedd hynny yn bosibl. Nid oedd yn bosibl arsylwi orbit yr electron o fewn yr atom. Rhaid felly oedd ei roi o'r neilltu ac anghofio am y darlun o'r atom yr oedd Bohr wedi ei gynnig. Yn hytrach, penderfynodd na ellid sefydlu damcaniaeth gadarn ond drwy ganolbwyntio ar briodweddau arsylwadwy, adlais o osodiad yr athronydd bydenwog Ludwig Wittgenstein mewn cyhoeddiad o'i eiddo tua'r un adeg: 'Yr hyn na allwn lefaru amdano, rhaid inni dewi amdano.'[4]

Sut oedd mynd i'r afael â'r trywydd yr oedd wedi ei osod? Yn unol â'i weledigaeth, penderfynodd Heisenberg ganolbwyntio ar yr hyn y gellid ei fesur pan neidiai'r electron o un cyflwr sefydlog (lefel egni) i un arall; mesuriadau megis amledd y pelydriad a gâi ei allyrru. Ar gyfer ei ddadansoddiad defnyddiodd fodel syml, sef casgliad o osgiliaduron i gynrychioli pob amledd neu naid bosibl gan electron. Datblygodd dechneg o gofnodi'r osgiliaduron ar arae tebyg i grid pôs croesair neu Sudoku, pob sgwâr unigol yn cynrychioli un o'r osgiliaduron. Yna, drwy fabwysiadu dull cyfrifo gyda'r araeau, llwyddodd i arddangos bod holl egnioedd posibl y casgliad (o osgiliaduron) wedi eu cwanteiddio ac yn ddigyfnewid o safbwynt treiglad amser, hynny yw, yn gydnaws ag egwyddor cadwraeth egni.[5] Ymddangosai, felly, bod ei ddadansoddiad ar y trywydd cywir.

Ond beth oedd yr 'araeau'? Paratôdd bapur a'i roi i Born er mwyn cael ei sylwadau cyn cyhoeddi. Bu hwnnw yn pendroni yn eu cylch nes iddo gofio am ddarlith a fynychodd tra'n fyfyriwr pan drafodwyd endidau mathemategol o'r enw 'matricsau' gyda rheolau arbennig ar gyfer gwahanol weithrediadau megis adio neu luosi. Sylweddolodd Born taw matricsau oedd yr araeau yr oedd Heisenberg, yn ddiarwybod iddo, wedi bod yn eu defnyddio.

Ar unwaith gofynnodd Born i un o'i fyfyrwyr, Pascual Jordan, a oedd â phrofiad o drin matricsau, i gyd-weithio ag ef i sefydlu fframwaith rhesymegol a chyson ar gyfer cynllun Heisenberg. Erbyn hydref 1925 roedd papur yn crynhoi ffrwyth y gwaith wedi ei orffen ac yn barod i'w gyhoeddi – papur a ddaeth yn enwog wedyn fel *Drei-Männer-Arbeit*, sef papur y tri gŵr (Heisenberg, Born a Jordan). Heb amheuaeth roedd yn garreg filltir hanesyddol a fyddai yn agor pennod newydd yn natblygiad ffiseg yr atom. Rhoddwyd yr enw mecaneg cwantwm i'r ffiseg newydd.

Er na chyfrannodd Pauli at baratoi'r *Drei-Männer-Arbeit* aeth ati yn syth i ddefnyddio'r fecaneg newydd. Roedd ei ddatrysiad yn llwyddiant ysgubol oherwydd atgynhyrchai yn gywir linellau sbectrol hydrogen yn ogystal â rhoi eglurhad o'r modd yr oedd y llinellau hynny yn cael eu rhannu ym mhresenoldeb maes trydanol. Hwn oedd y cadarnhad cyntaf a phendant o gywirdeb gweledigaeth Heisenberg.

Yn rhan o flagur *Knabenphysik* aeth Jordan o Göttingen i gadair ffiseg ddamcaniaethol ym Mhrifysgol Rostock ac yno y bu tan ar ôl yr Ail Ryfel Byd, pan y'i penodwyd ef i gadair ym Mhrifysgol Berlin ac yna Prifysgol Hamburg. Ond cymylwyd ei orchestion ym myd ffiseg cwantwm gan ei benderfyniad i ymuno â phlaid y Natsïaid. Serch hynny, yn wahanol i rai gwyddonwyr Natsïaidd parhaodd i arddel gwaith ffisegwyr Iddewig megis Einstein, Bohr a Born. Ar nodyn mwy ysgafn, cyhoeddodd bapur tra yn treulio cyfnod yn Copenhagen yn trafod y modd y mae buchod yn cnoi cil. Ymddengys bod safnau buchod, wrth gnoi cil, yn arddangos mudiant cylchdro (*rotational*). O arsylwi rhai o fuchod ffermydd o gwmpas Copenhagen daeth i'r casgliad bod pob buwch yn wastadol yn arddangos mudiant cylchdro naill ai gyda neu yn erbyn y cloc. Mae'n debyg na chafodd ddigon o amser i gadarnhau'r nodwedd hon yn fanwl ystadegol ond awgrymodd y byddai o fudd ystyried pa fodd y gallai ystyriaethau etifeddol oleuo'r mater.

Honnir bod bysiau yn dod yn drioedd. Yn rhyfeddol hynny a ddig-wyddodd yn achos mecaneg cwantwm. Prin bod y *Drei-Männer-Arbeit* wedi ei gwblhau pan y daeth newydd am bapur oedd wedi ei baratoi gan fyfyriwr ymchwil o Brifysgol Caergrawnt nad oedd ond yn dair ar hugain mlwydd oed. Ei enw oedd Paul Dirac. Yn ffisegydd mathemat-egol disglair, byddai'n cael ei gydnabod wedyn yn un o brif gewri ffiseg yr ugeinfed ganrif.

Yr oedd Dirac wedi gweld papur gwreiddiol Heisenberg ac yn cytuno nad oedd pwrpas mewn datblygu damcaniaeth yn seiliedig ar ddelweddau na ellid byth mo'u gweld na'u mesur, megis orbit elec-tron o gwmpas y niwclews. I Dirac rhaid oedd troi at symbolau math-emategol a fyddai'n cynrychioli priodweddau clasurol, fel lleoliad neu gyflymder. Gan weithredu ar y weledigaeth honno datblygodd fframwaith mathemategol, gan ddod i ganlyniadau cyffelyb i'r hyn oedd yn y *Drei-Männer-Arbeit* ond heb iddo wybod am eu llafur. Cyhoeddwyd ei bapur ddiwedd 1925 ar yr un adeg ag yr oedd y tri Almaenwr yn cwblhau eu cyhoeddiad. Wrth gwrs, â phapur cyntaf Heisenberg wedi ymddangos rhai misoedd ynghynt, ei enw ef â gysylltir ag ymddangosiad mecaneg cwantwm. Fodd bynnag, deuai tro Dirac yn y man fel y cawn weld yn y bennod nesaf.

Ffrwydriad Erotig

Yr olaf o'r drindod oedd Erwin Schrödinger. Wedi ei eni a'i fagu yn Fienna, mynychodd brifysgol y ddinas i astudio ffiseg gan ennill ei ddoethuriaeth ym 1910. Ar ôl cyfres o swyddi mewn gwahanol brifysgolion fe'i apwyntiwyd yn athro ffiseg ym Mhrifysgol Zurich ym 1921. Yn ffisegydd damcaniaethol, yr oedd wedi cyhoeddi nifer o bapurau ond heb gyrraedd yr uchelfannau. Ond ym 1925 ag yntau yn dri deg saith, yn hen o'i gymharu â nifer o'r arloeswyr eraill, daeth tro ar fyd ar ôl iddo ddod ar draws damcaniaeth ynghylch deuoliaeth gronyn a thon. Yr awdur oedd Louis de Broglie, neu o roi ei deitl llawn, y Tywysog Louis Victor Pierre Raymond de Broglie. Yn aelod o un o deuluoedd mwyaf blaenllaw bonedd Ffrainc, roedd ei frawd hŷn yn ffisegydd cydnabyddedig gyda digon o fodd i sefydlu labordy yn ei blasty, gan hybu diddordeb y brawd iau yn y pwnc .

Rhai blynyddoedd wedi'r gwaith a arweiniodd at ddeall yr effaith ffotodrydanol, roedd Einstein wedi cyflwyno dau hafaliad a oedd yn gweithredu i bontio deuoliaeth gweithrediad golau fel gronyn ar y naill law ac fel ton ar y llaw arall. Yn deillio yn wreiddiol o gwantwm golau Planck, roedd un yn cysylltu egni (gronyn) ag amledd (ton), tra roedd y llall yn cysylltu momentwm (gronyn) â thonfedd (ton).[6] Ym 1923, ag yntau eisoes wedi ei argyhoeddi o wirionedd y ddeuoliaeth, daeth de Broglie i'r casgliad y gellid ei hymestyn i bob endid ac, yn benodol, i'r electron. Aeth ati i ystyried beth oedd y goblygiadau. O fewn atom Bohr-Sommerfeld roedd electron wedi ei chyfyngu i rai orbitau penodol yn unig. Os taw priodweddau ton oedd yn weithredol, yna yn ôl de Broglie roedd y cyfyngiad ar yr orbitau posibl yn awgrymu taw tonnau sefydlog oedd yn cynrychioli'r electron. Golygai hynny bod hyd cylchedd yr orbit yn hafal â nifer cyfan o werth tonfedd y don – hynny yw bod y don yn 'ffitio'r' gylchedd, fel pe tae.[7] (Gweler y diagram.) Felly, ni allai yr electron fodoli ond mewn orbitau lle roedd y don gyfatebol yn 'ffitio'r' gylchedd. Canlyniad penderfyniad de Broglie i drin yr electron fel ton ('ton gysylltiol ddychmygol', fel y galwyd gan de Broglie) oedd cyfyngu ar yr orbitau posibl o fewn yr atom. Felly, roedd wedi gallu dod i'r un canlyniad â Bohr ond drwy ddilyn llwybr gwahanol.

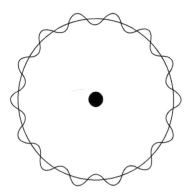

Rhai blynyddoedd yn ddiweddarach daeth prawf pendant bod electronau yn gallu ymddwyn fel ton drwy arbrofion a gynhaliwyd gan ddau Americanwr, Clinton Davisson a Lester Germer, a Sais o'r enw George Thomson a oedd yn profi bod electronau yn arddangos diffreithiant[8] pan yn taro grisial. Derbyniodd Davisson a Thomson wobr Nobel am eu gwaith, gyda Thomson yn efelychu ei dad J. J. Thomson a oedd wedi derbyn yr un wobr am ddarganfod yr electron.

Lle bo tonnau yn bresennol fe'u disgrifir gan hafaliad ton, rhywbeth a oedd yn wybyddus i bob ffisegydd. Ond Schrödinger oedd y cyntaf i ofyn beth oedd natur yr hafaliad a oedd yn disgrifio ton de Broglie. Dyna'r dasg a osododd iddo ef ei hun a daeth ateb dan amgylchiadau anarferol a dweud y lleiaf. Un o nodweddion allgyrsiol Schrödinger oedd ei fod yn ferchetwr cyson. Ychydig flynyddoedd cyn i'r rhyfel dorri, ag yntau erbyn hynny yn athro ym Mhrifysgol

Berlin, gadawodd yr Almaen am gyfnod gan dderbyn cymrodoriaeth yng Ngholeg Magdalen Rhydychen. Yno creodd gryn dwrw oherwydd bod ei wraig a'i feistres yn byw gydag ef dan yr un to. Y nodwedd hon fu'n gefnlen i'w gyfraniad hanesyddol i fecaneg cwantwm oherwydd ar drothwy Nadolig 1925, wedi ffrae arall gyda'i wraig, penderfynodd dreulio'r gwyliau gydag un o'i gyn-gariadon yn yr Alpau. Bu'r profiad, a ddisgrifiwyd gan ei ffrind Hermann Weyl a oedd yn Athro mathemateg yn Athrofa Dechnolegol y Swistir yn Zurich (bu Weyl yn gariad i wraig Schrödinger!), fel ffrwydriad erotig hwyr, yn ddigon i sbarduno cre-adigrwydd Schrödinger. Mewn byr amser llwyddodd i ddyfalu ffurf yr hafaliad drwy gyplysu cysylltiad de Broglie rhwng momentwm yr elec-tron a'r donfedd gyfatebol gyda hafaliadau ffiseg glasurol. Yn allweddol, roedd ei hafaliad yn medru cyfrifo lefelau egni atom hydrogen heb orfod cynnwys tybiaethau *ad hoc* atom Bohr-Sommerfeld na neidiadau rhyfedd yr electron. Drwy ddatblygu fersiwn a oedd yn ddibynnol ar amser, llwyddodd i ddangos sut yr oedd sustemau yn newid a thrwy hyn egluro prosesau megis amsugno ac allyrru pelydriadau.

Cyhoeddodd ei ganlyniadau ddechrau 1926. 'Mecaneg ton' oedd yr enw a roddodd Schrödinger i'w fersiwn ef o fecaneg cwantwm, mewn cyferbyniad â 'mecaneg matrics' Heisenberg; un yn disgrifio tonnau a'r llall ronynnau. Cafodd y papur gryn groeso ymysg ffisegwyr. Un rheswm amlwg oedd bod Schrödinger, drwy ganolbwyntio ar donnau, yn defnyddio syniadau a oedd yn llawer mwy cyfarwydd a chyffordduss na matrics dieithr Heisenberg – dull a oedd, drwy ganolbwyntio yn unig ar yr hyn y gellid arsylwi, yn ymwrthod ag unrhyw ddarlun o'r hyn oedd yn digwydd dan y wyneb fel petai. Digon pigog ei sylwadau oedd Heisenberg ynghylch mecaneg ton ac roedd ymateb Schrödinger yr un mor ddiflewyn ar dafod. Eto roedd y ddau fersiwn yn rhoi yr un atebion, serch bod un yn haws i'w drin mewn rhai sefyllfaoedd a'r llall yn haws mewn sefyllfaoedd eraill. Mewn gwirionedd roedd y ddau fersiwn yn cyfateb i'w gilydd yn fathemategol. Fel y profodd Dirac a Jordan ar wahân yn hydref 1926, roeddent yn deillio o un ffurf mwy haniaethol a chyffredinol o fecaneg cwantwm.

I Schrödinger roedd ei donnau yn real. Y sialens felly oedd dangos beth yn union oedd hanfod y tonnau. Dirgryniadau molicylau'r awyr

yw tonnau sŵn. Beth oedd 'dirgryniadau' tonnau mecaneg ton? Daeth
ateb cyn bo hir oddi wrth Born – ateb a oedd yn hoelen arall yn arch
ffiseg glasurol yn ei hymwneud â'r atom. I Born, cyfleu tebygolrwydd o
fodolaeth electron yn y lle a'r lle wnâi y tonnau. Os oedd y dirgrynia-
dau yn gryf mewn rhyw fan arbennig, yna roedd y tebygolrwydd bod
yr electron yno yn uchel; yn yr un modd, os oedd y dirgryniadau yn
wan yna bach oedd y tebygolrwydd. I'r gwrthwyneb i'r hyn a gredai
Schrödinger, rhywbeth haniaethol oedd y don i Born heb realaeth
faterol.

Gwrthod tebygolrwydd wnaeth Schrödinger. Felly hefyd Einstein
a oedd wedi mynd yn fwyfwy anhapus â'r modd yr oedd mecaneg
cwantwm yn datblygu. Ymhlyg yn nadansoddiad Born oedd y gred taw
siawns oedd yn teyrnasu yn y bôn. Wrth astudio allyrriadau atom ym
1916 roedd Einstein ei hun wedi dangos nad oedd yn bosibl rhagfynegi
pryd yn union y gwnâi'r atom allyrru cwantwm golau. Roedd y broses yn
digwydd ar hap. Felly hefyd ymbelydredd – ni ellid rhagfynegi'n union
pa bryd y gwnâi'r atom ddadfeilio.

I Einstein fodd bynnag, o dan y cyfan i gyd, rhaid bod achosiaeth
yn hytrach na thebygolrwydd yn bodoli. Hyn arweiniodd at ei haeriad
mewn llythyr at Born ym 1926, 'Die Theorie liefert viel, aber dem
Geheimnis des Alten bringt sie uns kaum näher. Jedenfalls bin ich
überzeugt, daß der nicht würfelt.' ('Mae'r ddamcaniaeth yn rhoi llawer
ond nid yw'n dod â ni yn nes at gyfrinach yr Hen Un. Fodd bynnag
rwy'n grediniol nad yw e'n hapchwaraewr.')

Dadansoddiad Copenhagen

Erbyn Mai 1926 roedd Heisenberg yn ôl yn Copenhagen, y tro hwn yn
gynorthwyydd i Bohr. Yn wyneb y gweledigaethau gwahanol ymhlyg
ym mecaneg matrics a mecaneg ton, dechreuodd Heisenberg hoelio ei
sylw ar geisio dod o hyd i ddehongliad gwaelodol i'r ddeuoliaeth ryfedd
lle gallai electron fod yn ronyn ar un adeg ac yn don ar adeg arall. Bu
ef a Bohr yn trafod y mater ddydd a nos am fisoedd nes bod y ddau
wedi ymlâdd. Â Bohr wedi mynd ar ei wyliau i Norwy, dechreuodd
Heisenberg geisio dyfalu beth yn union oedd natur y broses o arsyllu. A

oedd yn bosibl, mewn gwirionedd, sicrhau mesuriad pendant o leoliad a chyflymder yr electron, dyweder? Daeth i'r casgliad taw 'Na' oedd yr ateb i'w gwestiwn ac aeth ymlaen i gyflwyno'r egwyddor enwog sydd wedi ei henwi ar ei ôl – egwyddor ansicrwydd Heisenberg (*uncertainty principle*). Trwy ddefnyddio'i fatricsau, datblygodd hafaliad sy'n crynhoi yr egwyddor, ac yn dangos bod ansicrwydd lleoliad ac ansicrwydd momentwm sy'n deillio o arbrawf wedi eu cyplysu yn y fath fodd na ellir cael gwared ar y ddau ansicrwydd gyda'i gilydd.[9] Teimlai rhai taw methiant arbrofion i fesur yn ddigon cywir oedd tarddiad yr ansicrwydd hwn yn y bôn. Fodd bynnag, datganodd Heisenberg nad dyna'r rheswm; yn hytrach yr oedd yn adlewyrchiad creiddiol o hanfod realiti.

Tra yn cydnabod yr egwyddor newydd, nid oedd Bohr yn hapus taw y gronyn yn hytrach na'r don oedd sylfaen gweledigaeth Heisenberg. I Bohr roedd y ddwy wedd yr un mor bwysig wrth ymdrechu tuag at ddealltwriaeth o realaeth y cwantwm. Dwy ochr o'r un geiniog oeddent. Mewn unrhyw arbrawf un wedd yn unig gâi ei hamlygu. Nid oedd modd creu arbrawf lle gwelid y ddwy ochr yn ochr. Ymhellach, roedd Heisenberg yn cwestiynu defnyddio cysyniadau ffiseg glasurol megis lleoliad a momentwm. Roedd ffiseg glasurol wedi methu, felly dylid cael gwared arnynt ac encilio yn ôl i fframwaith fathemategol mecaneg cwantwm. Anghytuno eto wnaeth Bohr, gan ddadlau bod dadansoddi canlyniadau arbrofion yn deillio o'r cysyniadau hyn ac felly na ellid eu hepgor. Yn wir roedd yr arbrawf, y weithred o fesur, yn rhan annatod o'r ddealltwriaeth yr oedd Bohr yn ei datblygu. Y dull o fesur oedd yn penderfynu a fyddai'r arbrofwr yn gweld un ai gronyn neu don.

Ffrwyth ei lafur oedd egwyddor cyfatebolrwydd (*complementarity*), sef bod gronyn a thon, mater a phelydriadau, yn ddwy ochr i'r un geiniog – yn gyfatebol ond eto yn gydanghynhwysol (*mutually exclusive*). Fe'i cyflwynwyd mewn cynhadledd a gynhaliwyd yn Como yn hydref 1927. Dyma sail yr hyn a ddaethpwyd i'w adnabod wedyn fel 'dadansoddiad Copenhagen', sy'n cynnwys egwyddor cyfatebolrwydd, rôl y broses o fesur yn namcaniaeth y cwantwm ac egwyddor ansicrwydd Heisenberg. Er i'r dadansoddi barhau hyd y dydd heddiw yn destun dadlau brwd deil i hawlio lle blaengar yn athroniaeth mecaneg, neu ffiseg, cwantwm.[10]

Yn ddiamau bu 1925–7 yn gyfnod allweddol yn natblygiad ffiseg cwantwm gan ddwyn i fod fframwaith ddamcaniaethol gyson a rhesymegol ynghyd â sylfaen athronyddol. Does ryfedd i nifer o'r cyfranogwyr, megis Born, Dirac, Heisenberg, Pauli a Schrödinger, ennill gwobr Nobel. Dyma, felly, benllanw y chwyldro a fodolai yn ystod chwarter cyntaf yr ugeinfed ganrif. Heddiw, wrth edrych yn ôl, mae'n naturiol ei weld fel diweddglo llwyddiannus yn selio statws ffiseg cwantwm. Ond fel y gellid disgwyl, ar y pryd bodolai ansicrwydd a drwgdybiaeth. Er enghraifft, dyma oedd sylw Charles Barkla (yr arholwr allanol pan safodd Williams ei arholiadau gradd) ym 1926: 'A new theory . . . has been postulated by Heisenberg which, whether fruitful or not, promises to put quantum mechanics in much more logical form. Its physical significance, however, is not apparent.' A digon cymysg oedd yr ymateb i ddarlith Bohr yn y gynhadledd yn Como yn hydref 1927, oherwydd y bwlch rhwng y weledigaeth a amlinellwyd a ffiseg glasurol. Serch hynny, daeth yn amlwg bod y ffiseg newydd yn cyflwyno dull hynod ffrwythlon ar gyfer deall strwythur mater. Pwyslais y cyfnod ôl-chwyldro, felly, fu datblygu, ymestyn a mireinio yr ystod o arfau damcaniaethol newydd a oedd yn dod i fod. Y canlyniad fu llwyddiannau lu ym maes ffiseg atomig a moleciwlar, ffiseg niwclear ac, yn arbennig gyda datblygiad cyflymyddion, ym maes ffiseg gronynnau.

Wrth gwrs, mewn llawer maes yr oedd ffiseg glasurol yn parhau fel sylfaen gwbl addas ar gyfer cynnal a datblygu rhaglen ymchwil. Ond i lawer ffisegydd ifanc rhaid bod cyffro a dieithrwch rhyfedd ffiseg cwantwm, a'r sialensau ddoi oherwydd hynny, yn hynod atyniadol. Yn y cyswllt hwn mae'n ddiddorol gosod dyddiau cynnar Williams yng nghyd-destun y datblygiadau a amlinellwyd yn y bennod hon. Ag yntau wedi ei eni rhwng ymddangosiad 'cwantwm' Planck a haeriad Einstein bod y cwantwm golau (ffoton) yn real, erbyn iddo fynd i Abertawe ym 1919 roedd yr 'hen' ddamcaniaeth cwantwm wedi dod i oed. Fodd bynnag, yn ystod ei gyfnod yn y coleg daeth annigonolrwydd y ddamcani- aeth honno yn fwyfwy amlwg gan arwain at ymdeimlad o argyfwng. Cyfnod Williams ym Manceinion a welai oresgyniad yr argyfwng hwn yn sgil 'ffiseg y bechgyn'.

Mae'n gwestiwn a fyddai Williams yn llwyr ymwybodol o'r argyfwng. Wedi'r cwbl, mae'n siwr taw ffiseg glasurol fyddai hanfod ei astudiaethau yn Abertawe. Serch hynny, o gofio pwysigrwydd arbrofion sbectrosgopig yn natblygiad ffiseg cwantwm a diddordeb ei athro yn y maes, yn arbennig ei gyfraniad tuag at gadarnhau darlun Bohr o'r atom, mae'n siwr bod yr athro, Jenkin Evans, yn effro i fwrlwm y cyfnod ac wedi rhannu'r bwrlwm hwnnw gyda'i fyfyrwyr. Yn ogystal, bu gwaith Rutherford a Bohr yn destun sgyrsiau yng nghyfarfodydd Cymdeithas Ffiseg a Mathemateg y coleg. Felly, wrth ymadael am Fanceinion, mae'n ddigon posibl bod Williams yn obeithiol y câi well cyfle i fod yn llygad dyst ac efallai i gyfrannu tuag at y bwrlwm. Fel y ceir gweld yn y bennod nesaf llwyddodd i fanteisio ar y cyfle gan gymryd y camau cyntaf i sefydlu ei hun fel ffisegydd atomig o'r radd flaenaf.

3

DOETHURIAETHAU

Ffiseg Manceinion

Drwy adael Abertawe am Fanceinion ym 1924 roedd Williams yn symud o adran a oedd yn dal yn ei phlentyndod am un a oedd ar flaen y gad. Oherwydd blaengaredd Ernest Rutherford, roedd adran ffiseg y brifysgol ymysg y cryfaf ag ansawdd yr ymchwil gyda'r uchaf ym Mhrydain. Erbyn i Williams gyrraedd roedd Rutherford wedi gadael Manceinion a symud i swydd cyfarwyddwr labordy'r Cavendish, Prifysgol Caergrawnt. Yn ei le, ym 1919, penodwyd gŵr ifanc naw ar hugain mlwydd oed o'r enw William Lawrence Bragg.

Cafodd Bragg ei eni yn Adelaide lle roedd ei dad, William Henry Bragg, yn athro mathemateg a ffiseg ym Mhrifysgol De Awstralia. Yn un o arloeswyr astudio pelydrau X parhaodd Bragg, y tad, ei ymchwiliadau pan gafodd ei benodi i gadair ffiseg Prifysgol Leeds. Tua'r un adeg aeth y mab i Gaergrawnt a graddio mewn ffiseg. Gan gydweithio gyda'i dad yn Leeds trodd y ddau at ddefnyddio pelydrau X i astudio grisialau, ymchwil a oedd yn deillio o ddarganfyddiad ym Mhrifysgol Munich ym 1912 bod y pelydrau yn cael eu diffreithio gan risialau (gweler pennod 2, nodyn 8). Roedd hyn yn cadarnhau y gred taw tonnau oedd pelydrau X ond roedd hefyd yn agor drws i archwilio adeiladwaith grisialau. Dyna a wnaeth y ddau a derbyniasant wobr Nobel rhyngddynt ym 1915 ar sail eu gwaith arloesol. Lawrence Bragg oedd yr ieuengaf erioed i dderbyn y wobr a nhw yw'r unig dad a mab i rannu'r anrhydedd. Rhyw hanner can mlynedd yn ddiweddarach llwyddwyd, yn rhannol drwy ddadansoddiad pelydr X, i ddarganfod adeiledd DNA.

Dechreuad digon anodd gafodd Lawrence Bragg wrth ymgymryd â swydd pennaeth adran. Yn hynod ddibrofiad, gwnaeth lu o gamgymeriadau ac roedd yn ymwybodol bod rhai o'r staff hŷn wedi digio o weld person mor ifanc yn bennaeth. Yn ôl gwraig Bragg, roedd Evan Jenkin Evans ymysg y rhain ac, fel y soniwyd ym mhennod 1, gadawodd Evans mewn byr o dro pan gafodd ei benodi'n athro ffiseg yn Abertawe.

Wrth gwrs yr oedd yn dipyn o sialens i Bragg olynu Rutherford o gofio personoliaeth gref, dymhestlog ac anghymodlon hwnnw ar adegau. Enghraifft o hynny oedd cyngor Rutherford i Bragg ar sut i drin ei gyd-benaethiaid ar senedd y brifysgol. 'Don't let those chaps bully you, Bragg. You give them hell.' oedd sylw Rutherford – llwybr anodd os nad amhosibl i ŵr ifanc, dibrofiad i'w ddilyn. Ond llwyddodd i oroesi ac erbyn i Evan James Williams gyrraedd roedd y cyfan yn hen hanes.

Hyd yn oed os oedd Evans yn anfodlon gyda phenodiad Bragg mae'n siwr bod ei gyngor wedi chwarae rhan ddylanwadol ym mhenderfyniad Williams i ddewis Manceinion ar gyfer ei PhD. Byddai adnabyddiaeth Evans o'r adran ffiseg wedi bod yn gaffaeliad i Williams a thystia Bragg iddo dderbyn geirda gwresog gan Evans ar ran ei fyfyriwr. Yn ogystal, cafodd Williams gyfle i gwrdd â Bragg ddwy flynedd ynghynt pan ymwelodd Bragg ag Abertawe i gyflwyno darlith i'r Gymdeithas Ffiseg a Mathemateg.

Blwyddyn o gefnogaeth ariannol oedd gan Williams, sef ail flwyddyn ysgoloriaeth Prifysgol Cymru a ddyfarnwyd iddo cyn cychwyn ei MSc yn Abertawe. Fodd bynnag, yn ystod ei flwyddyn gyntaf ym Manceinion ymgeisiodd am gymrodoriaeth Prifysgol Cymru a gyda chefnogaeth Charles Barkla bu'n llwyddiannus. Â'r gymrodoriaeth yn parhau am ddwy flynedd roedd ganddo nawr y modd i gynnal ei hun ym Manceinion am dair blynedd.

Lleolid yr adran ffiseg mewn dau adeilad. Agorwyd y cyntaf ym 1872 a'r ail ym 1900, adeilad, yn ôl un sylw, a ymdebygai i doiled cyhoeddus oherwydd bod bron y cyfan o'r muriau wedi eu gorchuddio gan deils brown. Lletyai Williams yn Grinton Avenue, Stâd Anson, rhyw filltir o'r brifysgol a bu ei ddyddiau cyntaf yn rhai dramatig ac annisgwyl iddo ef ac i'r adran. Pan gyrhaeddodd mae'n debyg ei bod yn ddiwrnod rag ac arferai myfyrwyr y brifysgol a choleg technolegol y ddinas ymosod ar adeiladau ei gilydd fel rhan o'r halabalŵ blynyddol. Y bore wedyn ymddangosodd Williams yn y labordy â'i ben wedi ei orchuddio mewn rhwymynnau! Arwydd o'i fywiogrwydd gyda dôs go dda o ddireidi neu hyd yn oed fyrbwylldra? Fel y dywed Bragg yn ddiplomataidd, 'He had lost no time in entering local politics.'

Mae'n debyg ei bod hi'n ddigon hawdd canfod Williams yn y labordy oherwydd ei arferiad, pan oedd yr hwyliau'n dda, o ganu oratorios nerth ei ben. Cyfeiriwyd eisoes at ei awydd i ganu, ond rhywbeth anghonfensiynol iawn oedd hyn i Bragg. Mewn gwirionedd roedd gan Williams gynsail enwog, er efallai na wyddai hynny ar y pryd, oherwydd arferiad Rutherford pan yn cynnal arbrawf oedd canu 'Onward Christian Soldiers'. Yn wir, ceir awgrym y byddai yn cyflwyno'r ymdeithgan wrth grwydro o gwmpas y labordai yn y bore i sgwrsio â'i ymchwilwyr – arferiad oedd, beth bynnag am y donyddiaeth, yn rhoi rhybudd iddynt fod Rutherford ar ei ffordd. Nid yw hyn yn awgrymu tebygrwydd o ran eu personoliaethau ond mae'n sicr yn adlewyrchu'r afiaeth a deimlai'r naill fel y llall wrth fynd i'r afael â dirgelion natur.

Dichon bod twrw'r diwrnod rag yn deillio yn rhannol o ddiriedi cynhenid Williams. Ceir cadarnhad mewn un atgof gan ei nith, Betty Fletcher, yn deillio o'r cyfnod pan oedd ei thad David yn gweithio ym Manceinion, a Williams yn fyfyriwr ymchwil yn y brifysgol. Cofia ei ewythr, tra'n cerdded gyda hi ar hyd stryd o dai crand, yn ei herio i fynd at un o'r drysau a chanu'r gloch; yna gweiddi arni i redeg i ffwrdd a hithau yn mynd law yn llaw ag ef dan chwerthin yn braf. Mae'r un ysfa i'w weld mewn llun o staff ac ymchwilwyr yr adran. Â'r rhelyw yn edrych yn ddigon syber mae e'n gwenu'n ddireidus. Trawiadol yw'r sylw yn ysgrif goffa Patrick Blackett:

> He was blessed with a gaiety of spirit and an endearing youthfulness that belied his intellectual maturity. His humour and the sense of the ridiculous were exquisite – and so essentially human , for he instinctively identified himself with the ludicrous situations and follies of his fellow-creatures.'

4 Adran Ffiseg Prifysgol Manceinion, 1927; E. J. Williams yw'r ail o'r dde yn y drydedd res. Yn y rhes flaen gwelir Lawrence Bragg (seithfed o'r dde) a John Nuttall (wythfed o'r dde).

(Hawlfraint Prifysgol Manceinion)

Y Siambr Cwmwl

John Mitchell Nuttall oedd yr aelod staff â chyfrifoldeb am oruchwilio ymchwiliadau Williams ar gyfer ei ddoethuriaeth. Bu'n fyfyriwr yn yr adran ac wedi graddio arhosodd am gyfnod fel ymchwilydd dan gyfarwyddyd Hans Geiger, yr Almaenwr a lywiodd yr arbrofion ynghylch allwyriad gronynnau α. Fel y soniwyd yn y bennod flaenorol, y rhain oedd wedi arwain Rutherford i gyflwyno ei fodel o'r atom. O Fanceinion aeth Nuttall i ddarlithio yn adran ffiseg Prifysgol Leeds. Yna, ar ôl treulio'r Rhyfel Byd Cyntaf yn y fyddin, dychwelodd ym 1920 i ddarlithio yn ei hen adran a'i ddyrchafu mewn blwyddyn yn gyfarwyddwr cynorthwyol gyda chyfrifoldebau tebyg i'r hyn yr oedd Evan Jenkin Evans yn eu cyflawni dan arweiniad Rutherford.

Dewisodd Williams beidio ag ymuno â phrif ffrwd ymchwil yr adran a oedd, dan Bragg, yn ymwneud ag archwilio adeiladwaith crisialau. Yn hytrach penderfynodd astudio gwasgariadau pelydrau X gan fanteisio ar arbenigedd trin y pelydrau hynny a oedd yn bodoli yn y labordy. Canolbwynt arbrofion Williams oedd y gronynnau elfennol, yn benodol electronau, a oedd yn ymddangos oherwydd gwrthdrawiadau'r pelydrau X ag atomau gwahanol nwyon. Er mwyn gweld eu hôl defnyddiai siambr arbennig gan ei llenwi â gwahanol nwyon ac anelu pelydrau X drwy'r siambr. Siambr cwmwl Wilson oedd enw'r offer ac fe'i dyfeisiwyd gan yr Albanwr Charles Thomson Rees Wilson, gŵr a dreuliodd y rhan fwyaf o'i yrfa yn aelod o staff Labordy'r Cavendish, Caergrawnt. Hanfod y ddyfais yw gallu gronyn wedi'i wefru a gydag egni digonol i ïoneiddio atom y mae'n ei daro trwy ryddhau un o electronau'r atom o'i afael gan adael y gweddill, yr ïon, â gwefr bositif. Felly, pan fo gronyn yn gwibio drwy'r nwy yn y siambr a tharo un atom ar ôl y llall, ymddengys ïonau ar hyd ei lwybr. Ar gyfer gweld y llwybr dirlenwir (*saturate*) y nwy yn y siambr ag anwedd dŵr. Yna, trwy ostwng y pwysedd, ac felly y tymheredd, yn sydyn cyddwysa dafnau dŵr ar yr ïonau a thrwy hynny greu ôl gweladwy megis gwlith ar edau gwe corryn. I gofnodi'r llwybr hwn, defnyddir offer ffotograffig. Cymaint fu llwyddiant y ddyfais fel y dyfarnwyd gwobr Nobel i Wilson ym 1927. Yn wir, oherwydd ei boblogrwydd, câi yr offer ei gynhyrchu gan gwmnïau masnachol a oedd yn paratoi cyfarpar gwyddonol ac un felly oedd gan Williams. Dros y blynyddoedd deuai'r siambr cwmwl yn gonglfaen arbrofion Williams ag yntau ei hun yn cyfrannu at ddatblygu'r offer.

Gyda'r siambr astudiodd Williams draciau a mesur priodweddau llwybrau'r electronau mewn cyfres o arbrofion. Pwrpas un ohonynt oedd mesur hyd y traciau. Rhyw ddeng mlynedd ynghynt cynhaliodd Niels Bohr astudiaeth ddamcaniaethol, yn seiliedig ar ffiseg glasurol, yn ymweud â'r modd y câi gronynnau wedi eu gwefru eu gwasgaru wrth deithio drwy fater. Cychwynnodd ar y gwaith tra ym Manceinion ac mae'n debyg taw'r cyntaf o'i bapurau ar y pwnc oedd yr un fu'n destun trafodaeth rhyngddo ag Edwin Owen. Yn naturiol, cymharodd Williams ganlyniadau ei arbrofion â'r hyn yr oedd gwaith Bohr yn ei ragfynegi a darganfod nad oedd datrysiad Bohr yn gywir. Byddai Williams yn dod yn ôl yn ystod ei yrfa at yr anghysondeb rhwng gwaith Bohr a chanlyniadau arbrofion, gan ddatgan bod yn rhaid mabwysiadu ffiseg cwantwm er mwyn goresgyn y broblem.

Un canlyniad oedd eisoes yn wybyddus ynghylch gwasgariad pely-drau X oedd bod yr electronau a gâi eu rhyddhau pan fyddai pelydrau X yn taro atomau nwy yn perthyn i ddau ddosbarth. Cysylltid y cyntaf, a elwid yn ffotoelectronau, ag amsugniad pelydr X, proses sy'n cyfateb i'r effaith ffotodrydanol a ddarganfuwyd gan Philipp Lenard (gweler pen-nod 2). Roedd yr ail, yn dwyn yr enw electronau adlam, yn ganlyniad gwasgariad cwantwm pelydr X gydag electron yn cael ei ryddhau yn sgil y gwrthdrawiad. Dyma'r ffenomen a astudiwyd gan Compton pan ddangosodd fod pelydrau X yn gweithredu fel cwanta (gweler pen-nod 2). Mae egni yr electronau yn y dosbarth cyntaf – y ffotoelectronau – yn fwy o lawer na'r rhai yn yr ail ddosbarth, ac felly mae eu llwybrau yn y siambr cwmwl gryn dipyn yn hwy. Drwy hyn gellir didoli'r ddau ddosbarth fel yr ymddangosant yn ffotograffiau'r siambr.

Cynhaliodd Williams arbrofion i fesur traciau'r ddau ddosbarth. Y canlyniad oedd iddo lwyddo i ddangos cywirdeb rhagfynegiadau damca-niaethol Compton, rhagfynegiadau oedd yn seiliedig ar y darlun cwan-taidd bod pelydr X yn gweithredu fel gronyn pan yn cael ei wasgaru. Ymhellach, llwyddodd i ddangos bod nifer y ffotonau pelydr X a gâi eu gwasgaru yn cyfateb i nifer yr electronau a oedd yn cael eu rhyddhau. Dyma felly gadarnhad pellach o ddilysrwydd y darlun cwantaidd.

Yn nes ymlaen gwnaeth Williams fesuriadau a oedd yn cymharu momentwm pelydr X a amsugnid â momentwm y ffotoelectron a gâi ei rhyddhau. Y tro hwn roedd canlyniadau'r arbrofion yn anghydweld â'r hyn a ddisgwylid yn ôl yr 'hen' ddamcaniaeth cwantwm ac felly yn codi cwestiynau newydd. Yn arwyddocaol, ar ôl gadael Manceinion dangosodd Williams fod dadansoddiad damcaniaethol gan Arnold Sommerfeld drwy gyfrwng ffiseg cwantwm yn arwain at berthynas rhwng momentwm y pelydr X a momentwm y ffotoelectron a oedd yn cytuno â chanlyniadau arbrofion.

Eisoes roedd gwaith Williams yn dangos ei wreiddioldeb a'i fedrusrwydd fel arbrofwr. Ond yn ogystal, roedd ei gyhoeddiadau yn dangos hyder Williams i fynd i'r afael â'r damcaniaethau oedd yn berthnasol i'w arbrofion. Mae nifer o'i gyhoeddiadau nid yn unig yn cynnwys disgrifiad o'r arbrofion ynghyd â'r canlyniadau; maent hefyd yn cyflwyno dadansoddiad o'r ddamcaniaeth berthnasol ac yna gyfrifiadau a oedd yn ei alluogi i gymharu canlyniadau'r arbrawf â rhagfynegiad y ddamcaniaeth honno. Oherwydd nad oedd Williams yn gweithredu o fewn prif ffrwd ymchwil yr adran cydnabu Bragg fod Williams i raddau ar ei ben ei hun, gyda dim ond ei oruchwyliwr, Nuttall, wrth law i gynnig cymorth. Ond o safbwynt ei ddadansoddiadau damcaniaethol, cyfaddefodd Nuttall na allai roi fawr o gymorth a taw Williams yn unig oedd yn gyfrifol am yr ochr honno – adlais o'i brofiad yn Abertawe.

Roedd cyfle i ymchwilwyr gyflwyno eu canfyddiadau yng nghyfarfodydd Cymdeithas Lenyddol ac Athronyddol Manceinion (Manchester Literary and Philosophical Society), cymdeithas a sefydlwyd yn y ddinas ar ddiwedd y ddeunawfed ganrif i hybu diddordeb yn y celfyddydau a gwyddoniaeth. Darllenodd Williams bapur mewn cyfarfod ym mis Hydref 1925 ac fe'i cyhoeddwyd yn nhrafodion y gymdeithas rai misoedd yn ddiweddarach. Dyma'r papur cyntaf a gyhoeddwyd ganddo (gyda Nuttall) ar sail ei ymchwil ym Manceinion a'r cyntaf o dri gerbron y gymdeithas. Yn gyfan gwbl llwyddodd i gyhoeddi chwe phapur cyn gadael Manceinion, nifer ohonynt ag yntau yn awdur unigol.

Ond nid dyna'r cyfan. Llwyddodd i gyflwyno ei draethawd ar gyfer doethuriaeth ym mis Tachwedd 1926,[1] ychydig dros ddwy flynedd ar ôl iddo gychwyn ym Manceinion a misoedd lawer cyn i'w gymrodoriaeth ddod i ben. Gorchest os bu un erioed, gan adlewyrchu sylw prifathro Coleg Prifysgol Abertawe, Charles Alfred Edwards, mewn geirda ychydig fisoedd wedyn bod Williams yn 'extremely hard worker and shows great determination of character'.

Labordy'r Cavendish

Wedi ennill doethuriaeth, parhaodd Williams â'r themau ymchwil yr oedd wedi eu datblygu gydol ei gyfnod ym Manceinion. O reidrwydd, trodd ei olygon hefyd at y cam nesaf yn ei yrfa a dichon nad syndod i labordy'r Cavendish yng Nghaergrawnt fod yn uchel ar y rhestr. Wedi'r cwbl, o dan arweiniad Ernest Rutherford doedd dim amheuaeth ynghylch blaengaredd ymchwil y Cavendish ym maes gwrthdrawiadau gronynnau â mater. Yn ogystal, mae'n siwr fod profiad ei hen brifathro yn symbyliad iddo freuddwydio yr âi yntau i Gaergrawnt rhyw ddydd.

I sicrhau cefnogaeth ariannol ar gyfer astudio yng Nghaergrawnt rhaid oedd ymgeisio am ysgoloriaeth. Un a ddaeth i'w sylw oedd ysgoloriaeth Rhondda, Coleg Gonville a Caius, a fodolai o ganlyniad i waddol Is-iarll Rhondda. Ysgoloriaeth oedd hon ar gyfer astudio mathemateg a'r gwyddorau gyda blaenoriaeth i fyfyrwyr o Gymru. Ymgeisiodd amdani. Ymgeisiodd hefyd am ysgoloriaeth hŷn Arddangosfa Frenhinol 1851, cronfa a sefydlwyd yn dilyn yr arddangosfa a gynhaliwyd yn y Palas Grisial, Llundain, ym 1851 i hybu ymchwil mewn gwyddoniaeth a pheirianneg. Roedd hon yn ysgoloriaeth â chryn fri iddi, roedd yn rhaid i'r ymgeisydd fod eisoes yn meddu ar ddoethuriaeth ac, yn ogystal, rhaid oedd sicrhau cefnogaeth sefydliad megis prifysgol. Yr oedd Williams wedi derbyn gradd PhD gan Brifysgol Manceinion a derbyniodd enwebiad y brifysgol honno. Yn ogystal, fe'i enwebwyd gan Goleg Prifysgol Abertawe. Yn y pen draw, Abertawe gyflwynodd yr enwebiad gyda chefnogaeth Manceinion.

Bu'r cais am ysgoloriaeth hŷn Arddangosfa Frenhinol 1851 yn llwyddiannus. Llwyddiannus hefyd oedd ei gais am ysgoloriaeth Rhondda ond gan fod cefnogaeth ariannol Arddangosfa Frenhinol 1851 ganddo, dyfarnwyd ysgoloriaeth Rhondda iddo er anrhydedd heb yr arian cyfatebol. Galluogodd hyn iddo ddod yn aelod o Goleg Gonville a Caius. Yn anffodus digwyddodd tân yn y coleg ar ddechrau 1929, gyda'r canlyniad i Williams golli ei lyfrau i gyd ynghyd ag eiddo arall. Oherwydd hyn penderfynodd awdurdodau'r coleg roi grant iddo a oedd yn cyfateb i werth yr ysgoloriaeth dros ddau dymor.

Llwyddodd hefyd i sicrhau lle yn y Cavendish. Gorffennaf 1927 oedd dyddiad cychwyn yr ysgoloriaeth hŷn a threuliodd y tri mis cyntaf ym Manceinion. Yn y cyfnod hwn cwblhawyd y gwaith ar fomentwm ffotoelectronau y cyfeiriwyd ato uchod. Arweiniodd yr astudiaeth hon at gyhoeddiad yn y *Proceedings of the Royal Society* ym 1928 gyda Nuttall a myfyriwr arall yn gyd-awduron. Yn bump ar hugain roedd wedi llwyddo nid yn unig i gyhoeddi yn un o gylchgronau uchaf eu parch ym Mhrydain ym maes gwyddoniaeth, ond yn ogystal, ei enw ef oedd gyntaf ar restr yr awduron. Dyma gydnabyddiaeth o'i safle fel arweinydd a chynhaliwr yr astudiaeth.

Ar ddechrau Hydref 1927 symudodd i Gaergrawnt ar gyfer ei ail ddoethuriaeth dan oruchwyliaeth Rutherford. Lletyodd i gychwyn yn North Terrace, tua milltir a hanner o'r Cavendish, ond yna cafodd ystafelloedd yng ngholeg Gonville a Caius. Yr ystafelloedd hyn mae'n debyg a ddifrodwyd gan y tân yn y coleg y cyfeiriwyd ato uchod.

Adeiladwyd y Cavendish yn oes Victoria â ffasâd uchel a llwyd a oedd, yn ôl un ymwelydd, yn ymdebygu i ffasâd gwesty. Tu fewn roedd y sefyllfa yn dra gwahanol, â'r labordai yn llawn o bob math o gyfarpar ac yn debycach i weithdai. Gweithiai Williams mewn ystafell ymchwil fechan ar y llawr cyntaf. Cymydog ar y llawr hwnnw oedd Norman Feather, gŵr a apwyntiwyd i gadair athroniaeth naturiol Prifysgol Caeredin yn syth wedi'r rhyfel, gan arbenigo ym maes ffiseg niwclear. Cymydog arall, ac un a fu'n cydweithio â Williams gyda'i waith arbrofol, oedd Fernand Terroux, gŵr o Canada a oedd wedi ennill un o ysgoloriaethau Arddangosfa Frenhinol 1851 ar gyfer cyfnod yn y Cavendish. Daeth wedyn yn athro ffiseg ym Mhrifysgol McGill lle bu Rutherford yn athro ar droad y ganrif. Ymysg myfyrwyr eraill a gychwynnodd yn y Cavendish gydag ysgoloriaeth Arddangosfa Frenhinol 1851 ar yr un amser oedd Ernest Walton. Rhai blynyddoedd yn ddiweddarach daeth ef a'i gydweithiwr John Cockroft yn fyd-enwog drwy iddynt lwyddo i hollti'r atom; y gwyddonwyr cyntaf i wneud hynny.

Byddai y rhai oedd yn cychwyn ar waith ymchwil yn y Cavendish yn derbyn hyfforddiant gogyfer â gwaith ymarferol gan gynnwys, er enghraifft, sut i adeiladu cyfarpar a chwythu gwydr. Digwyddai hyn yng nghroglofft y Cavendish a elwid yn *Nursery* neu *Chadwick's Attic*. Hyd yn oed os oedd yr ymchwilydd eisoes wedi bwrw'i brentisiaeth yn rhywle arall, disgwylid iddo fynychu'r *Nursery* am beth amser ac mae'n debyg taw dyna wnaeth Williams. Arferiad arall, yn wir deddf a oedd yn bodoli cyn amser Rutherford ond un a lwyr gefnogai, oedd cau y labordy am chwech yr hwyr. Nid oedd gwyro oddi wrth y rheol hon. Dadl Rutherford oedd y dylid defnyddio'r hwyr yn myfyrio, darllen ac ysgrifennu yn hytrach na llafurio gyda'r cyfarpar. Hyd yn oed bryd hynny roedd hyn yn dipyn o syndod i ymwelwyr ac mae'n debyg bod Williams yn hynod anhapus a rhwystredig â'r drefn. Yn wir, rhai blynyddoedd wedyn dywedodd wrth John Wheeler, pan oedd y ddau yn Copenhagen, taw'r gwaharddiad ar waith labordy yn yr hwyr fu'r rheswm iddo droi at waith damcaniaethol tra yno.

Yng Nghaergrawnt, yr adran fathemateg oedd cartref y ffisegwyr damcaniaethol (neu ffisegwyr mathemategol fel y'u gelwid). Eu harweinydd oedd un o ddarlithwyr yr adran, Ralph Fowler, mab-yng-nghyfraith Rutherford. Digon llwm oedd hi ar y myfyrwyr ymchwil heb ystafell yn yr adran na chyfle i gwrdd a chymdeithasu yno – mor wahanol i'r Cavendish, lle roedd y te a theisennod bob prynhawn am bedwar yn ddefod ddyddiol, gyda Rutherford yn ymuno o bryd i'w gilydd. Fodd bynnag, gallai'r damcaniaethwyr gwrdd yn llyfrgell fechan y Cavendish. Bob pythefnos cynhelid *colloquium* er mwyn rhoi cyfle iddyn nhw a'r arbrofwyr gwrdd, trafod gyda'i gilydd a gwrando ar bapurau a gyflwynid, fel arfer, gan ymchwilwyr ifanc. Mae'n siwr y byddai Williams wedi mynychu ac elwa o fod yn bresennol yn y cyfarfodydd hyn, yn arbennig gan ei fod yn fodd iddo ddod i adnabod a rhannu ei syniadau gyda'r damcaniaethwyr. Ernes o hyn, mae'n debyg, yw iddo ddiolch i Fowler, yn ei thesis, am y trafodaethau rhyngddynt a'r cynghorion a gafodd ganddo. Fowler hefyd gyflwynodd bapurau damcaniaethol Williams i'r cymdeithasau a oedd yn eu cyhoeddi, sef y Gymdeithas Frenhinol a Chymdeithas Athronyddol Caergrawnt. Roedd cefnogaeth Fowler yn angenrheidiol, oherwydd dim ond trwy law academydd hŷn y gellid cyflwyno papur i'w gyhoeddi gan y cymdeithasau hyn. Yn achos y Gymdeithas Frenhinol cymrodyr yn unig oedd â'r hawl hwn.

Gwroniaid

Os oedd cydnabyddiaeth i Fowler, doedd dim sôn am seren y damcaniaethwyr, Paul Dirac, y cyfeiriwyd ato yn y bennod flaenorol. Nid heb reswm y rhoddwyd y teitl *The Strangest Man* i'r cofiant ohono gan Graham Farmelo. Yn ŵr hynod swil a mewnblyg, yr roedd Dirac hapusaf yn gweithio ar ei ben ei hun. Nid yw dweud ei fod yn ŵr prin ei eiriau yn agos at ddisgrifio unrhyw sgwrs o'i eiddo. Yn aml ymatebai i sylw neu gwestiwn lle gellid disgwyl ateb cynhwysfawr gydag 'Ydy' neu 'Nac ydy.' Dyfeisiodd rhai o'i gydweithwyr linyn mesur ar gyfer y nifer lleiaf o eiriau a ynganai person mewn awr o sgwrs. Ar raddfa'r llinyn mesur yr oedd un 'Dirac' yn cyfateb i un gair mewn awr.

P'un ai llwyddodd Williams i gynnal trafodaeth gyda Dirac ai peidio, yn sicr byddai wedi dod i wybod am y papur chwyldroadol a gyhoeddodd Dirac ddechrau 1928, papur y gellir ei ddisgrifio fel ei gyfraniad enwocaf i wyddoniaeth. Ers peth amser bu Dirac â'i fryd ar gyfuno ffiseg cwantwm â damcaniaeth perthnasedd, yn benodol ar gyfer yr electron. Ei dasg oedd ceisio dyfalu hafaliad a fyddai'n gydnaws â rhai egwyddorion y credai oedd yn sylfaenol ac, wrth gwrs, yn cydfynd â chanlyniadau arbrofion. Wedi cryn bendroni a chan gredu y byddai yr hafaliad yn ei hanfod yn syml, daeth llwyddiant. Yr oedd yr hafaliad a gyflwynodd nid yn unig yn disgrifio gronyn â màs a gyfatebai i electron; yr oedd hefyd yn ymgorffori sbin a magneteg yr electron a oedd yn cydfynd â'r hyn yr oedd arbrofwyr wedi ei fesur. Dyma ganlyniad cwbl rhyfeddol o gofio taw, tan hynny, cysyniadau arbrofol oedd y rhain heb sail ddamcaniaethol. Does rhyfedd bod ei gyd-ffisegwyr yn gegrwth, gan ddefnyddio ansoddeiriau megis 'prydferth', 'hudol' a 'rhyfeddol' am ei orchest, gymaint felly fel i'r hafaliad gael ei gerfio ar ei garreg goffa yn Abaty Westminster. Ac mewn arolwg a gynhaliwyd gan *Physics World*, cylchgrawn aelodau y Sefydliad Ffiseg (The Institute of Physics) yn 2004, fe'i cynhwyswyd ymysg yr ugain hafaliad mwyaf eu harwyddocâd erioed.

Ond nid dyna'r cyfan. Un o ganlyniadau'r hafaliad oedd bod modd i egni'r electron fod yn negatif. Nid oedd hyn yn gwneud synnwyr, ac ar ôl y cyffro gwreiddiol dechreuwyd amau dilysrwydd yr hafaliad. Tra'n canolbwyntio ar weithgaredd arall byddai Dirac yn troi yn ôl o dro i dro i ymgodymu â'r maen tramgwydd. O'r diwedd, ddwy flynedd yn ddiweddarach, daeth ateb. Daeth i'r casgliad bod yr egni negatif yn arwydd o fodolaeth gronyn newydd – gwrth-electron – gwrth-ronyn i'r electron gyda'r un màs ond â gwefr bositif. Derbyniad digon llugoer fu i'r haeriad; roedd ymateb Bohr, er enghraifft, yn bur negyddol. Fodd bynnag, ni ddigalonodd Dirac ac ymhen dwy flynedd arall ym 1932 daeth cadarnhad yn sgil arbrofion ar belydrau cosmig, sef gronynnau hynod egnïol wedi'u gwefru a ddeuai o'r gofod. Carl Anderson, ffisegydd yn gweithio yn Athrofa Dechnolegol California (California Institute of Technology – Caltech) oedd y cyntaf i gyhoeddi tystiolaeth yn dangos bodolaeth gwrth-electronau, neu positronau fel eu galwodd. Roedd dau o aelodau'r Cavendish – Patrick Blackett a'i gydweithiwr Giuseppe Occhialini – hefyd ar yr un trywydd ond gan taw Anderson oedd y cyntaf i gyhoeddi, ef gafodd y clod, a'i enw ef a gysylltir â darganfod y positron. Y canlyniad fu cydnabod anferthedd gorchest Dirac ac nid yw'n syndod i wobr Nobel gael ei ddyfarnu iddo ym 1933.

Erbyn hynny roedd Williams wedi hen adael y Cavendish ond ymhen y rhawg datblygodd ei ddiddordeb yntau mewn pelydrau cosmig. Rhai blynyddoedd wedyn byddai ef, fel Blackett, yn gorfod ildio blaenoriaeth darganfyddiad newydd i Anderson. Daethai Blackett yn syth i'r Cavendish ym 1919 ar ôl gwasanaethu yn y llynges yn ystod y Rhyfel Byd Cyntaf, pryd y bu'n rhan o frwydr Jutland. Roedd yn berson trawiadol o ran ei olwg, yn ŵr tal a golygus gan ymdebygu i seren o fyd y ffilm ond yn ddifrifol ei ymarweddiad. O gefndir dosbarth canol digon cyfforddus a cheidwadol ei naws, trodd at sosialaeth yng Nghaergrawnt fel y gwnaeth llawer o wyddonwyr eraill y cyfnod maes o law. Fodd bynnag, er ei edmygedd o'r hyn a oedd yn digwydd yn Rwsia wedi'r chwyldro nid oedd yn Farcsydd nac erioed yn heddychwr fel rhai o'i gyfoedion. Cyfrifid ef ymysg y disgleiriaf yn y Cavendish â gallu heb ei ail i gyfuno mewnwelediaeth ffisegol a mathemategol gyda medruswydd arbrofol. Yn ei ysgrif goffa tystia i alluoedd Williams fel arbrofwr. Roedd hyn

yn wir ganmoliaeth gan un a oedd yn feistr ar y grefft. Ymhen rhai
blynyddoedd byddai Williams yn gweithio yn agos gyda Blackett.

Un arall o ffisegwyr y Cavendish y byddai Williams yn cydweithio
ag ef oedd James Chadwick. Yn ŵr main a thal o ran corff, yr oedd yn
berson swil a phrin ei eiriau, cwbl egwyddorol a di-rwysg. Fe'i disgri-
fiwyd fel un a oedd yn cario creithiau caledi ei ieuenctid gydol ei oes.
Magwyd Chadwick mewn tlodi mawr ond llwyddodd i ennill ysgolori-
aeth i Brifysgol Manceinion, gan weithio gyda Rutherford ar ôl graddio.
Ym 1913 aeth i Berlin i weithio gyda Geiger a oedd erbyn hynny wedi
gadael Manceinion. Flwyddyn yn ddiweddarach torrodd y rhyfel, a
gydol y brwydro fe'i cadwyd yn yr Almaen fel *internee* â chyfyngiadau
llym ar ei symudiadau – profiad a fu bron â'i ladd. Wedi'r rhyfel aeth
yn ôl i Fanceinion ac yna, ar wahoddiad Rutherford, i'r Cavendish.
Erbyn i Williams ddod i Gaergrawnt yr oedd Chadwick wedi ei benodi
yn gyfarwyddwr cynorthwyol ymchwil ac felly yn brif gynorthwyydd
Rutherford, gan ysgwyddo cryn dipyn o waith gweinyddol y labordy.

Un tra gwahanol oedd Kapitza, neu Pyotr (Peter) Leonidovich
Kapitza i roi ei enw llawn, un arall o aelodau'r Cavendish. Yn gymeriad
lliwgar, glaniodd yn y Cavendish ym 1921 yn rhan o ddirprwyaeth
wyddonol o'r Undeb Sofietaidd ac yn hytrach na mynd yn ôl i'w fam-
wlad ymbiliodd ar Rutherfod i'w ganiatáu i aros a chytunodd hwnnw.
Roedd yn ŵr bywiog hunan hyderus â'i feddwl chwim yn fwrlwm o
syniadau. Buan y denodd sylw ei gyd-wyddonwyr. Mewn byr o dro
sefydlodd y Kapitza Club, cyfarfodydd wythnosol i drafod pynciau ffiseg
y dydd. Fforwm oedd hon lle'r oedd rhyddid i bawb leisio barn; doedd
oedran na statws ddim yn cyfrif. Drwy ei flaengaredd fe'i etholwyd yn
Gymrawd o'r Gymdeithas Frenhinol mewn ychydig flynyddoedd ac ym
1978 enillodd wobr Nobel am ei waith ym maes ffiseg tymheredd isel.
Daeth yn dipyn o ffefryn yng ngolwg Rutherford, gan ei berswadio i
sicrhau grant tuag at adeiladu labordy ar gyfer ei waith ym maes mag-
neteg – labordy Mond.

Bu tipyn o ffwdan cyn agor y labordy yn sgil y comisiwn a roddwyd
i Eric Gill, y cerflunydd ac ysgythrwr a fu yn byw am gyfnod gyda'i ddi-
lynwyr yng Nghapel y Ffin, Powys. Y dasg oedd cerfio plac o Rutherford
i'w osod yng nghyntedd y labordy ond pan ymddangosodd y gwaith

gorffenedig bu gwrthwynebiad ffyrnig gan rai o'r staff a oedd yn honni
bod trwyn Rutherford yn rhy 'Iddewig'. Tawelwyd y dyfroedd drwy
ofyn i Bohr am ei farn a hwnnw yn datgan ei edmygedd. Fel ernes
o'i ddiolchgarwch sicrhaodd Kapitza ail gopi gan Gill a'i gyflwyno i
Bohr. Mae'r copi i'w weld hyd heddiw ar fur hen stydi Bohr yn yr
Institut. Ar nodyn mwy ysgafn, gofynnodd Kapitza i Gill greu plac yn
arddangos llun o grocodil i'w osod ar wal allanol y labordy. Crocodil
oedd y llysenw a fathodd Kapitza ar gyfer Rutherford. Ymddengys bod
sawl eglurhad am y dewis hwn. Ofn cael pryd o dafod gan Rutherford
oedd un eglurhad gan gymharu'r profiad â chrocodil yn brathu pen rhy-
wun. Un arall oedd bod tebygrwydd rhwng Rutherford a'r crocodil sy'n
llyncu cloc larwm yn stori Peter Pan, oherwydd clywid ei lais ymhell cyn
iddo ddod i'r golwg! Awgrymwyd hefyd bod y plac yn adlais o gymeriad
poblogaidd a ymddangosai mewn straeon plant yn Rwsia.

Er nad oedd yn aelod o'r Blaid Gomiwnyddol cefnogai Kapitza
drefn sosialaidd Rwsia i'r carn a hynny'n gwbl agored. Doedd hyn
ddim at ddant Rutherfod a rhoddodd orchymyn iddo beidio â lledaenu
propaganda gomiwnyddol yn y labordy. Teithiai yn ôl i'w famwlad yn
rheolaidd ond yn ddirybudd ym 1934, pan ar un o'r ymweliadau hyn,
fe'i gwaharddwyd rhag gadael y wlad. Achosodd hyn bryder mawr
i'w gyfeillion yng Nghaergrawnt, gyda Rutherford yn ymgyrchu i'w
ryddhau, ond doedd dim yn tycio. Yn y diwedd trosglwyddwyd ei gyfar-
par i Moscow ac yno y bu Kapitza fyw tan ei farwolaeth.

Onibai bod galwadau eraill, crwydrai Rutherford yn foreol o gwm-
pas y Cavendish i gael gair â'i braidd gan drafod yr arbrawf dan sylw
ac, o bryd i'w gilydd, aros am sgwrs gyffredinol. Braf fyddai bod yn bry'
ar y wal yn gwrando ar sgyrsiau Rutherford a Williams. A fu sôn am
Celyn, tyddyn yn Nant Gwynant yr oedd Rutherford yn rhentu ers
dyddiau Manceinion? Roedd ef a'i wraig yn hoff iawn o fynd yno am
ryw wythnos ar y tro gan ddod i nabod yr ardal a rhai o'r trigolion. Pwy
a wyr na fyddai cais ar i Williams roi eglurhad o air neu eiriau Cymraeg
roedd Rutherford wedi dod ar eu traws. Rhaid bod gogledd Cymru yn
atyniad arbennig i athrawon ffiseg oherwydd am flynyddoedd âi Bragg
a'i deulu ar eu gwyliau i Bensarn ger Abergele. Yn yr un modd yr oedd ei
olynydd, Blackett, yn rhentu tyddyn ar stâd Brondanw ger Llanfrothen.

Âi Chadwick hefyd ar wyliau i dyddyn yn y gogledd pan yn byw yn Lerpwl ac wedi ymddeol symudodd i fyw ger Dinbych.

Arbrofi a Damcaniaethu

Cyfeiriwyd eisoes at rwystredigaeth Williams am na allai aros yn y labordy ar ôl chwech o'r gloch yr hwyr ac iddo, o'r herwydd, ogwyddo tuag at waith damcaniaethol. Testun yr ymchwil arbrofol ar gyfer ei ddoethuriaeth oedd mudiant gronynnau β (electronau) cyflym drwy nwyon a chafwyd cryn drafferth yn ystod y misoedd cyntaf i sicrhau ffotograffau siambr cwmwl digon clir ar gyfer mesuriadau. Gyda'i daerineb arferol, ceisiai oresgyn y problemau gynted â phosibl a does ryfedd bod y gwaharddiad ar weithio yn yr hwyr yn dân ar ei groen. Fel y soniwyd, canlyniad hyn oedd iddo droi at waith damcaniaethol a llwyddodd i gyhoeddi dau bapur yng nghylchgrawn mathemategol Cymdeithas Athronyddol Caergrawnt. Mudiant electronau drwy fater oedd pwnc y ddau bapur, un ohonynt yn trafod diffreithiant electronau (gweler pennod 2, nodyn 8). Dyma'r effaith oedd wedi ei harddangos ond ychydig ynghynt gan Clinton Davisson a Lester Germer a brofodd bod electronau yn gweithredu fel ton yn ogystal â fel gronyn (gweler pennod 2).

Llwyddodd Williams hefyd i gyhoeddi dau bapur a oedd yn ddilyniant ar ei waith ym Manceinion. Gyda phedwar papur wedi eu cyhoeddi yn ei flwyddyn gyntaf yng Nghaergrawnt roedd y cyfyngu ar oriau agor y Cavendish wedi talu ar ei ganfed.

Maes o law cafwyd llwyddiant gyda'r gwaith arbrofol. Nod yr arbrofion oedd mesur cryfder yr adwaith rhwng gronynnau β a deithiau gyda chyflymder, hyd at 95 y cant o gyflymder golau, ag atomau gwahanol nwyon. Radiwm oedd y deunydd ymbelydrol a ddefnyddiwyd fel ffynhonnell y gronynnau β ac i sicrhau mesuriadau rhaid oedd cyfrif dafnau unigol y traciau oedd i'w gweld yn ffotograffau'r siambr cwmwl. Gwaith manwl a digon llafurus mae'n siwr, ond llwyddodd Williams a Terroux i sicrhau mesuriadau llawer gwell na'r rhai a gofnodwyd gan arbrofwyr eraill. O ddadansoddi'r mesuriadau hyn dangoswyd yn glir bod y canlyniadau yn dra gwahanol i'r hyn y gellid eu disgwyl ar sail ystyriaethau clasurol. Yn benodol, dangoswyd bod yr ioneiddio a

5 Staff ac ymchwilwyr Labordy'r Cavendish, Prifysgol Caergrawnt
1929. E. J. Williams yw'r pedwerydd o'r dde yn y bedwaredd rhes.
Y cyntaf ar y dde yn y rhes honno yw Ernest Walton. Yn y rhes
flaen gwelir John Cockroft (cyntaf o'r chwith), Peter Kapitza
(trydydd o'r chwith), C. T. R. Wilson (pedwerydd o'r chwith),
J. J. Thomson (pumed o'r chwith) Ernest Rutherford (chweched
o'r chwith), James Chadwick (trydydd o'r dde) a Patrick Blackett
(ail o'r dde). Gwelir Mark Oliphant yn yr ail res (pumed o'r
dde), ac yn y rhes gefn ar y dde gwelir Eryl Wynn-Williams.
(Trwy ganiatâd caredig Labordy'r Cavendish, Prifysgol Caergrawnt)

achosid gan electronau tra chyflym yn llawer uwch na'r rhagfynegiad
clasurol. Cafodd y canlyniadau eu cyhoeddi yn y *Proceedings of the
Royal Society.*

Tua'r un adeg cyhoeddodd Williams bapur arall yn y *Proceedings.*
Papur damcaniaethol oedd hwn yn ystyried y pellter y teithiai gronyn
β drwy fater cyn i wrthdrawiadau ei arafu'n llwyr. Roedd arbrofion yn
dangos bod y pellter hwn yn amrywio o ronyn i ronyn er bod y cyflymder
cychwynnol yr un fath. Cymharodd Williams rhagfynegiad ffiseg glas-
urol â chanlyniadau mesuriadau a oedd wedi dod i'r fei ychydig fisoedd
ynghynt. Dangosodd nad oeddent yn cytuno ac aeth ymlaen i ddatblygu
dadansoddiad mathemategol a oedd yn efelychu'r mesuriadau a chyfrifo'r

anghytundeb. Barn Williams oedd na ellid cael gwared ar yr anghytundeb rhwng canlyniadau mesuriadau arbrofol â rhagfynegiad ffiseg glasurol ond trwy ddefnyddio dulliau cwantaidd. Williams oedd unig awdur y cyhoeddiad (y trydydd yn y *Proceedings* o fewn dwy flynedd) ac roedd yn sicr yn gam ymlaen yn ei ddatblygiad fel gwyddonydd o'r radd flaenaf.

Yn gyfan gwbl, cyhoeddodd Williams saith papur ar sail ei gyfnod yn y Cavendish, gan gynnwys y rhai a oedd yn ymestyniad o'i ymchwiladau tra ym Manceinion. Yn ogystal, dyfarnwyd doethuriaeth Prifysgol Caergrawnt iddo ddiwedd 1929. Cymerodd ond ychydig dros ddwy flynedd i gwblhau ei astudiaethau ar gyfer y ddoethuriaeth, cadarnhad o'r gallu a'r dyfalbarhad a oedd wedi ei amlygu wrth baratoi ar gyfer doethuriaeth Manceinion. Serch hynny, roedd rhai yn mynegi eu pryder fod Williams yn ceisio gwneud gormod. Mae sylw Bragg yn ei ysgrif goffa i Williams yn arwyddocaol: 'his theoretical intuition made him impatient with the slow progress of experimental work; his . . . period at Cambridge was not as fruitful as it might have been because the division of energy between his experimental and theoretical interests hindered his deploying his full powers'. Cadarnheir hyn gan sylw Blackett fod Williams yn 'a little impatient of getting down to the duller experimental details.'

Awgrymog hefyd yw sylw arfarnwr allanol Arddangosfa Frenhinol 1851 ar yr hyn a gyflawnwyd gan Williams yn y flwyddyn gyntaf: 'He has been most industrious and very fully deserves the continuance of his Scholarship; at the same time it may be perhaps suggested that he has scattered his own energy over somewhat too wide a field.' Ymddengys nad oedd Rutherford yn gwbl hapus â diddordebau damcaniaethol Williams, gan dybio y dylai ganolbwyntio ar ei arbrofion. Yn wir ceir awgrym bod Rutherford yn gallu bod yn ddigon dirmygus o ffisegwyr arbrofol a oedd yn troi eu golygon at ddadansoddiadau damcaniaethol, enghraifft mae'n debyg o'r bri a roddai ar le canolog y labordy. Beth bynnag am farn Rutherford, go brin y gellid bod wedi darbwyllo Williams i beidio â gwasgaru ei ddiddordebau. Roedd ei frwdfrydedd yn rhan annatod o'i gymeriad.

Â'i dymor yn y Cavendish yn dod i ben rhaid yn awr oedd edrych am swydd. Ymgeisiodd am swydd fel darlithydd ffiseg yng Ngholeg Eglwys Crist, Rhydychen ond, er cefnogaeth Rutherford a Wilson, ni fu'n llwyddiannus. Yna gwnaeth gais i estyn ysgoloriaeth hŷn Arddangosfa Frenhinol 1851 am ychydig fisoedd i sicrhau cwblhad ei ymchwiliadau. Roedd estyniadau o'r fath yn anarferol ond mae'n amlwg bod ei achos yn gryf oherwydd cydsyniwyd â'r cais. Ond cyn i gyfnod yr estyniad ddod i ben cysylltodd Bragg ag ef gan dynnu ei sylw at fwriad Manceinion i benodi dau ddarlithydd ffiseg cynorthwyol. Arwydd oedd hyn mae'n siwr o feddwl uchel Bragg ohono a'i awydd i'w gael yn ôl yn ei adran. Ymgeisiodd am un o'r rhain a bu'n llwyddiannus, gan letya y tro hwn yn Poplar Road, Dwyrain Didsbury, ychydig filltiroedd o ganol y ddinas. Mewn dwy flynedd roedd wedi ei ddyrchafu i swydd darlithydd arbennig mewn ffiseg fathemategol – cydnabyddiaeth o'i alluoedd damcaniaethol.

Yn y cyfamser, ym mis Chwefror 1930, cyflwynodd gasgliad o'i gyhoeddiadau – dau ddeg pedwar papur i gyd, rhai heb eto eu cyhoeddi – i Brifysgol Cymru ar gyfer gradd DSc. Yn radd o statws uchel (ar sail cyhoeddiadau yn unig y caiff ei dyfarnu), roedd hon yn orchest arbennig ag yntau ond yn chwech ar hugain oed. Cyflwynwyd y cyhoeddiadau dan bum pennawd – Mudiant Gronynnau-β trwy Fater, Gwasgariad Pelydrau-X, Dosbarthiad Gofodol Ffotoelectronau, Effeithiau Maes Magneteg ar Wrthiant Trydanol Hylifau Metel a Dargludedd Trydanol Amalgamau Hylifol. Deilliai'r tri cyntaf o'i waith ym Manceinion a Chaergrawnt a'r ddau olaf o'i ymchwil yn Abertawe ynghyd â gwaith ychwanegol a gyflawnodd tra'n ddarlithydd ym Manceinion ac y cyfeirir ato isod. Nid yw'n syndod i'w gais lwyddo ac i'r brifysgol ddyfarnu gradd DSc iddo. Dyma felly, dair doethuriaeth mewn chwe mlynedd.

Y Darlithydd Arbennig

Yn ei swydd newydd roedd yn ofynnol i Williams neilltuo amser ar gyfer cyfrifoldebau addysgu megis darlithio a thiwtora. Eto, llwyddodd i barhau i astudio mudiant electronau drwy fater, gan gynnwys cyhoeddi rhagor o'r gwaith a gyflawnodd ar gyfer ei ddoethuriaeth yng Nghaergrawnt. Hanfod ei ymchwiliadau oedd cymharu canlyniadau arbrofion, gan gynnwys arbrofion siambr cwmwl yr oedd ef ei hun yn eu cynnal, â rhagfynegiadau damcaniaethol. O anghenraid arweiniai hyn at ddadansoddi ac ymestyn gwaith damcaniaethol gwyddonwyr eraill.

Evan James Williams

Y canlyniad oedd ei fod, erbyn 1933, wedi cyhoeddi pum papur arall ar y pwnc yn y *Proceedings of the Royal Society*. Yn gyffredinol dangosai ei waith ragoriaeth esboniadau yn seiliedig ar ffiseg cwantwm, er nad oedd cytundeb llwyr â chanlyniadau arbrofion. Un o'i gampau nodedig oedd dangos y modd yr oedd canlyniadau arbrofion yn arddangos egwyddor gwaharddiad Pauli (gweler pennod 2). Ef oedd y cyntaf i wneud hynny. Ef hefyd oedd y cyntaf i addasu'r datrysiadau damcaniaethol ynghylch mudiant electronau drwy fater, a'r gwrthdrawiadau a ddeuai oherwydd hynny, i gynnwys effeithiau damcaniaeth perthnasedd Einstein. Drwy wneud hyn, sicrhawyd gwelliant yn y cytundeb rhwng rhagfynegiadau ffiseg cwantwm a'r hyn a welid mewn arbrofion.

Penllanw cyhoeddiadau'r cyfnod hwn yn y *Proceedings* oedd y papur damcaniaethol a gyhoeddodd Williams ym 1933. Ynddo datblygodd ymhellach ddull o ddadansoddi gwrthdrawiadau atomig yr oedd eisoes wedi ei fabwysiadu yn y papurau blaenorol a'i ddefnyddio i olrhain ymhellach natur prosesau gwrthdrawiadol. 'Lled-glasurol' yw'r term a ddefnyddir i ddisgrifio dull Williams. Mae'n adlewyrchu'r ffaith ei fod yn cynnwys elfen sy'n glasurol o safbwynt y ffiseg, sef pennu llwybr y gronyn sy'n achosi'r gwrthdrawiad yn ddiamwys. Fel y dengys egwyddor ansicrwydd Heisenberg, nid yw hyn yn gwbl wir a cheir sefyllfaoedd lle nad yw'r disgrifiad clasurol yn ddilys. Fodd bynnag, fel y dangosodd Williams, mae'r dull yn ddibynadwy mewn amryw sefyllfaoedd. Fe'i gelwir yn ddull paramedr ardrawol (*impact parameter*). Y paramedr ardrawol yw'r pellter agosaf rhwng llwybr y gronyn a'r atom y mae mewn gwrthdrawiad ag ef ac mae'n chwarae rhan bwysig yn y dadansoddiad. Ei rinwedd yn y sefyllfaoedd dan sylw yw ei fod yn dangos yn glir y broses ffisegol tu cefn i'r cyfrifiadau damcaniaethol a mathemategol astrus. Roedd hyn yn gwbl nodweddiadol o Williams. Er yng nghanol bwrlwm datblygiad ffiseg cwantwm, ymataliai rhag llyncu'r canlyniadau mathemategol yn ddigwestiwn gan, yn hytrach, ddal gafael ar fyd-olwg glasurol er mwyn deall sail ffisegol y canlyniadau hynny.

Gwedd nodedig i'r datrysiadau hyn oedd ymdriniaeth Williams o ddylanwad damcaniaeth perthnasedd pan fo gronyn wedi ei wefru yn teithio ar gyflymder hynod agos i gyflymder golau. Dangosodd bod colledion egni'r gronyn mewn gwrthdrawiadau yn cynyddu gyda chynnydd mewn cyflymder. Yn dilyn y canfyddiad hwn, llwyddodd i ddangos bod hyn yn digwydd oherwydd newid ym mhatrwm maes trydanol y gronyn (sy'n cynrychioli effaith drydanol gwefr y gronyn ar draws y gofod o'i gwmpas), newid a oedd yn ganlyniad uniongyrchol damcaniaeth perthnasedd. Rhai blynyddoedd yn ddiweddarach cynhaliwyd arbrofion gan wyddonwyr eraill a oedd yn cadarnhau datrysiad Williams.

Er taw ei brif ddiddordeb oedd gwrthdrawiadau atomig, nid dyma'r unig faes y bu Williams yn ymhel ag ef. Parhaodd ei ddiddordeb yn y pwnc a fu'n destun ei ymchwil ar gyfer gradd meistr yn Abertawe a chyflwynodd grynodeb o'i gasgliadau fel rhan o'r dystiolaeth ar gyfer cais ysgoloriaeth Arddangosfa Frenhinol 1851. Chafodd y gwaith mo'i gyhoeddi ar y pryd ond ar ôl dod yn ôl i Fanceinion ailgydiodd ynddo ac ym 1930 cyhoeddodd ddau bapur yng nghylchgrawn y Gymdeithas Ffisegol.

Dadansoddiad damcaniaethol o'r modd y mae gwrthiant trydanol metalau hylifol yn newid ym mhresenoldeb maes magnetig oedd testun rhan o'i ymchwil yn Abertawe. Nodwyd ym mhennod 1 iddo sylweddoli bod ei ganlyniadau, a ddeilliai o ystyriaethau trydanol a magnetig, yn cyfateb i ganfyddiadau astudiaethau hydrodynameg. Wrth ailystyried hyn, daeth Williams i'r casgliad y gallai'r mudiant y bu'n ei astudio mewn metalau hylifol fod yn sylfaen ar gyfer dull cyffredinol o fesur llif hylifau drwy gyfrwng mesuriadau trydanol. Hyn, felly, oedd byrdwn y ddau bapur, y cyntaf i raddau helaeth yn ddamcaniaethol a'r ail yn disgrifio arbrofion a oedd yn arddangos ymarferoldeb y dull.

Mae'r papur damcaniaethol wedi ei ddyfynnu gan eraill ddegau o weithiau yng nghyswllt mesur mudiant hylifol megis llif gwaed neu ddŵr yn ogystal ag astudiaethau ar briodweddau hylifau sy'n dargludo trydan. Hyd heddiw ceir cyfeiriadau at ei gynnwys; nid syndod o gofio y caiff ei ystyried yr astudiaeth systematig gyntaf o hanfodion llifoedd 'electromagnetig'.

Estyn Cymorth

Ag yntau yn ddarlithydd arbennig mewn ffiseg fathemategol, roedd ei gryfderau fel damcaniaethwr eisoes yn hysbys i weddill yr adran ac mae'n siwr y gwnâi ymchwilwyr eraill droi ato am eglurhad ynghylch agweddau damcaniaethol eu gwaith. Yn ei dro, nid oedd Williams yn un i wrthod her; yn hytrach, fel ci ag asgwrn, âi ati ar fyrder i chwilio am ddatrysiad. Flynyddoedd wedyn dywedodd Bragg nad oedd ond angen gofyn iddo am gymorth a cheid ateb boddhaol ar y troad.

Un enghraifft o hyn oedd ei astudiaeth o agweddau afreolus ym mhatrwm adlewyrchiad pelydrau X oddi ar sylweddau penodol. Roedd yr agweddau hyn yn rhan o waith arbrofol un o ymchwilwyr Bragg ac oherwydd bod canlyniadau ei arbrofion yn ddyrys trodd at Williams am gymorth. Ymatebodd Williams yn syth gyda dadansoddiad damcaniaethol o'r hyn a oedd yn digwydd a chyhoeddodd ei waith mewn papur yn y *Proceedings of the Royal Society* ym 1934.

Yn ogystal â bod yn barod i helpu ei gydweithwyr yn yr adran ffiseg, ceir tystiolaeth i Williams roi cymorth hefyd i un o aelodau'r adran fathemateg – Bertha Swirles. Yr oedd Swirles wedi cytuno i olygu drafft o lyfr yn dwyn y teitl *The Constitution of Atomic Nuclei and Radioactivity* a baratowyd gan Rwsiad o'r enw George Gamow – tasg heriol oherwydd roedd gafael Gamow ar yr iaith Saesneg braidd yn simsan. Wedi cryn ymdrech ac, efallai, yn teimlo'r angen am gefnogaeth, trodd Swirles at Williams am gymorth. Nodweddiadol ohono oedd iddo gytuno gan fynd drwy'r teipysgrif a chywiro rhagor o 'frychau' Gamow cyn i'r cyfan gael ei anfon at y wasg.

Treuliodd Gamow gyfnod yn yr Institut yn Copenhagen ddiwedd y 1920au a bu'n ymwelydd yno yn ystod y blynyddoedd canlynol. Hyd y gwyddys, nid oes tystiolaeth iddo gwrdd â Williams ond difyr fyddai wedi bod yn bry' ar y wal pe bai hynny wedi digwydd. Yn llawn sbort a hwyl âi ati i drefnu partïon a gemau ac, fel Williams, hoffai chwarae triciau. Ymddangosai yn berson diog; yn ei ystafell wely roedd y pennill canlynol wedi ei osod mewn ffrâm ar y wal:

> *When the morning rises red*
> *It is best to stay in bed.*
> *When the morning rises grey*
> *Sleep is still the better way.*
> *Beasts may rise betimes, but then*
> *They are beasts and we are men.*

Mewn gwirionedd yr oedd yn ffisegydd hynod ddisglair a chyflawnodd waith arloesol ynghylch hanfodion ymbelydredd ac ym myd ffiseg niwclear yn gyffredinol. Ddechrau'r 1930au cafodd ei wahardd rhag gadael yr Undeb Sofietaidd ond yn y diwedd llwyddodd, drwy ystryw, i ddianc ac ymgatrefu yn yr Unol Daleithiau.

Ychydig yn ddiweddarach cafwyd enghraifft nodedig o Williams yn mentro tu allan i'w brif ddiddordebau, y tro hwn ym maes ymchwil Bragg ei hun. Ddechrau'r tridegau trodd Bragg ei olygon at ddefnyddio technegau pelydr X i astudio strwythurau aloion. Un agwedd dan sylw oedd trawsnewidiad strwythur aloi pan gâi ei gynhesu neu ei oeri. Gwanhau wnâi ei reoleidd-dra (*regularity*) fel yr âi'r tymheredd yn uwch, gan ddiflannu'n llwyr wrth fynd uwchlaw tymheredd penodol. Ond pan gâi wedyn ei oeri, roedd yr hyn a oedd yn digwydd yn dibynnu ar sut y gweithredid hynny. Yn benodol, os câi ei oeri yn gyflym (sef proses adnabyddus trochoeri), yna roedd ei strwythur yn parhau yn afreolus, tra roedd oeri araf (sef y broses anelio sydd hefyd yn adnabyddus) yn galluogi'r strwythur rheolaidd i ailymddangos. Yn ogystal, roedd gwerth gwrthiant trydanol[2] yr aloi yn dibynnu ar y modd y câi ei oeri.

Sut oedd egluro'r canlyniadau hyn? Fe'u trafodwyd yn un o seminarau'r adran un prynhawn â Williams yn digwydd bod yn bresennol. Ar y diwedd cafodd Bragg air gydag ef gan rannu ei fras-syniadau am y newid strwythur. Er mawr syndod iddo, daeth Williams i'w weld y bore wedyn gyda phentwr o hafaliadau yn cynrychioli damcaniaeth orffenedig a gwblhawyd ganddo dros nos.

Sail y ddamcaniaeth oedd bod atomau y gwahanol elfennau a oedd yn ffurfio'r aloi wedi eu lleoli mewn patrwm rheolaidd, ar ffurf rhyw fath o latis, pan fo'r strwythur yn rheolaidd. Fodd bynnag, pan fo'r strwythur yn afreolaidd mae'r atomau gwahanol wedi eu lleoli'n gwbl ar hap o fewn y latis. I egluro canfyddiadau'r arbrofion haerwyd bod y strwythur rheolaidd yn cael ei gynnal oherwydd bodolaeth 'grym trefnu' a oedd yn gweithredu ar draws y latis ac yn sicrhau trefn. Wrth godi'r tymheredd, fodd bynnag, mynd yn fwy wnâi mudiant thermol yr atomau gan, yn y diwedd, orchfygu'r grym trefnu a dwyn anhrefn. Bodolai'r gwahaniaeth rhwng oeri cyflym ac araf oherwydd na all newid rheoleidd-dra ddigwydd ar amrantiad. Felly, gydag oeri cyflym nid oedd digon o amser i'r wedd afreolus newid i un rheolaidd. Datblygodd Williams ei ddamcaniaeth ar sail egwyddorion thermodynameg, y gangen o ffiseg sy'n ymwneud â gwres a thymheredd a'u perthynas ag egni a golau. Llwyddodd ei ddadansoddiad i egluro canlyniadau'r arbrofion a rhoi disgrifiad mathemategol a chywrain o brosesau oeri cyflym ac oeri araf.

Cyhoeddwyd y canlyniadau mewn tri phapur yn y *Proceedings of the Royal Society*, gyda Bragg a Williams yn gyd-awduron mewn dau ohonynt a'r trydydd yn enw Williams ei hun. Daeth y ddamcaniaeth yn enwog ac, nid yn annisgwyl, mae'n dwyn yr enw model trefn-anhrefn Bragg-Williams. Trwyddi, ym marn Bragg, y daeth egwyddorion cemeg metalau i'r golwg am y tro cyntaf. Roedd Bragg yn ddigon parod i gyfaddef bod ei fathemateg yn annigonol ac mai Williams oedd wedi ysgwyddo'r rhan fwyaf o'r gwaith manwl, gwaith yn ei farn ef oedd yn hynod gywrain.

Yn y cyfamser trodd Williams ei olygon tuag at y cyfandir.

4

PERERINDOTA

Copenhagen

Ag yntau'n brysur sefydlu ei hun fel ffisegydd blaenllaw, does dim syndod i Williams chwennych cyfle i ymestyn ei olygon drwy dreulio cyfnod yn un o adrannau ffiseg blaengar cyfandir Ewrop. Ym 1933 ymgeisiodd am gymrodoriaeth Sefydliad Rockefeller a'i fwriad gwreiddiol oedd mynd i labordy Lise Meitner yn Athrofa Kaiser Wilhelm yn Berlin. Er gwaethaf yr anawsterau a wynebai merch wrth geisio dilyn gyrfa fel ffisegydd, drwy ei dyfalbarhad llwyddodd Meitner i'w goresgyn. Erbyn dechrau'r tridegau câi ei chydnabod fel arbrofwraig o'r radd flaenaf a'i labordy yn Athrofa Kaiser Wilhelm ymysg y mwyaf blaengar yn yr Almaen. Hi, rhai blynyddoedd yn ddiweddarach, gyda'i nai Otto Frisch, oedd y cyntaf i sylweddoli bod peledu wraniwm â niwtronau yn arwain at ymholltiad gyda'r canlyniad bod egni anferth yn cael ei ryddhau. Dyma'r cam cyntaf a arweiniodd maes o law at greu y bom atomig.

Serch y manteision o fynd i labordy Meitner, sylweddolodd Williams na fyddai Sefydliad Rockefeller yn hapus iddo fynd i Berlin oherwydd y sefyllfa boliticaidd oedd yn datblygu yn yr Almaen a throdd ei olygon tuag at yr Institut yn Copenhagen. Beth bynnag, mae'n siwr bod y posibilrwydd o weithio gyda Niels Bohr eisoes wedi bod ar feddwl Williams, ac roedd wedi gwneud cryn ddefnydd o waith damcaniaethol Bohr ar wrthdrawiadau. Yn wir, yn y papur olaf a ysgrifennodd ym 1945 dywed i'w ddiddordeb mewn gwrthdrawiadau gronynnau elfennol gael ei ysgogi gan gyhoeddiadau Bohr. Ym 1929 anfonodd gopi at Bohr o un o'i bapurau ar y pwnc, gan dynnu sylw at y modd yr oedd wedi datblygu ei gysyniadau. Mae'n debyg i Bohr ymweld â'r adran ym Manceinion yn y flwyddyn ganlynol – yn rhannol efallai oherwydd llythyr Williams – a bu'r ddau yn trafod datblygiadau diweddar yn y maes. Creodd Williams argraff foddhaol ac felly, pan ddewisodd Copenhagen fel cyrchfan, ymatebodd Bohr yn dra cadarnhaol i'r cais gan nodi mewn llythyr at Lawrence Bragg ei fod eisoes yn ymwybodol o waith ymchwil Williams ac fod ganddo feddwl uchel ohono. Yn ôl Bragg, yr oedd Arnold Sommerfeld o'r un farn ac wedi datgan ei barodrwydd i gefnogi ei gais. Nid oedd hyn, mewn gwirionedd, yn syndod, gan fod Sommerfeld yn ymwybodol o waith Williams ac wedi gohebu gydag ef. Ond mae'n drawiadol bod dau o hoelion wyth ffiseg cwantwm wedi datgan eu hedmygedd o'r hyn yr oedd eisoes wedi ei gyflawni.

Cysylltodd Bohr â Sefydliad Rockefeller i gadarnhau'r croeso i Williams ac ymhen y rhawg cafodd wybod bod ei gais yn llwyddiannus. Erbyn tymor yr hydref 1933 roedd yn Copenhagen. Daeth felly yn un o'r pymtheg a dderbyniodd gymrodoriaeth Rockefeller yn y blynyddoedd cyn yr Ail Ryfel Byd ar gyfer treulio cyfnod yn yr Institut gan ymuno â chwmni dethol yn cynnwys Werner Heisenberg.

Nid Williams oedd cysylltiad cyntaf Cymru â'r Institut. Rhai blynyddoedd ynghynt treuliodd myfyriwr o'r enw Llewellyn Hilleth Thomas gyfnod yn Copenhagen. Gŵr o dras Cymreig a anwyd yn Llundain oedd Thomas, ei dad wedi ei fagu yn Abertyleri a'i fam yng Nghaerdydd. Llanhilleth oedd plwyf genedigol y tad ac mae'n siwr taw hynny fu'r rheswm am fedyddio Thomas yn Hilleth. Dyna'r enw a ddefnyddid gan ei deulu a'i ffrindiau a pharhaodd yntau i'w arddel. Yn Llundain mynychodd Ysgol Merchant Taylor cyn mynd i Goleg y Drindod yng Nghaergrawnt ym 1921 a graddio ym 1924 mewn mathemateg. Yn fyfyriwr disglair, arhosodd yn y brifysgol i wneud gwaith ymchwil dan oruchwyliaeth Ralph Fowler ac fel rhan o'i brentisiaeth fel ymchwilydd treuliodd flwyddyn yn yr Institut ym 1925–6.

Tra yno gwnaeth gyfraniad tra phwysig tuag at ddatblygiad model Bohr-Sommerfeld o'r atom. Ym mhennod 2 nodwyd bod Wolfgang Pauli wedi awgrymu bod angen ychwanegu pedwerydd rhif cwantwm, gyda dau werth posibl, er mwyn egluro patrymau llinellau sbectrol a welid mewn astudiaethau arbrofol. Yn ogystal nodwyd bod y ddau

Iseldirwr, Samuel Goudsmit a George Uhlenbeck, wedi dod i'r casgliad bod pedwerydd rhif Pauli yn cyfateb i briodwedd a oedd yn gynhenid i'r electron, sef 'sbin'. Yn anffodus nid oedd mesuriadau arbrofion ar linellau sbectrol a oedd yn arddangos y priodwedd yn cyfateb i'r hyn y gellid ei ddisgwyl yn ddamcaniaethol. Yn benodol, roedd y datrysiad damcaniaethol ddwywaith yn fwy na'r canlyniad arbrofol. Aeth Thomas i'r afael â'r anghysondeb. Tybiodd ei fod yn deillio o'r ffaith bod y datrysiad damcaniaethol yn anwybyddu effaith perthnasedd damcaniaeth Einstein. Mewn ychydig ddyddiau, drwy unioni'r cam hwn, llwyddodd i gael ateb a oedd yn cytuno gyda chanlyniadau arbrofion. Mae'r datrysiad *'factor of two'* hwn yn enwog ac roedd yn dipyn o orchest i fyfyriwr ifanc dwy ar hugain oed.

Erbyn i Thomas dderbyn gradd PhD Prifysgol Caergrawnt ym 1927 roedd wedi cyhoeddi sawl papur safonol ac wedi ei benodi'n Gymrawd yng Ngholeg y Drindod. Arhosodd yng Nghaergrawnt tan 1929. Felly, mae'n ddigon posibl fod Williams wedi dod ar ei draws, yn arbennig o gofio taw astudiaeth ddamcaniaethol o fudiant gronynnau wedi'u gwefru drwy fater oedd testun doethuriaeth Thomas. Ym 1929 symudodd i swydd athro cynorthwyol ffiseg ym Mhrifysgol Talaith Ohio yn yr Unol Daleithiau ac yn y wlad honno y bu fyw weddill ei fywyd. Bu'n aelod o staff Prifysgol Columbia a Phrifysgol Talaith Gogledd Carolina cyn ymddeol ym 1976. Bu farw ym 1992. Fe'i ystyrid yn fathemategydd a ffisegydd damcaniaethol hynod fedrus. Roedd ganddo ddiddordebau eang a chyfrifid ef yn dipyn o polymath. Nid rhyfedd felly iddo gydol ei yrfa wneud nifer o gyfraniadau pwysig dros ystod eang o feysydd.

Mae'n werth oedi am ennyd i werthfawrogi yr hyn roedd Williams wedi ei gyflawni o gofio'i gefndir. Ag yntau ond cwta dri deg mlwydd oed yr oedd wedi sicrhau cymrodoriaeth, un â chydnabyddiaeth ryngwladol, a derbyn croeso twymgalon Bohr i dreulio blwyddyn yn ei Institut – un o brif ganolfannau ffiseg damcaniaethol y byd. Yn wahanol i lawer o'i gyfoedion, rhaid cofio taw tlodaidd oedd amgylchiadau y teulu serch cyfoeth diwylliannol ei fagwraeth. Ymhellach, er iddo elwa o gefnogaeth ei brifathro yn Llandysul, ar ei ben ei hun i raddau helaeth y bu'n rhaid iddo baratoi ar gyfer arholiadau'r dystysgrif uwch oherwydd y cyfyngiadau a wynebai'r ysgol yn ystod y Rhyfel Byd Cyntaf. Cymharer hyn, er enghraifft, â sefyllfa ei gyd-Gymro Llewellyn Hilleth Thomas a gafodd fagwraeth yn Surrey (a'i dad yn swyddog iechyd yn Llundain) a pharatoad o'r radd flaenaf mae'n siwr yn Ysgol Merchant Taylor ar gyfer Prifysgol Caergrawnt. Gellir cyfeirio hefyd at gartrefi dosbarth canol dau o'i gyd-ymchwilwyr yn y Cavendish, Norman Feather a Fernand Terroux. Prifathro ysgol oedd tad Feather, a magwyd Terroux yng nghyffiniau Prifysgol McGill, Montreal, gyda sawl athro o'r brifysgol yn gymydog, ffaith sy'n awgrymu nad oedd y teulu'n dlawd.

Yn bendifaddau, bu cyrraedd Copenhagen yn gamp arbennig.

Bywyd yn yr Institut

Cyfeiriwyd ym mhennod 2 at y naws gynulliadol yr oedd Ernest Rutherford wedi ei sefydlu ym Manceinion, naws a oedd yn tynnu'r gorau allan o'r ffisegwyr dan ei ofal. Ysbrydolwyd Bohr gan yr hyn a welodd ym Manceinion a rhoddodd ei fryd ar ddatblygu canolfan gyffelyb. Felly aeth ati, wedi dychwelyd i Copenhagen yn athro ffiseg, i ymgyrchu am adeilad pwrpasol. Bu wrthi yn codi arian oddi wrth y llywodraeth, ymddiriedolaethau a ffynonellau preifat a chymrodd ran flaenllaw yn y cynllunio a'r adeiladu tra'n cynnal ei ddyletswyddau fel athro. Yn wir, gymaint fu'r pwysau arno nes iddo fynd yn sâl. Derbyniodd nifer o lythyrau gan gynnwys un oddi wrth Edwin Owen yn dymuno gwellhad buan. O'r diwedd, ym 1921, agorwyd yr Universitetets Institut for teoretisk Fysik. (Fe'i hailenwyd yn Niels Bohr Institutet ym 1965, ychydig flynyddoedd ar ôl ei farwolaeth.) Mewn byr o dro daeth yn gyrchfan i ffisegwyr o bell ac agos. Yn wir gellir dweud taw Copenhagen oedd prif ganolfan ffiseg ddamcaniaethol y byd yn y 1920au a'r 1930au. Er taw'r gair *teoretisk* a roddwyd yn y teitl, roedd gofod ar gyfer arbrofion hefyd, gan y credai Bohr bod angen i ddamcaniaethu ac arbrofi gerdded law yn llaw.

Yr hyn a oedd yn nodweddiadol o fywyd bob dydd yr Institut oedd yr anffurfioldeb, dipyn mwy nag mewn unrhyw sefydliad cyffelyb. I Bohr nid oedd prydlondeb a disgyblaeth yn faterion o bwys; câi myfyrwyr fynd a dod fel y mynnent. Yn yr un modd, doedd fawr o le i statws. Câi pawb gyfle, boed yn athro neu fyfyriwr, i ddweud ei ddweud a chael gwrandawiad. Barn Nevill Mott (gŵr fu'n ddarlithydd am gyfnod byr gyda Williams ym Manceinion cyn symud i Gaergrawnt ac yna ei benodi'n athro ffiseg ddamcaniaethol ym Mhrifysgol Bryste), yn dilyn ymweliad â'r Institut o Gaergrawnt, oedd bod cryn wahaniaeth rhwng y ddau le. Yng Nghaergrawnt disgwylid i'r damcaniaethwyr weithio yn eu hystafelloedd, tra yn Copenhagen roedd pawb, gan gynnwys Bohr, i fewn ac allan o ystafelloedd ei gilydd drwy'r dydd. Wrth gwrs, roedd sefyllfa damcaniaethwyr yng Nghaergrawnt yn fwy unig na sefyllfa'r ymchwilwyr yn labordy'r Cavendish. Serch hynny, mae'n siwr bod bywyd Copenhagen fel nefoedd ar y ddaear i Williams o gofio'i anhapusrwydd ag oriau agor cyfyngedig y Cavendish. Cadarnheir hyn gan y sylw amdano yn ysgrif goffa Patrick Blackett: 'His sense of time was practically non-existent and he had the utmost contempt for the "habit-bound" and would only conform to conventional routine, himself, when absolutely imperative.'

Er taw ffiseg cwantwm oedd ffocws y trafod a'r sgwrsio yn yr Institut, roedd Bohr yn awyddus i bawb ymlacio gyda'i gilydd. Chwaraeid gemau a threfnid twrnamentau tenis bwrdd ar fyrddau'r llyfrgell. Cynhelid nosweithiau cerddorol, ac achubid ar y cyfle i fynd i'r sinema. Ar aelwyd Bohr fin nos byddai'r sgwrsio yn ymestyn dros ystod eang o bynciau heblaw ffiseg. Roedd mynd i gerdded yn y wlad neu chwarae pêl droed gyda meibion Bohr yn adloniant rheolaidd.

Ond serch y llacrwydd ymddangosiadol nid oedd ball ar ddycnwch a dyfalbarhad y ffisegwyr. Cynhelid seminarau tan yn hwyr y nos a'r cyd-drafod cyson yn hybu creadigrwydd. Yn ogystal, ceid ymweliadau cyson gan ffisegwyr o sefydliadau eraill, gan gynnwys hoelion wyth ffiseg cwantwm, a byddai eu presenoldeb yn ysgogiad ac yn ysbrydoliaeth i'r gweddill. I un a fynychodd yr Institut, yr oedd y 1920au a'r 1930au yn gyfnod arwrol. Heb amheuaeth, yr oedd yr hyn a gyflawnwyd yn eithriadol.

Yn ganolog i gynnydd deallusol y ffisegwyr ifanc o'i gwmpas yr oedd personoliaeth Bohr a'i afael reddfol ar hanfodion ffiseg. Er ei enwogrwydd nid oedd rhithyn o draha yn ei ymwneud â'i gydweithwyr. Wastad yn hael â'i amser wrth geisio dwyn goleuni ar ryw ddirgelwch neu'i gilydd fe'u tywysai drwy eu hysbrydoli. Gwir y disgrifiad ohono fel tad gwarcheidiol.

Un hynodrwydd arbennig a berthynai i Bohr oedd taw drwy gyd-drafod ag eraill y llwyddai i ddatblygu ei syniadau. Yn wir, haerir na allai fod yn greadigol ond drwy i eraill weithredu fel seinfwrdd. Tystia Nevill Mott y treulid cryn amser yn ystod y dydd mewn trafodaeth â Bohr ynghylch rhyw ddatblygiad neu'i gilydd a oedd wedi tynnu ei sylw – bron nad oedd yr ymwelydd yn deisyfu ar adegau am gael llonydd i fwrw ymlaen â'i waith. Yn ddyn o gyfansoddiad cryf, roedd Bohr yn hoff iawn o gerdded yn y coedwigoedd ger Copenhagen a hynny yn rhoi cyfle estynedig iddo drafod pa broblem bynnag oedd dan sylw gyda'r person a gafodd wahoddiad i fod yn gydymaith. Ar y llaw arall, roedd yn ddarlithydd symol iawn â thueddiad i grwydro yma a thraw a drysu ei gynulleidfa. Nid oedd yn hoff o ysgrifennu chwaith, ond yn hytrach byddai yn gofyn i rywun a oedd wrth law i gofnodi yr hyn a arddywedai. Byddai'r truan hwnnw yn gorfod dygymod hefyd ag un arall o nodweddion Bohr, sef ail-ddrafftio dro ar ôl tro hyd at syrffed. Dyna bid siwr fu tynged gyson Williams.

Mae'n ddiddorol cymharu Bohr â'i arwr Rutherford. Roedd y ddau yn fawr o ran maint ac wastad yn sugno cetyn a oedd byth a hefyd yn diffodd. Ond o ran anian roeddent yn bur wahanol. Gŵr digon tymhestlog oedd Rutherford, tra rhyw wyleidd-dra hynaws ac annwyl oedd yn nodweddu perthynas Bohr ag eraill. Prin bod Bohr yn drwgdybio damcaniaethwyr fel y gwnâi Rutherford; cofier taw Institut for teoretisk Fysik oedd enw ei ganolfan. Ar y llaw arall, canolbwyntiai ar natur ac ystyr ffisegol y broblem dan sylw yn hytrach na'r fathemateg, gan yn aml adael i eraill ymdrin â'r cyfrifiadau. Yn wir, drwgdybiai orddibyniaeth ar fathemateg, safbwynt a oedd yn gwbl wahanol i'r hyn yr oedd Dirac, er enghraifft, yn ei arddel. I Bohr, roedd Rutherford megis ail dad iddo. Yn yr un modd, fel tad yr ymddangosai Bohr ei hun i nifer o'r rhai a gafodd y cyfle i weithio gydag ef a dod i'w adnabod, gan gynnwys Williams. Ceir awgrym o hynny yng nghynhesrwydd y llythyrau rhyngddynt ar ôl i Williams ddychwelyd i Brydain – gohebiaeth a barodd tan gychwyn yr Ail Ryfel Byd.

Un o uchafbwyntiau'r Institut oedd yr wythnos drafodaeth flynyddol. Tybiai Bohr taw da o beth fyddai dwyn ynghyd am wythnos y rhai y bu'n cydweithio â nhw er mwyn trafod a dadlau pa bwnc bynnag

6 Cynhadledd Copenhagen 1933. E. J. Williams yw'r ail o'r
dde yn yr ail res. Rudolf Peierls sydd nesaf ato (cyntaf ar y dde
yn y rhes) a Carl von Weizsäcker yw'r ail o'r chwith yn y rhes
honno. Yn y rhes flaen gwelir Niels Bohr (cyntaf o'r chwith),
Paul Dirac (ail o'r chwith), Werner Heisenberg (trydydd
o'r chwith) a Lise Meitner (cyntaf ar y dde yn y rhes).
(Trwy ganiatâd caredig Archif Niels Bohr, Copenhagen)

o fewn ffiseg cwantwm a oedd o ddiddordeb ar y pryd. Byddai felly yn
aduniad ac ym 1929 trefnwyd digwyddiad am y tro cyntaf. I adlew-
yrchu ysbryd cydweithredol ac agored yr Institut, mabwysiadwyd trefn
anffurfiol heb agenda na phynciau wedi eu clustnodi ymlaen llaw gan roi
cyfle i'r rhai oedd yn bresennol i ymrysona'n ddilyffethair. Mynychwyd
y digwyddiad gan y rhan fwyaf o'r gwahoddedigion a bu'r wythnos yn
llwyddiant digamsyniol. Nid rhyfedd felly i Bohr benderfynu cynnal
cyfarfod cyffelyb yn flynyddol, fel arfer yn ystod y Pasg, gan ymestyn
ychydig ar yr aelodaeth i gynnwys rhai tu allan i'r cylch gwreiddiol a
oedd yn gynhyrchiol yn y maes.

Yn ddiamau profiad gwefreiddiol i Williams oedd bod yn rhan o'r
cyfarfod ym 1933 a gynhaliwyd yn ystod ei arhosiad ef yn yr Institut
gyda Bohr, Dirac, Heisenberg a Meitner ymysg eraill yn bresennol.
Cafodd gyfle estynedig i gwrdd, holi, dadlau ac anghytuno â'r hoelion

wyth yr oedd ei adnabyddiaeth o lawer ohonynt tan hynny yn gyfynge-
dig i ddarllen eu gwaith. Yn ogystal, câi Williams gyfle i sefydlu cysyllti-
adau personol a fyddai'n hwyluso codi pwnc drwy ohebiaeth wedi i'r
wythnos ddod i ben. Mae'n siwr i'w feddwl treiddgar yntau greu argraff
ar ei gydgynadleddwyr, oherwydd cafodd wahoddiad i fynychu mwy nag
un cyfarfod yn y blynyddoedd canlynol.

Yn unol â diwylliant yr Institut, roedd yna hefyd elfen chwareus i'r
gweithgareddau oherwydd daeth yn arferiad trefnu noson ddychanol. Ni
wyddys pa destun ddewisiwyd yn ystod y flwyddyn yr oedd Williams yn
bresennol nac ychwaith a fu ef yn rhan o'r paratoi a'r perfformio – er y
byddai yn syndod os na wnaeth gyfraniad. Mae'r parodi a gyflwynwyd
y flwyddyn flaenorol (1932) yn adnabyddus a'r sgript ar gof a chadw.
Yr oedd yn adeg nodedig o fewn y byd Almaenig oherwydd dathliadau
canmlwyddiant marwolaeth y llenor a'r polymath Johann Wolfgang
von Goethe. (Roedd hefyd yn ddeng mlynedd ers sefydlu'r Institut,
felly dau reswm dros ddathlu.) Y penderfyniad oedd creu parodi wedi
ei seilio ar ddrama enwog Goethe, sef 'Faust'. (Un o awduron y parodi
oedd Carl von Weizsäcker, gŵr y deuir ar ei draws yn nes ymlaen yn y
bennod hon.) Fel y gellid disgwyl, roedd yr addasiad yn seiliedig ar ddel-
weddau cwantaidd. Yn yr un modd trawsnewidiwyd cymeriadau Goethe
i gynrychioli gwyddonwyr blaenllaw yn y maes, nifer ohonynt yn y
gynulleidfa. Er enghraifft, Bohr oedd Duw a Pauli oedd yn cynrychioli
Mephistopheles (sef y diafol). Wrth edrych yn ôl mae'n anodd osgoi
eironi perfformio drama sydd, yn y bôn, yn ymweud â'r fargen y mae
Faust yn ei tharo o werthu ei enaid i'r diafol am foddhau ei ddymunia-
dau yn y byd hwn, oherwydd adleisia natur 'bargen' nifer o'r gwyddon-
wyr a oedd yn bresennol wrth greu y bom atomig rai blynyddoedd yn
ddiweddarach.

Profiadau Alltud

Yn ôl y disgrifiad a rydd yn un o'i lythyrau at ei rieni, lletyai Williams
mewn tŷ preifat heb fod ymhell o'r Institut ar lan Sortedams Sø, un o
dri llyn petryalog sy'n ffurfio rhuban o ddŵr o gwmpas ochr gogledd-
orllewinol Copenhagen. Nid ef oedd yr unig denant, oherwydd yr

oedd dwy chwaer yn lletya yn y tŷ hefyd, y naill yn fyfyrwraig a'r llall yn gweithio mewn swyddfa. Fel cynifer o drigolion y ddinas, ar feic y teithiai Williams o gwmpas. Fodd bynnag, byddai yn llogi car pan ddymunai gael golwg ar y wlad o gwmpas. Sonia amdano ef a phump arall o'r Institut yn mynd i Tilsvildeleje, pentre glan môr ar lain ogleddol yr ynys lle saif Copenhagen. Pan ddaeth yr haf cymerai fantais o'r tra-ethau gerllaw a mynd i nofio yn y môr – 'molchi' fel y dwed; cyfle felly i barhau â'i arfer pan fyddai gartref yng Nghwmsychpant o fynd i nofio yng Nghei Bach ger Ceinewydd. Mewn llythyr arall at ei rieni dywed iddo dreulio wythnos o wyliau yn Skagen, porthladd pysgota ar bentir ym mhen uchaf gogledd Denmarc sydd hefyd yn gyrchfan ymwelwyr.

O sôn am geir mae'n deg dweud bod arferion moduro Williams yn ddiarhebol. Yn ôl Bragg, 'To be driven by him in a car was a terrifying experience. He knew to a hair how close he could shave a tram, and would cut in between two advancing towards each other with a remark that it was really safer to do it because his brakes happened not to be working' – breciau oedd, ym mhrofiad Bragg, yn aml yn ddiffygiol. Gwnaeth cyd-weithwyr yn Aberystwyth dynnu sylw at 'his dictum that the safest way to traverse a cross-roads in a car, was as fast as possible so as to spend little time on it.' Sylw un arall o'i gyfoedion oedd ei bod yn debygol y deuai 'to a violent end as a result of hitting something with that car of yours . . . your survival so far is something miraculous'. Tystiai Jacob Davies 'ei fod "ar gefn ei geffyl" yn teithio draws gwlad yn ei gar drwy luwchiau eira ar ôl i bawb ei rybuddio fod y daith yn amhosibl'.

Roedd gan ei gyfaill ysgol E. T. Davies stori ddifyr ynghylch un o brofiadau moduro Williams gyda'i gar cyntaf, Austin 7 newydd sbon. Am ei fod yn gyrru'n rhy gyflym ar ffordd lithrig, collodd reolaeth ar yr Austin gan daro ymyl y ffordd. Taflwyd Williams a'i fag allan o'r car gan lanio yn ddianaf ar lain o laswellt gerllaw. Fodd bynnag, trodd y car drosodd sawl gwaith a dod i orffwys ben i waered. Roedd y car fwy neu lai yn *write-off* a'r fath olwg arno fel bod Williams yn grediniol bod rhyw ddrwg wedi digwydd i'w organau mewnol. Rhuthrodd i'r ysbyty a mynnu cael archwiliad pelydr X. Ni chafwyd hyd i ddim, a sylw'r meddyg oedd taw yr unig beth oedd ei angen oedd iddo fynd adre i ymolchi. A oedd ei gonsyrn am ei iechyd yn ddyfnach na chanlyniadau'r ddamwain? Un arferiad sy'n awgrymu hynny yw y byddai'n gyson yn pwyso ei hun – arfer a amlygir gan bresenoldeb mwy nag un tocyn peiriant pwyso o'i eiddo yn yr archif yn Aberystwyth.

O safbwynt ei arferion gyrru, rhaid bod rhywbeth yn y gwaed oherwydd cyfrifid ei frawd David yn yrrwr gor-fentrus. Ar y llaw arall, doedd Williams ddim yn eithriad o safbwynt gyrru; cyfrifid Bohr a Dirac yn yrrwyr afreolus ac ystyrid Peter Kapitza yn greadur gwyllt ar feic modur. Yn wir bu ond y dim iddo ladd James Chadwick ar un achlysur.

Byddai digon o gyfle mae'n siŵr i Williams gwrdd a chymdeithasu gydag unigolion y tu allan i'r Institut, ac yn eu mysg ymchwilwyr o wledydd tramor. Yn un o'i lythyrau at ei rieni, dywed iddo fod yng nghwmni Cymro – economegydd – a oedd wedi bod yn astudio yn Stockholm am gyfnod ac a oedd ar ymweliad â Copenhagen tra ar ei ffordd yn ôl i Lundain. Yn yr archif yn Aberystwyth, ceir tystiolaeth iddo ddod i adnabod Cymro arall, cemegydd o Gaerdydd y tro yma, a oedd yn treulio blwyddyn fel ymchwilydd yn y Brifysgol yn Copenhagen, cyfnod a oedd yn cyfateb, fwy neu lai, i arhosiad Williams.

Ond ymysg ei ffrindiau newydd, datblygodd un perthynas arbennig. Yn ei lyfr *Gwell Dysg na Golud*, awgryma Goronwy Evans nad oedd hi'n rhyfedd o gwbl bod 'y pwtyn sgwâr pryd tywyll, y gwallt brown a'r llygaid glas yn denu serch y merched'. Ym 1930, ag yntau wedi cychwyn yn ddarlithydd ym Manceinion, dyweddïodd â Chymraes gyda'r bwriad o'i phriodi ym 1930. Nid felly y bu gan i'r ferch dorri ei hadduned rhai misoedd cyn y briodas. Mae'n bosibl bod tueddiad Williams i ganolbwyntio ar ei ymchwil ar draul pob dim arall yn un o'r meini tramgwydd.

Serch hynny, blodeuodd perthynas arall yn Copenhagen, y tro hwn gyda merch o'r enw Eli Winther. Daeth y ddau i adnabod ei gilydd yn dda. Tybed ai hi oedd un o'r ddwy chwaer a oedd yn lletya gydag ef? Nid gormodedd dweud bod Winther, yn ôl yr hyn a ysgrifennodd, wedi disgyn dros ei phen a'i chlustiau mewn cariad â Williams. Wedi iddo fynd yn ôl i Fanceinion ym mis Tachwedd 1934 bu cysylltiad cyson rhwng y ddau ond o dipyn i beth daeth yn amlwg na welai Williams y berthynas yn yr un golau â Winther. Efallai nad oedd wedi llwyr sylweddoli gwir deimladau Winther tuag ato. Er iddo fynd yn ôl i weithio yn yr Institut am gyfnod byr ddechrau 1935, yn y diwedd rhoddodd derfyn ar unrhyw obaith oedd ganddi o weld eu perthynas yn blodeuo a dyfnhau. Mae ei hapêl yn un o'i llythyron olaf ato iddo beidio â neilltuo ei holl fywyd i'w waith gwyddonol ar draul popeth arall yn awgrymog. Yn ysgrif goffa Blackett ceir awgrym i Williams ei hun, maes o law, gyfaddef iddo ganolbwyntio ar ei waith gwyddonol ar draul diddordebau eraill er iddo ddechrau gwneud iawn am hyn yn ei flynyddoedd olaf. Awgrymir ymhellach taw'r rheswm am hyn oedd iddo orfod dibynnu cryn dipyn ar ei adnoddau ei hun wrth feistroli ei bwnc ac nad oedd ganddo amser felly ar gyfer fawr ddim arall yn ei fywyd.

Tua diwedd cyfnod Williams yn Copenhagen daeth Americanwr ifanc i dreulio blwyddyn yn yr Institut. Ei enw oedd John Wheeler a chyfeiriwyd ato eisoes pan yn sôn am rwystredigaeth Williams parthed oriau agor labordy'r Cavendish. Williams a'i rhoddodd ar ben y ffordd ynghylch bywyd o ddydd i ddydd yr Institut a rhoi braslun o yrfa ac arferion Bohr iddo. Flynyddoedd yn ddiweddarach dywedodd taw Williams oedd ei fentor a'i dywysydd ac mae'n amlwg ei fod wedi gwerthfawrogi ei gymwynasgarwch a'i gynhesrwydd. Ym marn Wheeler, roedd Williams yn agos at Bohr a chyfeiriodd ato fel *right hand man* yr athro pan nad oedd ei gynorthwyydd, Léon Rosenfeld, o gwmpas. Ar yr adegau hynny, at Williams y byddai Bohr yn troi er mwyn trafod syniad oedd wedi tynnu ei sylw. Fel y soniwyd eisoes, dyma hoff ddull Bohr o wyntyllu neu chwilio am ddatrysiad. Nid bod presenoldeb Rosenfeld yn atal Bohr rhag codi rhyw drywydd neu gilydd gyda Williams neu unrhyw un arall oedd o fewn cyrraedd.

Rhai blynyddoedd yn ddiweddarach bu Wheeler, ag yntau erbyn hynny yn athro ym Mhrifysgol Princeton, yn cydweithio gyda Bohr ar fecanwaith ymholltiad niwclear, a'u cyhoeddiad cyntaf ar y pwnc yn ymddangos ar y dydd y cychwynnodd yr Ail Ryfel Byd. Yn ystod y rhyfel bu'n aelod o Brosiect Manhattan (sef prosiect y bom atomig) ac wedi'r rhyfel cyfrannodd at y gwaith o gynllunio'r bom hydrogen. Ar ôl mynd yn ôl i Princeton ymddiddorodd mewn perthnasedd ac iddo ef y priodolir y termau 'twll du' (*black hole*) a 'thwll mwydyn' (*worm hole*), termau cosmolegol sy'n gyfarwydd erbyn hyn.

Heblaw am ffisegwyr fel Williams a oedd yn dod i'r Institut am gyfnod penodol, roedd gan Bohr gynorthwyydd ac roedd tueddiad i'r person hwnnw fod yn y swydd am rai blynyddoedd. Fel y cyfeiriwyd eisoes, yn ystod blwyddyn Williams yn Copenhagen a gydol y 1930au, Léon Rosenfeld oedd yn ysgwyddo'r cyfrifoldeb. Yn enedigol o wlad Belg, bu'n astudio ym mhrifysgolion Liège, Paris, Göttingen a Zurich, lle bu'n gweithio gyda Pauli. Yn ystod y 1930au roedd yn aelod o staff Prifysgol Liege ac ar yr un pryd yn cydweithio gyda Bohr, gan dreulio cyfnodau yn yr Institut, cyfnodau a allai fod ond ychydig ddyddiau neu fisoedd lawer.

Yn naturiol, datblygodd perthynas glos rhwng y ddau, gyda Rosenfeld yn ymgiprys â'r dasg o roi cig a gwaed mathemategol i syniadau Bohr, yn ogystal â bod yn garreg ateb iddo. Yn sgîl hyn daeth Rosenfeld yn un o brif amddiffynwyr athroniaeth Bohr ynghylch hanfod ffiseg cwantwm. Tu hwnt i fyd ymchwil, coleddai syniadau gwleidyddol cryf a chyfrifai ei hun yn Farcsydd o argyhoeddiad. Yn ei ddull miniog dywedodd Pauli ei fod yn cyfateb i ail isradd (*square root*) Bohr wedi ei luosi â Trotsky! Yn ystod y rhyfel bu'n athro ym mhrifysgol Utrecht. Er i wlad Belg gael ei meddiannu gan yr Almaen llwyddodd i oroesi, er gwaethaf ei ddaliadau gwleidyddol a'i dras Iddewig.

Yng Nghwmni'r Meistr

Fel y gellid disgwyl, byddai Williams wedi canolbwyntio ar gynnal arbrofion pe bai wedi treulio cyfnod yn labordy Meitner yn Berlin. Am ran o'i amser yn Copenhagen dyna fu'n ei wneud, gan astudio gwasgariadau pelydrau γ wrth iddynt wibio trwy blwm. Arweiniodd yr ymchwil hwn at y rhagdybiaeth bod y pelydrau γ yn creu positronau, (neu electronau positif, fel y galwai Williams nhw) a'r rheini yn eu tro yn creu pelydrau γ eilradd oherwydd eu difodiant (*annihilation*) – o ganlyniad i'w byrhoedledd.

Yn un o'i lythyrau at ei rieni, sonia Williams iddo gael ei rwystro 'am yn agos i bythefnos gyda rhywbeth wedi mynd yn wrong ar yr apparatus. Puncture mewn un man yn gadael âr i fewn lle oedd dim i fod. Wyf wedi ei stopio o'r diwedd.' Dywed mewn llythyr arall, wrth sôn am yr un broblem, bod 'yr apparatus wedi troi'n stupid!' Profiad cyffredin oedd 'puncture' mewn cyfarpar a bu Blackett yn trafod y broblem mewn erthygl o'i eiddo ar y grefft o arbrofi, gan dynnu sylw at rinweddau *plasticine* ar gyfer cywiro'r diffyg. Paratôdd Blackett yr erthygl tra yn y Cavendish ac ynddi pwysleisiai bwysigrwydd meithrin sgiliau gwaith llaw a dyfalbarhad yn wyneb y mynych anawsterau a flinai'r arbrofwr. O gofio taw saer maen oedd ei dad, dichon bod Williams, yn wahanol i lawer o'i gyd-wyddonwyr, yn gyfarwydd â'r sgiliau hynny. Beth bynnag, gellir teimlo ei rwystredigaeth, ac yntau mae'n siwr yn ddigon diamynedd, ond llwyddodd i gael canlyniadau a'u rhannu mewn cynhadledd yn Kharkov, y cyfeirir ati isod, yn ogystal ag mewn ambell gyhoeddiad byr.

Ond ni fu ei alluoedd damcaniaethol yn segur. I'r gwrthwyneb, prin y gallai fod wedi osgoi eu defnyddio o gofio'r cyfleoedd i drafod gydag eraill yn yr Institut. Byddai'r rhain yn cynnwys unigolion fel ef a oedd yn treulio cyfnodau yno, y llu ymwelwyr alwai heibio yn gyson, gan gynnwys nifer o ffisegwyr mwyaf blaenllaw y cyfnod ac, wrth gwrs, Bohr ei hun. Anodd os nad amhosibl felly fyddai osgoi ymhel ag ystyriaethau gwaelodol ffiseg yr atom. O safbwynt Williams, byddai'r profiadau hyn ynddynt eu hunain wedi bod yn dra phwysig er hyrwyddo ei ddatblygiad fel gwyddonydd, yn ogystal â sefydlu ei le ymysg yr arloeswyr.

Un darn o waith damcaniaethol tra phwysig y llwyddodd i'w gwblhau tra yn yr Institut oedd datblygu canfyddiad a wnaed flynyddoedd ynghynt ym 1924 gan Eidalwr ifanc disglair o'r enw Enrico Fermi – gŵr y deuir ar ei draws eto yn y bennod nesaf. Hanfod y canfyddiad hwnnw oedd bod effaith gronyn wedi ei wefru pan yn taro atom yr un fath ag effaith gwrthdrawiad gan byls o belydriadau electromagnetig neu, o'i roi mewn ffordd arall, gwmwl o ffotonau. Galwodd Williams y rhain yn ffotonau 'rhithwir'. O safbwynt dadansoddi gwrthdrawiad, yr un oedd y canlyniad. Rhinwedd defnyddio'r ffotonau 'rhithwir', fodd bynnag, oedd bod hyn yn galluogi cynnal dadansoddiad a oedd yn manteisio ar ganlyniadau ffiseg pelydriadau electromagnetig, ffiseg a oedd eisoes yn gyfarwydd â chanlyniadau a oedd yn adnabyddus. Yn ogystal, barnai Williams bod yr hanfodion ffisegol yn ymddangos yn fwy clir.

Canlyniad y gwaith fu cyhoeddi papur cynhwysfawr yng nghylchgrawn yr Academi Ddaneg Frenhinol a oedd yn cymhwyso'r canfyddiad ar gyfer datrys rhychwant eang o sefyllfaoedd lle roedd gwrthdrawiad yn digwydd. Barnai Blackett bod y papur hwn gan Williams yn arbennig o addas ar gyfer arbrofwyr, er mwyn rhoi'r cyfle iddynt ddod i ddeall yr hyn sy'n digwydd pan fo gwrthdaro heb orfod ymgodymu â mathemateg cymhleth ac anodd. Yn wir, defnyddiai Blackett gynnwys yr erthygl wrth ddarlithio.

Un a ychwanegodd at ymdriniaeth Williams oedd Carl von Weizsäcker, tra yr oedd yntau ar ymweliad â'r Institut. Yn fab i un o ddiplomyddion yr Almaen, roedd von Weizsäcker o gefndir breintiedig. Wedi'r Ail Ryfel Byd bu ei frawd yn un o arlywyddion y wlad. Tra yn fyfyriwr ffiseg daeth i gysylltiad â Heisenberg a datblygodd cyfeillgarwch rhyngddynt. Trwy Heisenberg cafodd von Weizsäcker gyfle i ymweld yn rheolaidd â'r Institut a phan dreuliodd Williams flwyddyn yn Copenhagen, mae'n siwr i'r ddau ddod i adnabod ei gilydd. Mae peth tystiolaeth iddynt gyd-weithio yn ystod cyfnod Williams yn yr Institut ond ar wahân y cyhoeddwyd eu hymdriniaethau. Mae'n debygol felly iddynt gyflawni eu gwaith yn annibynnol ar ei gilydd.

Daeth dull gweithredu drwy gyfrwng y ffotonau 'rhithwir' yn adnabyddus maes o law fel dull Weizsäcker-Williams a chynyddu wnaeth y defnydd ohono yn y blynyddoedd canlynol. Parheir hyd heddiw i weld cyfeiriadau at y dull, er enghraifft yng nghyswllt arbrofion yn ymwneud â gronynnau elfennol a gynhelir drwy gyfrwng cyflymyddion megis cyflymydd CERN yn Genefa. Bwriadai Williams ymestyn yr ymdriniaeth mewn papur arall, y tro hwn gyda Bohr, ond ni wireddwyd y bwriad. Fodd bynnag, trafododd Bohr eu syniadau mewn cyfarfod o'r Academi Ddaneg Frenhinol ar ddiwedd 1934.

Pwnc llosg yn ystod cyfnod Williams yn yr Institut oedd dilysrwydd ffiseg cwantwm ar gyfer deall gronynnau megis electronau pan fo'u hegni yn uchel iawn. Ysgogwyd yr amheuon hyn oherwydd yr anhawster i gysoni y modd y treiddiai pelydrau cosmig drwy sylweddau megis plwm â'r hyn a ragfynegid yn ddamcaniaethol pe byddent yn electronau. Un o'r amheuwyr oedd Robert Oppenheimer, gŵr a oedd erbyn y tridegau ymysg y mwyaf blaenllaw o ffisegwyr damcaniaethol yr Unol Daleithiau. Daeth Oppenheimer yn fyd-enwog wedyn fel pennaeth labordy Los Alamos (labordy a oedd yn rhan o Brosiect Manhattan a'r safle lle y datblygwyd y bom atomig). Un arall oedd Carl Anderson, yr arbrofwr pelydrau cosmig, a lwyddodd i arddangos bodolaeth y positron gan gadarnhau damcaniaeth Dirac (gweler pennod 3). Yn eu tyb hwy gellid goresgyn yr anghysondeb hwn pe bai ffiseg cwantwm yn annilys ar gyfer electronau egnïol iawn. Canlyniad hynny oedd y posibilrwydd y byddai yr electronau hyn yn gallu treiddio i'r un graddau â phelydrau cosmig ac felly yn cyfateb iddynt. Ar y pryd doedd dim tystiolaeth ynghylch priodweddau gwrthdrawiadau electronau o'r fath a oedd yn ddigon cadarn i roi ateb dibynadwy.

Â hwythau'n bleidiol i ddilysrwydd ffiseg cwantwm, bu Williams, gyda Bohr, yn pendroni'n ddyfal dros y mater am fisoedd. Yna, trwy droi at egwyddor perthnasedd daeth gweledigaeth. Yn hytrach na dadansoddi yr hyn a oedd yn digwydd pan fo electron tra-chyflym yn taro niwclews aed ati i archwilio'r broses o safbwynt yr electron, safbwynt lle mae'r electron yn llonydd a'r niwclews yn rhuthro tuag ato. Dengys egwyddor perthnasedd bod ffiseg y ddwy sefyllfa yn union yr un fath; does dim blaenoriaeth gan un dros y llall. Cyfeiriwyd uchod at ddull Weizsäcker-Williams o drafod effeithiau grym trydanol gronyn drwy gyfrwng pyls pelydriadau electromagnetig neu gwmwl o ffotonau 'rhithwir'. Gan ddefnyddio'r gyfatebiaeth hon gogyfer â gwrthdrawiad niwclews ag electron, dangosodd Williams taw'r unig ffotonau 'rhithwir' a oedd o bwys oedd y rhai ag egnïoedd cymharol fach. Golygai hyn bod y broses o wrthdaro yn awr wedi ei throsi i un a oedd yn gwbl ddealladwy o safbwynt ffiseg cwantwm y dydd a'r dadansoddiad wedi ei gadarnhau mewn arbrofion. Felly, oherwydd bod y ddwy sefyllfa (yr electron yn teithio'n dra chyflym ar y naill law, yr electron yn llonydd ar y llaw arall) yn gwbl gyfatebol, dyma arddangos bod ffiseg cwantwm yn ddilys wedi'r cwbl parthed electronau egnïol pelydrau cosmig. Roedd y canfyddiad hwn yn dipyn o bluen yn het Williams ac, fel y ceir gweld yn y man, un ag arwyddocâd pellgyrhaeddol o safbwynt pelydrau cosmig a ffiseg gronynnau. Ym marn Blackett, roedd profi dilysrwydd ffiseg cwantwm ar gyfer electronau o egni uchel iawn a'u cyflymder yn agos iawn at gyflymder golau yn cynrychioli 'probably Williams' greatest single contribution to theory' ac yn dangos 'his powers of thinking at their highest.'

Taith i'r Dwyrain

Daeth cyfle i Williams ymweld â'r Undeb Sofietaidd ym mis Mai 1934 pan wahoddwyd Bohr a'i wraig Margrethe yno gan Academi Sofietaidd y Gwyddorau. Yng nghwmni Rosenfeld, a oedd yn gweithredu fel cyfieithydd, ymwelwyd â Leningrad, Moscow a Kharkov yn yr Wcrain. Roedd cryn chwilfrydedd yn y gorllewin ynghylch y modd yr oedd gwyddoniaeth yn cael ei gynnal dan y drefn gomiwnyddol ac mae'n bur sicr bod hyn yn fater o ddiddordeb mawr i'r teithwyr. Hefyd, gwelai Bohr gyfle i wella'r berthynas wyddonol gyda'r Undeb Sofietaidd trwy drafodaethau a darlithiau gwyddonol.

Rhannodd Williams ychydig o'i atgofion gyda Wheeler. Yn Leningrad, mae'n debyg iddo fynd ar daith allan o'r ddinas ar gefn moto-beic. Disgrifiwyd y daith fel un gyffrous; nid gormodedd y sylw o gofio dull gyrru Williams. Ym Moscow cawsant eu tywys o gwmpas y Kremlin, cryn anrhydedd o gofio nad oedd mynediad i'r cyhoedd bryd hynny. Fel yr âi'r ymweliad rhagddi a'r tywysydd yn tynnu eu sylw ac

7 Cynhadledd Kharkov 1934. E. J. Williams yw'r pedwerydd o'r dde. Yn y llun gwelir Léon Rosenfeld (trydydd o'r chwith), Niels Bohr (chweched o'r chwith) a Lev Landau (wythfed o'r chwith).
(Trwy ganiatâd caredig Archif Niels Bohr, Copenhagen)

egluro hyn ac arall dechreuodd Williams anesmwytho a mynd yn flin o weld nad oedd Bohr yn cymryd y sylw lleiaf. Yna daethant ar draws coets fawr. Goleuodd wyneb Bohr yn syth. Aeth ati i archwilio sbrings a hongiad y goets ac egluro egwyddorion yr hongiad a'r modd yr oedd yn sicrhau taith esmwyth. Doedd dim modd ei symud oddi yno. Dyma enghraifft dda o'r modd y gallai Bohr fod yn hollol ddi-hid o'r hyn a oedd yn digwydd o'i gwmpas ond yn rhoi ei holl sylw i'r hyn a ennynai ei ddiddordeb.

Pwrpas yr ymweliad â Kharkov oedd mynychu cynhadledd ffiseg ddamcaniaethol yn Athrofa Ffisegoldechnegol yr Wcrain (UPTI) ac yno cyflwynwyd papurau gan Williams ac eraill o'r Institut. Athrofa ffiseg oedd yr UPTI a sefydlwyd ychydig flynyddoedd ynghynt fel rhan o gynllun y llywodraeth i ddatganoli lleoliadau canolfannau ffiseg. Roedd dewis dinas Kharkov fel canolfan yn naturiol oherwydd hi oedd prif ddinas yr Wcrain ar y pryd, statws a gollwyd i Kiev ym 1934 ar orchymyn Stalin. Cadeirydd y gynhadledd oedd Lev Landau, un o ffisegwyr disgleiriaf, os nad y disgleiriaf, yr Undeb Sofietaidd. Yn bennaeth ffiseg ddamcaniaethol yr athrofa, bu fwy nag unwaith yn ymwelydd yn yr Institut yn Copenhagen. Yr oedd yn berson di-flewyn ar dafod a byrbwyll ar adegau, priodweddau digon peryglus dan yr amgylchiadau. Ym 1938 cafodd ei gyhuddo o fod yn elyn y bobl a'i daflu i garchar. Yno y bu tan i Peter Kapitza ysgrifennu at Stalin ac ymbil ar ei ran. Serch ei ryddhau, ni adferwyd ei enw da yn swyddogol tan flynyddoedd wedi ei farwolaeth.

Yn ystod y daith aeth Bohr i dipyn o ddŵr poeth yn dilyn cyfweliad â'r cyfryngau a oedd yn awgrymu fod yr hyn a welsai, o safbwynt y gefnogaeth i ddatblygiadau gwyddonol a'r modd y câi y datblygiadau hyn eu cymhwyso ar gyfer dibenion ymarferol, wedi creu argraff ffafriol. Cafodd ei farnu'n hallt yng ngholofnau'r wasg yn Denmarc am yr hyn a ymddangosai fel cefnogaeth i'r drefn gomiwnyddol yn yr Undeb Sofietaidd a bu rhaid iddo egluro nad ei fwriad oedd gwneud datganiadau politicaidd. Roedd sylwadau megis y rhai a wnaeth Bohr i'w clywed gan nifer o wyddonwyr gorllewinol. Yn wir, mewn adroddiad a baratowyd gan Williams ar yr hyn a drafodwyd yn y gynhadledd, cyfeiria yn werthfawrogol os nad yn ganmoliaethus at yr ymweliadau a drefnwyd ar gyfer aelodau'r gynhadledd, nid yn unig i labordai ffiseg ond hefyd i gartref plant amddifad ac i ffatri dractorau. Mae yna eironi bod Cymro arall, y newyddiadurwr Gareth Jones, wedi tynnu sylw ychydig ynghynt at y newyn mawr, y tlodi a chaledi bywyd y bobl gyffredin yn yr Wcrain.

Bu tri mis ar ddeg Williams yn yr Institut yn gyfnod hynod ffrw-ythlon nid yn unig o safbwynt ei ddatblygiad fel ffisegydd ond hefyd o ran y berthynas gynnes a ddatblygodd rhyngddo a Bohr. Efallai bod hyn, yn rhannol, oherwydd y tebygrwydd rhyngddynt fel ffisegwyr. Yn ei ysgrif goffa i Williams, sylwodd Blackett fod ganddo'r 'rare gift of analysing in detail the mechanism of complicated physical processes, using a minimum of mathematical analysis and a maximum of physical understanding. In this quality of mind he had something in common with Niels Bohr.' Ategir y sylw hwn gan Bohr yn ei deyrnged yntau: 'I had a deep appreciation of his remarkable ability and clearness of mind ... we came into very close contact by common interest in the elucidation of fundamental problems.' Roedd gwahoddiadau Bohr i Williams ymweld eto â'r Institut yn wresog a pharhaodd y ddau i drafod eu gwaith drwy lythyru tan i'r Ail Ryfel Byd gychwyn.

Dau Alltud

Y person a gymerodd le Williams ym Manceinion tra ar ei gyfnod sabothol yn Copenhagen oedd Almaenwr o'r enw Hans Bethe. Bu'n fyfyriwr gyda Sommerfeld ym Mhrifysgol Munich, gan fagu diddordeb ym maes ffiseg ddamcaniaethol. Ym 1932, fe'i apwyntiwyd i staff yr adran ffiseg ym mhrifysgol Tübingen, ond gan ei fod o dras Iddewig, collodd ei swydd yn ddiseremoni pan ddaeth y Natsïaid i rym ym 1933. Yn ffodus, ar y pryd treuliai Sommerfeld ran o'i amser yn cynorthwyo gwyddonwyr Iddewig i sicrhau swyddi tu allan i'r Almaen. Oherwydd cysylltiadau Sommerfeld â Bragg, cafodd Bethe grant a'i galluogodd i ddod i'r adran ffiseg ym Manceinon.

Yn ystod ei yrfa gynnar dilynodd Bethe drywyddion ymchwil digon tebyg i Williams. Cyn gadael yr Almaen datblygodd, drwy gyfrwng ffiseg cwantwm, ddulliau damcaniaethol o drin gwrthdrawiadau a

defnyddiodd Williams y gwaith hwn pan yn cymharu canlyniadau
arbrofol gyda rhagfynegiadau damcaniaethol. Tra ym Manceinion,
llwyddodd Bethe i ymestyn model trefn-anhrefn strwythur aloion a
ddatblygwyd gan Williams. Datblygodd hefyd ddamcaniaeth yngh-
ylch bodolaeth 'cawodydd' electronau mewn pelydrau cosmig, lle gwelid
nifer yr electronau yn cynyddu fel pelen eira trwy gyfrwng cyfres o
wrthdrawiadau.

Tra barnai Bethe fod Williams yn berson hynod alluog, teimlai nad
oedd ei gefndir mathemategol mor gryf ag y gallai fod. Yn rhannol,
efallai bod hyn yn adlewyrchu fframwaith addysg ffiseg yn yr Almaen,
lle roedd pwyslais cryf ar ddatblygu ffiseg ddamcaniaethol ochr yn ochr
a ffiseg arbrofol. Ym Mhrydain gwelid y gwrthwyneb. Nid oedd yma
yr un pwyslais ar ffiseg ddamcaniaethol ac yn y sefyllfaoedd lle ceid
unigolion â diddordeb yn y maes, fel yng Nghaergrawnt, fe'i lleolid
yn yr adran fathemateg a'u galw'n ffisegwyr mathemategol. Roedd
eu cysylltiad â gwaith y ffisegwyr arbrofol yn ddigon prin os nad yn
absennol. Mae'n bosibl bod Williams ei hun yn ymwybodol o'r angen
i gryfhau ei gefndir mathemategol gan iddo fynychu darlithiau cwrs
anrhydedd mathemateg ym Manceinion tra yn ymchwilio ar gyfer ei
ddoethuriaeth.

Ar ôl gadael Manceinion ymfudodd Bethe unwaith eto i Brifysgol
Cornell yn yr Unol Daleithiau. Arbenigodd ym maes ffiseg niwclear gan
dderbyn gwobr Nobel am ei waith ym 1967. Fel llawer o'i gyd-ffisegwyr,
bu'n gweithio yn labordy Los Alamos yn ystod yr Ail Ryfel Byd fel
pennaeth yr adran ffiseg ddamcaniaethol.

Ymunodd ffoadur arall â Bethe ym Manceinion, sef Rudolf Peierls,
yntau hefyd yn Almaenwr. Bu'n fyfyriwr gyda Heisenberg ond pend-
erfynodd adael ei famwlad wedi i'r Natsïaid ennill grym. Heblaw am
gyfnod yn ystod yr Ail Ryfel Byd, pan fu'n rhan o dîm Prydain yn
labordy Los Alamos, treuliodd y rhan fwyaf o'i yrfa ym Mhrydain, gan
ddod yn athro ym mhrifysgolion Birmingham ac yna Rhydychen. Nid
oedd ei gysylltiad â'r ymdrech i ddatblygu bom atomig yn syndod. Bu'n
cydweithio gyda Otto Frisch a oedd yn nai i Meitner, gwyddonydd a
oedd o dras Iddewig ac wedi ffoi o'r Almaen. Y canlyniad oedd iddynt
ddangos, ar sail gwaith theori yn unig, bod y cyfanswm o wraniwm oedd

ei angen i greu adwaith gadwyn yn llawer llai na'r hyn oedd yn cael ei ragfynegi ar y pryd. Roedd y canlyniad yn golygu bod creu bom atomig yn bosibilrwydd real.

Bu Peierls a Bethe yn ffrindiau o'u dyddiau yn yr Almaen ac nid syndod felly iddynt gydweithio ar nifer o broblemau ffisegol tra ym Manceinion. Pan gyrhaeddodd Bethe, cafodd wahoddiad gan Peierls i letya gydag ef a'i wraig Geia, sefyllfa a oedd wrth fodd Bethe, yn rhannol oherwydd golygai y gallai osgoi bwyd Prydeinig.

Croesawai Bragg y cyfle i gael dau ffisegydd mor alluog ar ei staff ond rhaid oedd iddo gymryd gofal wrth gyflogi dau Almaenwr. Ychydig ynghynt roedd Almaenwr arall wedi ei benodi i swydd athro yn y brifysgol a bu cryn dwrw ynghylch y penderfyniad. Er y fantais i'r brifysgol, nid oedd y farn gyhoeddus yn gwbl gefnogol. Bu'r un ystyriaeth yn blino Chadwick ychydig flynddoedd yn ddiweddarach, ag yntau erbyn hynny yn bennaeth adran ffiseg Prifysgol Lerpwl ac yn chwilio am ffisegwyr i'w penodi i'r adran. Barn Chadwick oedd na allai fentro, gan dybio y byddai'r farn gyhoeddus yn elyniaethus oherwydd y rhyfel.

Pelydrau Cosmig

Hyd yn oed cyn iddo fynd i Copenhagen yr oedd pelydrau cosmig wedi hawlio sylw Williams. Ym 1932 cyhoeddodd sylwadau ynghylch awgrym Oppenheimer y dylid ystyried bodolaeth gronyn newydd i egluro rhai o briodweddau y pelydrau. Ym 1933 amlinellodd, mewn papur arall, gyfrifiadau o'i eiddo ynghylch y modd yr oedd priodweddau'r pelydrau yn amrywio o fan i fan. Yn naturiol, wedi dod yn ôl i Fanceinion cynyddodd ei ddiddordeb.

Daeth pelydrau cosmig i sylw gwyddonwyr ar ddechrau'r ugeinfed ganrif pan wnaeth arbrofion ddangos bod nwyon mewn llestri addas a osodwyd ar fwrdd balŵn a'u codi i'r awyr yn cael eu ïoneiddio gan belydrau dieithr. Roedd y pelydrau yma, i bob golwg, yn dod o'r gofod gan fod arddwysedd y pelydrau yn cynyddu fel yr âi y balŵn yn uwch. Dros y blynyddoedd canlynol cynyddodd y wybodaeth amdanynt. Yn ogystal â'r amrywiad mewn arddwysedd wrth fynd yn uwch yn yr atmosffer, ceid amrywiad wrth symud o un lleoliad i'r llall ar wyneb y ddaear, amrywiad a oedd yn dibynnu ar ledred y lleoliad. Sylweddolwyd taw maes magnetig y ddaear oedd yn achosi hyn, gan brofi bod y pelydrau yn cynnwys gronynnau wedi eu gwefru ac felly yn cael eu gwyro gan y maes magnetig. Dyna oedd testun papur Williams y cyfeiriwyd ato uchod. Wrth dreiddio'r atmosffer a tharo atomau câi'r pelydrau eu harafu gan greu gronynnau elfennol ac erbyn dechrau'r tridegau roedd tystiolaeth arbrofol yn dangos bod ffotonau, electronau a phositronau yn cael eu creu yn sgil gwrthdrawiadau'r pelydrau cosmig yn yr atmosffer. Does rhyfedd felly bod astudio pelydrau cosmig ar flaen y gad, nid yn unig o safbwynt eu priodweddau ond hefyd o safbwynt ffiseg gronynnau elfennol. Yn wir, tan ddyfodiad cyflymyddion gronynnau, megis CERN yn Genefa ym 1954, pelydrau cosmig gyda'u hegnioedd uchel oedd y prif ddull o fynd i'r afael â ffiseg gronynnau elfennol. Fel y crybwyllwyd eisoes, drwy gyfrwng arsylwadau siambr cwmwl o belydrau cosmig y llwyddodd Anderson i ddarganfod y positron.

Priodwedd arall a ddarganfuwyd oedd bod pelydrau cosmig yn cynnwys dwy gydran (*component*). Un oedd y gydran 'meddal' a'r llall y gydran 'caled'. Daethpwyd i'r casgliad taw cawodydd electron oedd y gydran 'meddal', sef y cawodydd y bu Bethe yn ymdrin â nhw pan ym Manceinion. Câi y gydran 'meddal' ei amsugno gan ddarn o blwm, dyweder, ond nid felly y gydran 'caled'. Beth yn union oedd y gydran hon? Cyfeiriwyd eisoes at y ddadl bod gronynnau ag egni uwchlaw rhyw ffin yn gweithredu yn wahanol i'r hyn a ddisgwylid ar sail ffiseg cwantwm ac, o'r herwydd, taw electronau o'r math hwn mewn gwirionedd oedd y gydran 'caled'. Fel y crybwyllwyd eisoes, llwyddodd Williams i danseilio y ddadl hon. Trwy wneud hyn arddangoswyd dilysrwydd ffiseg cwantwm a hefyd profwyd nad electronau oedd y gydran 'caled'. Os felly, rhaid bod rhyw ronyn arall na wyddid amdano yn bodoli. Yn ôl Wheeler, 'E. J. Williams provided what might be called a climate of opinion – an intellectual background – for the discovery of a new particle.'

Yn y cyfamser, â'i gyfnod sabothol yn Copenhagen wedi dod i ben, daeth yn amser i Williams droi yn ôl am Fanceinion; yn gyfoethocach o ran profiad ac wedi aeddfedu fel gwyddonydd.

5

CYRRAEDD Y BRIG

Manceinion Eto

Un o'r tasgau cyntaf wedi i Williams ailgydio yn ei swydd ym Manceinion oedd paratoi y gwaith a gyflawnwyd yn yr Institut ar gyfer ei gyhoeddi, yn arbennig y papur hir ar gyfer cylchgrawn yr Academi Ddaneg Frenhinol. I'r perwyl hwn bu'n llythyra â Niels Bohr dros y misoedd canlynol. Yn ogystal, ymwelodd Williams â'r Institut am bythefnos ddechrau 1935 er mwyn cynnal trafodaethau pellach gyda Bohr. Fel y soniwyd eisoes yn y bennod flaenorol, bwriad arall ganddo oedd cyhoeddi papur gyda Bohr, ond dim ond drafft ohono gafodd ei baratoi. Fodd bynnag, cyhoeddodd Williams lythyr yn y *Physical Review*, cylchgrawn Cymdeithas Ffisegol yr Amerig, a oedd yn amlinellu'r dystiolaeth dros ddilysrwydd ffiseg cwantwm gogyfer â gronynnau ag egni uchel. Ychydig fisoedd yn ddiweddarach, yn gynnar ym 1935, cafwyd ymateb gan Robert Oppenheimer yn amau dadl Williams ac yn naturiol anfonodd Williams lythyr arall i'r *Physical Review* yn ateb yr amheuon. Yn sgîl hyn, derbyniodd Williams lythyr oddi wrth Oppenheimer yn dweud ei fod, o ddarllen yr atebion, yn edifar iddo gyhoeddi ei sylwadau gan ddweud, 'I wish that I had left the subject entirely in your competent hands' – clod o gofio yr ystyrid Oppenheimer y blaenaf ymysg damcaniaethwyr yr Unol Daleithiau.

Ychwanegodd Williams yn y llythyr cyntaf ei fod yn tybio taw proton oedd gronyn cydran 'caled' y pelydrau cosmig a bod hyn yn golygu bod protonau â gwefr negatif yn bodoli. Fel y ceir gweld, maes o law, profwyd nad proton oedd y gronyn anhysbys.

Gwaith arall a oedd yn hoelio sylw Williams oedd cwblhau ei ddadansoddiad ar newidiadau strwythur atomau o fewn aloau. Yr oedd y papur cyntaf ar y pwnc wedi ei gyhoeddi yn y *Proceedings of the Royal Society* yn ystod misoedd cyntaf ei arhosiad yn Copenhagen. Cwblhawyd yr ail a'r trydydd ar gyfer yr un cylchgrawn ym 1935, yr ail ar y cyd â Bragg a'r olaf dan ei enw ei hun.

Ychydig yn ddiweddarach, ym 1936, cyhoeddodd Williams ddau bapur sy'n ddiddorol oherwydd eu bod yn arddangos unwaith eto ei allu i fynd at graidd y ffiseg dan sylw. Y mateb yr oedd i haeriad a wnaed gan ymchwilydd, ar sail canlyniad ei arbrawf, nad oedd egwyddor cadwraeth egni yn fanwl weithredol ymhob gwrthdrawiad rhwng pelydriad a mater – megis gwrthdrawiad pelydriad ag electron, dyweder. Yn hytrach, dim ond ar lefel gyfartalog yn unig a thros nifer o achosion unigol yr oedd yr egwyddor yn gywir.

Nid dyma'r tro cyntaf i egwyddor cadwraeth egni gael ei herio gan ffisegwyr y cyfnod. Yn wir, gwnaeth Niels Bohr hynny ar fwy nag un achlysur. Felly nid yw'n syndod bod sylw yn cael ei roi i arbrofion a oedd yn codi amheuon. Dyna wnaeth Paul Dirac, gan awgrymu nad oedd yr egwyddor yn ddilys pan fo gronynnau yn teithio ar gyflymder a oedd yn agos at gyflymder golau. Nid oedd Williams wedi ei argyhoeddi a bu'n gohebu â Dirac ynghylch y mater. Aeth ati wedyn i gyflwyno ei anghytundeb mewn llythyr at y cylchgrawn *Nature*. Ynddo dangosodd, drwy ystyried sefyllfa ddychmygol a oedd yn cyfateb i wrthdrawiad o'r fath, nad oedd yr annilysrwydd yn bosibl ond trwy dorri egwyddor ansicrwydd Heisenberg. Ychydig fisoedd yn ddiweddarach cyhoeddodd lythyr arall yn *Nature* yn disgrifio arbrawf a gynhaliwyd ganddo a oedd yn cadarnhau ei ddadl. Yn ogystal, cyflwynodd ei gasgliadau mewn ysgol haf yn Zurich y cyfeirir ati isod. Yn y man daeth cadarnhad nad oedd canlyniadau yr arbrawf wreiddiol yn gywir ac felly bod egwyddor cadwraeth egni yn ddilys wedi'r cwbl. O safbwynt y gyfrol hon yr hyn sy'n drawiadol yw gafael sicr Williams ar hanfodion gwaelodol ei bwnc a'r hyder a oedd ganddo i'w drafod ymysg hoelion wyth y cyfnod.

Erbyn canol y tridegau yr oedd Williams wedi sefydlu ei hun ym myd gwrthdrawiadau atomig; yn wir, barnai Rudolf Peierls taw Williams oedd y mwyaf adnabyddus o staff yr adran ffiseg heblaw am

Lawrence Bragg. Mae'n siwr fod hyn yn un rheswm i ddwy erthygl o'i eiddo ymddangos yn *Science Progress*, cylchgrawn a oedd yn cyflwyno syniadau a datblygiadau cyfoes i gynulleidfa anarbenigol. Testun y cyntaf oedd mudiant gronynnau wedi eu gwefru drwy fater, a thrawsnewidiadau yn nhrefniant atomau aloau oedd byrdwn yr ail.

Deuai gwahoddiadau hefyd i draddodi darlithiau mewn seminarau a chynadleddau. Un enghraifft nodedig oedd y gwahoddiad i ddarlithio mewn ysgol haf a gynhaliwyd ym 1936 yn Athrofa Dechnolegol y Swistir yn Zurich (ETH Zurich), y brifysgol lle'r oedd Wolfgang Pauli yn athro. Yr oedd yn arferiad gan y brifysgol i gynnal wythnos o ddarlithiau bob dwy neu dair blynedd, y darlithiau yn cael eu cyflwyno gan wyddonwyr enwog. Y tro hwn ffiseg niwclear a phelydrau cosmig oedd testun yr wythnos. Ymysg y rhai oedd yn bresennol yr oedd ffisegwyr blaenllaw megis Max Born, John Cockroft, Hans Geiger, Erwin Schrödinger, Arnold Sommerfeld a Carl von Weizsäcker. Cyflwynodd Williams adolygiad cynhwysfawr o sefyllfa gyfredol astudiaethau electronau egni uchel gan gwmpasu gwaith damcaniaethol ac arbrofol ac fe'i cyhoeddwyd yn nhrafodion y cyfarfod. Dengys yr adolygiad feistrolaeth Williams o'r datrysiadau damcaniaethol cyfredol, gan gadarnhau ei statws ymysg y ffisegwyr blaenaf ym maes mudiant electronau drwy fater.

Lerpwl a Dyrchafiad

Gyda'i enw da wedi'i sefydlu ag yntau wedi bod am rai blynyddoedd bellach yn ddarlithydd ym Manceinion, does ryfedd i Williams droi ei olygon at ddyrchafiad. Ddechrau 1936 ymgeisiodd yn anflwyddiannus am gadair ffiseg Coleg Prifysgol Nottingham. Yna, ychydig fisoedd yn ddiweddarach, daeth llwyddiant pan gafodd ei benodi'n gymrodor a darlithydd Leverhume yn adran ffiseg Prifysgol Lerpwl. Felly, ddiwedd haf 1936 symudodd i lannau Merswy gan sicrhau llety yn Holmefield Road, rhyw chwe milltir o ganol y ddinas. Tra'n edrych ymlaen at heriau newydd roedd yna dinc o dristwch yn y llythyr a anfonodd Williams at Bragg ar ôl ymadael. Wedi'r cwbl, treuliodd ddeuddeg mlynedd yn yr adran ym Manceinion. Yn y llythyr dengys Williams ei fod yn ymwybodol o'r gefnogaeth a gafodd gan Bragg gydol y cyfnod. Rhestrodd yn benodol gymorth Bragg yng nghyswllt y cais am ysgoloriaeth Arddangosfa Frenhinol 1851, y caniatâd a gafodd i dreulio blwyddyn yn Copenhagen ac anogaeth cyson Bragg i waith ymchwil nad oedd yn perthyn i'w ddiddordebau uniongyrchol. Teg dweud bod y cynhesrwydd a amlygodd Williams tuag at ei bennaeth yn adlewyrchu teimladau Bragg hefyd; rhai blynyddoedd yn ddiweddarach soniodd mor hoff yr oedd ei wraig ag yntau o'r darlithydd ifanc.

James Chadwick, gŵr y daeth Williams i'w adnabod yn ystod ei gyfnod yn y Cavendish, oedd pennaeth yr adran, yntau wedi ei apwyntio flwyddyn ynghynt. Wedi bod ar law dde Rutherfod am flynyddoedd, penderfynodd ei bod yn amser iddo ddilyn ei gwys ei hunan a gadael y Cavendish. Gwedd ddigon marwaidd oedd ar yr adran pan ymunodd Chadwick. Cynhaliwyd gwaith arloesol ar belydrau X ar ddechrau'r ganrif gan Charles Barkla, arholwr allanol ffiseg Abertawe pan oedd Williams yn fyfyriwr yno, a'r gwaith hwnnw yn dwyn gwobr Nobel i Barkla. Ond ychydig ymchwil oedd yn digwydd yno pan gyrhaeddodd Chadwick. Yn ogystal, nifer bach oedd yn astudio am radd mewn ffiseg a hynny mewn labordy hen ffasiwn a dilewyrch. Gydag addewid ariannol gan y brifysgol ar gyfer hybu ymchwil, aeth Chadwick ati gydag ynni a brwdfrydedd i weddnewid y sefyllfa. Serch hynny, ymddengys taw proses raddol fu hi oherwydd, ychydig flynyddoedd yn ddiweddarach, datganodd ymwelydd ei syndod o weld pa mor hen ffasiwn oedd y labordy dysgu heb hyd yn oed ffynhonnell cerrynt eiledol.

O ran staffio sicrhawyd arian oddi wrth Ymddiriedolaeth Leverhume i sefydlu swydd ymchwil a dysgu. Deiliad cyntaf y swydd oedd Norman Feather a fu'n un o fyfyrwyr ymchwil Chadwick yn y Cavendish ac a fu'n gweithio drws nesaf i Williams yn ystod ei gyfnod yno. Ond o fewn blwyddyn ymddiswyddodd Feather a mynd yn ôl i Gaergrawnt. Williams a gymerodd ei le.

Yn ymchwilydd heb ei ail, llwyddodd Chadwick ym 1932 i ddarganfod y niwtron, camp a arweiniodd at wobr Nobel yn ystod y flwyddyn y cychwynnodd yn Lerpwl. Yn y 1920au y gred gyffredinol oedd bod y niwclews yn cynnwys gronynnau positif, protonau fel y cawsant eu galw, ac electronau. Nid dyna farn Ernest Rutherford. Credai ef bod gronyn arall yn bodoli – rhyw fath o gyfuniad o broton ac electron a oedd felly yn niwtral o ran gwefr â màs cyffelyb i'r proton. Niwtron oedd yr enw a roddodd i'r endid hwn a byddai ef a Chadwick yn aml yn trafod y syniad, gan gynnal arbrofion i weld a oedd modd dod o hyd iddo. Yn y diwedd, ym 1932, drwy ddyfalbarhad ac arbrofi cywrain a gofalus, llwyddodd Chadwick i gasglu tystiolaeth gadarn bod y niwtron yn bodoli a'i fod yn ronyn newydd yn hytrach na'r cyfuniad o broton ac electron fel y tybiai Rutherford.

Tua'r un adeg â darganfyddiad y niwtron rhagfynegwyd bodolaeth gronyn arall gan Pauli. Y niwtrino oedd hwn. Cyflwynodd Pauli ei haeriad er mwyn egluro priodweddau gronynnau β, yr electronau a allyrrir gan elfennau ymbelydrol. Yn wreiddiol 'niwtron' oedd yr enw a roddod Pauli i'r gronyn ond oherwydd bod y term hwnnw, fel y gwelwyd eisoes, yn cael ei ddefnyddio ar gyfer yr endid oedd yn gymar i'r proton yn y niwclews fe'i bedyddiwyd yn niwtrino. Enrico Fermi, y ffisegydd Eidalaidd y cyfeiriwyd ato eisoes yn y bennod flaenorol yng nghyswllt dull Weizsäcker-Williams, a fathodd yr enw ac ef fu'n gyfrifol ym 1934 am gyflwyno eglurhad damcaniaethol o allyriant electronau gan elfennau ymbelydrol – proses dadfaeliad-β (β-decay) fel ei gelwir – gyda'r niwtrino yn chwarae rhan allweddol. Yn ronyn heb wefr a'r nesaf peth i ddim màs – yn wir tybiwyd ar un adeg nad oedd ganddo fàs o gwbl – does rhyfedd na phrofwyd bodolaeth y niwtrino tan 1956.

Mewn cyfnod byr, felly, daeth dau gymar newydd i'r proton, yr electron a'r positron, i fod. Y canlyniad fu dyblu, ymron, nifer preswylwyr buarth y gronynnau elfennol.

Bwriad Chadwick wrth sicrhau cymrodoriaeth Leverhume oedd creu swydd hŷn a fyddai'n fodd i hyrwyddo ymchwil blaengar o fewn yr adran. Yn ogystal, gobeithiai y byddai'r deiliad yn ysgwyddo cyfrifoldebau dirprwy maes o law. Roedd felly yn hynod o falch iddo lwyddo i ddenu person o safon Williams i'r swydd. Ar y llaw arall, o safbwynt Williams, roedd ymuno â Chadwick nid yn unig yn newid byd ond hefyd yn agor drysau newydd. Archwilio adeiladwaith crisialau drwy gyfrwng pelydrau X oedd prif ffrwd ymchwil Manceinion ac felly roedd gwaith Williams ar y cyrion. Wrth fynd i Lerpwl, fodd bynnag, roedd yn ymuno ag un o ymchwilwyr enwocaf ei ddydd ar adeiladwaith mewnol yr atom, pwnc a oedd yn cydweddu â'i ddiddordebau.

Mantais arall oedd penderfyniad Chadwick i fwrw ati i adeiladu cyflymydd – cylchotron – ar gyfer cynhyrchu gronynnau elfennol â gwefr drydanol. Rhinwedd y cylchotron oedd ei fod yn hepgor y ddibyniaeth ar ffynonellau megis deunydd ymbelydrol neu belydrau cosmig. Dyma'r peiriant cyntaf o'i fath. Roedd yn rhagflaenydd y cyflymydd yn CERN, Genefa, ac agorodd bennod newydd yn hanes astudio gronynnau elfennol gan gyflymu gronynnau drwy ddefnyddio maes magneteg i'w tywys ar hyd llwybrau cylchol. Adeiladwyd y cylchotron cyntaf yn yr Unol Daleithiau yn gynnar yn y tridegau ac yn ei sgil datblygodd brwdfrydedd ar draws Ewrop i adeiladau peiriannau cyffelyb, gyda blaengaredd Chadwick yn golygu bod Lerpwl ar flaen y gad. Byddai'r cyfle i weithio gyda pheiriant o'r fath yn sicr wedi bod yn atyniad i Williams.

Fel yn y Cavendish, deuai pawb at ei gilydd ar gyfer te gan eistedd o gwmpas y bwrdd yn llyfrgell fach yr adran. Dyma'r cyfle i sgwrsio,

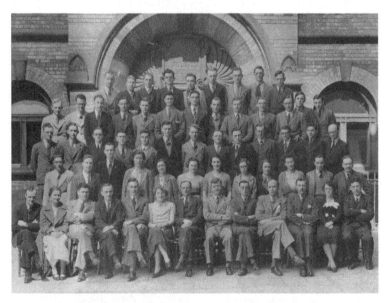

8 Cymdeithas Ffiseg, Prifysgol Lerpwl 1936–7. E. J. Williams yw'r trydydd o'r chwith yn y rhes flaen. George Evans yw'r cyntaf ar y chwith a James Chadwick yw'r seithfed o'r chwith yn y rhes honno. Eric Pickup yw'r ail o'r dde yn yr ail res.
(Trwy gwrteisi Llyfrgell Prifysgol Lerpwl; rhif cyfeirnod A084/1/62)

trafod syniadau a rhannu problemau. Fodd bynnag, ni châi siarad di-
feddwl groeso pan oedd yr athro yn bresennol. Dull Chadwick oedd
pwyso a mesur unrhyw sylw a wnâi gan feddwl yn ofalus cyn ei ynganu
a disgwyliai i bawb arall weithredu yn yr un modd. Unwaith yr oedd
wedi rhannu'r cyfrifoldebau ymysg y staff caent ryddid i fwrw ati heb
ymyrraeth. Ar y llaw arall, byddai Chadwick yn darllen pob papur yn
ofalus cyn iddo gael ei gyflwyno i gyhoeddwr ac yn rhoi cymorth i
aelodau iau yr adran yn y dasg o ailysgrifennu, er mwyn sicrhau bod y
cynnyrch yn cyrraedd safon a oedd yn dderbyniol iddo ef.

Yn berson swil, gallai Chadwick ymddangos yn anghynnes, ond
mae'n debyg nad oedd hynny yn atal tipyn o sbort ymysg rhai o'r ymch-
wilwyr ac roedd yntau yn barod i dderbyn hynny. O ran hwyl ar un
achlysur, hoeliwyd un o'r myfyrwyr ymchwil, a oedd yn gweithio ar y
cylchotron, gerfydd ei *boiler suit* i lawr y labordy fel na allai ond codi ei
ben. Er braw i bawb, cerddodd Chadwick i mewn i'r ystafell. Heb godi'i
eiliau aeth yr athro at y myfyriwr, trafod y gwaith dan sylw gydag ef
ac yna troi ar ei sawdl, gan adael y truan ar lawr mewn embaras llwyr.
Pwy a ŵyr na fyddai Williams yn ddigon parod i annog gwneud campau
o'r fath?

Ar Drywydd y Gronyn Anhysbys

Gan gofio marweidd-dra'r adran cyn i Chadwick ddod, bu Williams
yn cymell ambell un o'i gydweithwyr i ddatblygu'r gwaith ar lif hylifau
trydanol y bu ef yn ei astudio ym Manceinion. Ond ymylol oedd hyn
o safbwynt ei waith ei hun gan taw dymuniad Chadwick oedd bod
Williams yn sefydlu ymchwil ym maes pelydrau cosmig. Wrth gwrs,
byddai Williams yn dra hapus i ddilyn y trywydd hwnnw ac, o gofio'i
ymchwiliadau yn Copenhagen, mae'n ddigon tebyg iddo ystyried y posi-
bilrwydd tra ym Manceinion.

Byddai ymchwil pelydrau cosmig wedi dod â Williams i gysylltiad
â Patrick Blackett, oherwydd yn sgil ei ran yn narganfyddiad y positron
(gweler pennod 3), pelydrau cosmig oedd canolbwynt gwaith ymch-
wil Blackett wedi iddo adael y Cavendish a mynd yn athro ffiseg yng
Ngholeg Birkbeck, Prifysgol Llundain. Drwy ei ymchwil daeth yn

arweinydd yn y maes ym Mhrydain. Un cysylltiad oedd cyfarfodydd y London Physics Club y byddai Williams yn eu mynychu. Sefydlwyd y cyfarfodydd gan nifer o ffisegwyr, gan gynnwys Blackett , a hynny yn sgil ymadawiad nifer o ymchwilwyr ifanc o'r Cavendish ddiwedd y dauddegau, a Williams yn eu plith, am swyddi mewn prifysgolion ledled y wlad. Yng Nghaergrawnt roeddent wedi bod yn aelodau o gylchoedd trafod anffurfiol megis y Kapitza Club. Tybid taw da o beth fyddai parhau i gynnal cyfarfodydd o'r fath, ond dewiswyd Llundain fel lleoliad gan ei fod yn fwy cyfleus. Yn canolbwyntio ar ffiseg atomig, roedd aelodaeth y clwb yn gyfyngedig o ran nifer ond o bryd i'w gilydd achubid ar y cyfle i wahodd gwestai nodedig, ac un o'r rhain oedd Bohr a fynychodd gyfarfod ym 1931 pan oedd ar ymweliad â Phrydain. Â'i natur ddadleugar pan ymysg ei gydwyddonwyr, mae'n siwr bod cyfarfodydd y clwb yn ddigon bywiog pan fyddai Williams yn bresennol. Am gyfnod yn ystod y 1930au Bragg oedd y cadeirydd, a dichon bod ei adnabyddiaeth ohono yn gymorth pan âi Williams i hwyl.

Roedd rheswm arall, fodd bynnag, dros ddod i Lundain. Heblaw am gwrdd â gwyddonwyr blaenllaw, câi Williams gyfle, wedi i gyfarfod y clwb orffen, i gwrdd â'i hen ffrind ysgol, E. T. Davies. Erbyn hynny yr oedd Davies yn ddarlithydd yng Ngholeg y Brenin, Prifysgol Llundain, a châi'r ddau noson o hwyl yn y ddinas, neu *bust up* chwedl Davies, ar ôl i drafodaethau'r clwb ddod i ben.

Erbyn 1937 yr oedd Blackett wedi symud i Fanceinion fel olynydd i Bragg pan gafodd hwnnw ei benodi'n bennaeth y Labordy Ffisegol Cenedlaethol. (Symudodd Bragg eto o fewn blwyddyn i'r Cavendish, fel olynydd i Rutherford a oedd wedi marw'n sydyn.) Erbyn hynny, ymddengys bod Williams a Blackett yn ddigon cyfarwydd â'i gilydd, oherwydd ysgrifennodd Blackett ato yn gresynu nad oedd yn dal ym Manceinion ond eto yn falch fod Lerpwl yn ddigon agos ar gyfer cyfarfod o bryd i'w gilydd. Mewn rhestr yn cofnodi enwau siaradwyr gwâdd a ddaeth i'r adran ym Manceinion wedi dyfodiad Blackett, ymddengys enw Williams a chyfeirir ato fel ffisegydd enwog. Yn amlwg roedd yn awr ymysg y ceffylau blaen.

Yn ystod ei gyfnod yn Lerpwl, cyhoeddodd Williams rai papurau byrion yn ymwneud â gwrthdrawiadau gronynnau wedi eu gwefru gan gynnwys gwrthdrawiadau a oedd yn arwain at ddadfeiliad niwclysau, ymchwil a fyddai yn datblygu'n gyhoeddiadau mwy swmpus. Ond ei flaenoriaeth oedd datblygu arbrofion ar gyfer astudio pelydrau cosmig. Aeth ati gydag Eric Pickup, ei gynorthwyydd, i adeiladu siambr cwmwl mawr gyda chymorth cyfarpar a oedd wedi ei gludo o Fanceinion. Yn naturiol, chwilio am y gronyn anhysbys, fu'n destun dyfalu ar ei ran tra yn Copenhagen, oedd ar frig y rhestr. Erbyn haf 1937 dechreuodd tystiolaeth o'i fodolaeth ymddangos ac ym mis Medi yr oedd Williams yn ddigon hyderus i sôn am ei ganlyniadau pan yng nghyfarfod Copenhagen ac yn y gynhadledd yn Moscow, y cyfeirir atynt yn nes ymlaen. Ond nid oedd yn ddigon hyderus eto i'w cyhoeddi. Bychan iawn oedd nifer y traciau y gellid eu priodoli i'r gronyn ac ym marn Williams, yn ogystal â Chadwick, a oedd fel pennaeth yr adran â'r gair olaf, doedd dim digon o sicrwydd i warantu cyhoeddi. Fodd bynnag, cynyddu wnaeth y dystiolaeth ac erbyn dechrau 1938 argyhoeddwyd y ddau o ddilysrwydd y canlyniadau, ac ymddangosodd llythyr yn enw Williams a Pickup yn y cylchgrawn gwyddonol *Nature* ym mis Ebrill a gyflwynai dystiolaeth gadarn ynghylch bodolaeth yr 'electron trwm', fel ei gelwid. Hefyd amcancangyfrifid bod ei fàs, yn fras, ddau can gwaith yn fwy na màs yr electron, neu rhyw ddeg gwaith llai na màs y proton.

Yn anffodus, nid y nhw oedd y cyntaf i ddarganfod y gronyn. Yn ystod gwanwyn 1937, ychydig cyn i Williams weld yr arwyddion cyntaf o fodolaeth y gronyn, cyhoeddodd Carl Anderson o Athrofa Dechnolegol Califfornia (Caltech) bapur a oedd yn datgan ei fod ef a'i gydweithiwr Seth Neddermeyer wedi dod o hyd iddo ac felly iddyn nhw y tadolir ei ddarganfod. Ym marn Williams roedd peth o'u tystiolaeth braidd yn sigledig ac efallai ei fod yn teimlo nad oedd lawer gwell na'r hyn a gasglodd ym 1937. Fodd bynnag, o gofio bod Anderson a'i gydweithiwr wedi bod yn astudio pelydrau cosmig am rai blynyddoedd ac na wnaeth Williams gychwyn adeiladu ei gyfarpar tan hydref 1936, mae'n syndod ei fod ymysg y cyntaf i gadarnhau darganfyddiad yr Americanwyr.

Yr oedd yr electron trwm, neu'r mesotron fel ei bedyddiwyd gan Neddermeyer ac Anderson, yn ychwanegiad arall i nifer y gronynnau sylfaenol a oedd yn hysbys ar y pryd. Ond roedd i'w ddarganfyddiad arwyddocâd ehangach. Flwyddyn neu ddwy cyn papur Neddermeyer ac Anderson ymddangosodd cyhoeddiad gan Siapanead o'r enw Hideki Yukawa yn amlinellu damcaniaeth a oedd yn mynd i'r afael â'r grym a gadwai ronynnau'r niwclews (yn benodol y protonau a'r niwtronau) rhag gwasgaru. Grym nerthol iawn fyddai hwn, yn gallu goresgyn, er enghraifft, y grym electromagnetig (sy'n ymgorffori y grymoedd trydanol a magnetaidd) sy'n gwahanu protonau.[1] Yn ogystal gweithredai ar draws pellter bychan iawn, ei effaith yn diflannu i bob pwrpas tu allan i'r niwclews. Am resymau amlwg rhoddwyd iddo yr enw 'grym niwclear cryf'.

Beth oedd y berthynas rhwng y grym cryf a'r gronyn newydd? I ateb rhaid troi at ymgorfforiad y grym electromagnetig o fewn ffiseg cwantwm. Canlyniad yr ymgorfforiad fu datblygu fframwaith lle daeth y ffoton i'w gweld fel cludydd y grym electromagnetig. Mae modd darlunio'r syniad hwn trwy gymhariaeth â gêm denis rhwng dau berson, gyda'r ddau chwaraewr yn cyfateb i ddau ronyn wedi eu gwefru a'r bêl yn cyfateb i'r ffoton. Yn y gêm cedwir y ddau chwaraewr mewn cysylltiad â'i gilydd gan y bêl sy'n cael ei tharo yn ôl ac ymlaen rhyngddynt. Yn yr un modd sicrheir cysylltiad rhwng y ddau ronyn oherwydd bod y ffoton yn gwibio yn ôl ac ymlaen rhwng y ddau.

Dadl Yukawa oedd bod gronyn cyffelyb yn bodoli ar gyfer y grym cryf ond gan ei fod yn weithredol dros bellter bychan, byddai ganddo fàs ac felly yn ei wneud yn wahanol i'r ffoton, sydd heb fàs o gwbl. Ymhellach, yn ôl Yukawa roedd maintioli'r màs hwnnw rhwng màs electron a màs proton.

Chafodd papur Yukawa fawr o sylw tan i'r mesotron gael ei ddarganfod, ond newidiodd y sefyllfa yn syth wedyn gan godi'r cwestiwn, ai yr un oedd y mesotron a gronyn Yukawa? Un tystiolaeth o blaid hynny oedd bod màs mestron, fel y'i mesurwyd gan Williams ac eraill, yn agos at yr hyn yr oedd Yukawa wedi ei ragfynegi, a daethpwyd i dybio mai'r un oeddynt. Maes o law hepgorwyd y gair mesotron, gan ddefnyddio y term meson yn ei le. Mae'r gair yn tarddu o *mesos*, sef y gair Groeg am 'canol', hyn yn adlewyrchu'r canfyddiad bod ei fàs rhwng màs electron a phroton. Dyfarnwyd gwobr Nobel i Yukawa am ragfynegi bodolaeth y gronyn a chynyddodd pwysigrwydd yr angen i ddysgu mwy am briodweddau gronyn newydd y pelydrau cosmig. Dyma fyddai un o flaenoriaethau ymchwil Williams o hyn allan.

Cynadledda

Treuliodd Williams ddiwedd haf 1937 ar ymweliadau tramor. Cychwynnodd yn Berlin, gan oedi ychydig ddyddiau yno cyn mynd, yn sgil gwahoddiad gan Bohr, i gyfarfod blynyddol yr Institut a bachu ar y cyfle i aros rhai dyddiau ychwanegol yno. Yna, yn dilyn gwahoddiad gan y trefnwyr, teithiodd i Moscow i ymuno â Blackett mewn cynhadledd ffiseg niwclear yn y brifddinas ac i gyflwyno dwy ddarlith yn y gynhadledd honno. Ffisegwyr niwclear yr Undeb Sofietaidd oedd wedi trefnu'r gynhadledd gan roi'r cyfle iddynt arddangos eu llwyddiannau a dod i wybod am y datblygiadau diweddaraf yng ngweddill Ewrop a'r Unol Daleithiau. Byddai gwahoddiad Williams felly yn arwydd o'i statws fel gwyddonydd blaenllaw. Byddai hefyd yn gyfle iddo, yno yn ogystal ag yn Copenhagen, i drafod y datblygiadau diweddaraf ym maes pelydrau cosmig ac, yn benodol, bodolaeth y meson.

Dau arall a oedd yn darlithio oedd Pauli a Peierls. Â'i wraig wedi ei geni a'i magu yn Leningrad (fel ei gelwid bryd hynny) yr oedd Peierls, mae'n siwr, yn llawer mwy effro i'r sefyllfa boliticaidd yn y wlad na'r rhan fwyaf o'r tramorwyr. Tystiodd bod cryn dyndra ar y pryd yn Moscow â phobl yn cael eu restio heb reswm o gwbl. Y si, mae'n debyg, oedd bod rhestrau unigolion i'w restio yn cael eu creu ar sail enwau yn y llyfr ffôn. Adroddodd bod pobl yn senoffobig â phob tramorwr yn cael ei ddrwgdybio o fod yn ysbiwr. Mae'n anodd gwybod i ba raddau y byddai Williams yn ymwybodol o'r sefyllfa a ddisgrifir gan Peierls. Mae'n bur debyg bod gweithgareddau'r gynhadledd yn ynysu'r tramorwyr a oedd yn bresennol o'r hyn a oedd yn digwydd y tu allan. Go brin y byddai unrhyw drafodaeth agored rhyngddynt a'r gwyddonwyr Sofietaidd. Sonia Peierls iddo gael sgwrs ynghylch y sefyllfa gyda Lev Landau, un o brif ffisegwyr yr Undeb Sofietaidd y cyfeiriwyd ato ym mhennod 4, a hynny yn digwydd tra'n cerdded mewn parc er mwyn ceisio osgoi cael eu clywed.

Yn ystod ei arhosiad gwelodd Williams dipyn ar wyddonydd a adnabu o'i ddyddiau yn y Cavendish, sef y Rwsiad lliwgar Peter Kapitza. Ef erbyn hynny oedd pennaeth yr Athrofa Problemau Ffisegol yn Moscow. Yr oedd cyfeillion Kapitza ym Mhrydain megis Rutherford yn dal i ofidio am ei amgylchiadau ef a'i wraig ar ôl iddo gael ei wahardd rhag gadael yr Undeb Sofietaidd ym 1934. Fodd bynnag, gallodd Williams eu sicrhau nad oedd angen iddynt ofidio gan fod Kapitza a'i wraig Anna yn ymddangos yn fodlon eu byd.

Tra yn Moscow cafodd Williams wahoddiad gan Kapitza i ddod i ginio ac yn ei lythyr mae'n awgrymu, yn gellweirus mae'n siwr, taw rheswm Williams am ymweld â'r athrofa oedd er mwyn chwarae tenis. Mae'n amlwg bod hanes ei wrhydri ar y cwrt wedi cyrraedd yr Undeb Sofietaidd. Er y cellwair roedd elfen o wirionedd yn y sylw oherwydd, er bod Williams a'i frodyr yn mwynhau chwarae golff, tenis oedd ei hoff gamp wedi gadael yr ysgol. Byddai yn chwarae'n gyson gyda David ei frawd pan fyddai'r ddau gartre. Fel y gellid disgwyl, yr oedd yn chwaraewr brwdfrydig er yn wrthwynebydd digyfaddawd a dadleugar. Yn wir, ceir sôn iddo ar un achlysur dorri raced drwy daro pen ei bartner. Mae'n amlwg nad oedd yn hapus i golli gêm. Adroddir bod Heisenberg o'r un anian, felly roedd mewn cwmni da. Wedi iddo symud i Lerpwl, ysgrifennodd at un o'i gydnabod ym Manceinion yn ei herio i ffurfio tîm i chwarae yn ei erbyn ef a rhai o'i gydweithwyr, gyda Williams yn datgan yn glir y gwnâi tîm Lerpwl lorio tîm Manceinion.

O fewn yr adran ffiseg yn Lerpwl byddai ef ac eraill yn chwarae tenis bwrdd, ag yntau yn parhau yr un mor ddigyfaddawd mae'n siŵr. Ni wyddys a oedd hyn yn draddodiad ymysg y ffisegwyr ond mae'n ddigon posibl taw Williams oedd wedi cyflwyno'r gamp yn dilyn ei brofiadau yn yr Institut yn Copenhagen.

Yn y cyfamser roedd Cymraes o Ogledd Cymru – Mair Williams – wedi dod yn rhan o fywyd Williams. Ymddengys bod y garwriaeth wedi cychwyn tra roedd Williams ym Manceinion ac ym 1935 gwnaethant ddyweddio. Wrth ysgrifennu at Williams mae'n cyfeirio'n aml at y mwynhad o gael cwrdd ag ef a'r pleser mae'n gael o ddarllen ei lythyron. Roedd ceisiadau aml ganddi ar iddo ddod i'w gweld er ei bod yn pryderu am ei ddiogelwch tra'n gyrru, pryder nid annisgwyl o gofio sylwadau eraill amdano pan wrth lyw car. Mae'n bur debyg y byddent wedi priodi ond, er tristwch mawr, cafodd ei tharo'n sâl. Ymddengys na chafodd ofal meddygol digonol a bu'n rhaid iddi ddioddef sawl llawdriniaeth eger. Yn ôl ei frawd, bu Williams yn gofidio'n fawr am ei chyflwr a chollodd

gryn dipyn o bwysau o'r herwydd. Mae'n amlwg ei fod wedi rhannu
ei ofidiau gydag eraill yn y labordy oherwydd mynegodd Chadwick,
mewn llythyr at Williams tra ar ei wyliau, ei gonsyrn yntau. Yn drist
iawn rhoddwyd y gorau i'r bwriad o briodi.

Nôl i Gymru

Er gobeithion Chadwick y byddai Williams yn aros yn Lerpwl gan
ymgymryd, yn y man, â swydd dirprwy, yr oedd y gydnabyddiaeth
gyffredinol ei fod yn ffisegydd o'r radd flaenaf, ynghyd ag uchelgais
Williams ei hun, yn milwriaethu yn erbyn hynny. Yn dilyn ymadawiad
Blackett ym 1937 roedd cadair ffiseg Coleg Birckbeck yn wag ac fe'i
hysbysebwyd. Ymgeisiodd Williams amdani ond ni fu'n llwyddiannus.
Daeth eglurhad o gyfeiriad annisgwyl mewn llythyr oddi wrth ei dad a'i
fam. Roedd ei ffrind ysgol – E. T. Davies – wedi galw heibio a dweud
wrthynt taw'r rheswm am ddiffyg llwyddiant eu mab oedd bod Birkbeck
am benodi person a oedd yn arbenigo mewn maes tra gwahanol. Gan
fod Davies yn ddarlithydd yng Ngholeg y Brenin, Prifysgol Llundain,
roedd hi'n ddigon hawdd iddo ffereta ynghylch y swydd.

Serch hynny, ni fu rhaid i Williams aros yn hir am ddyrchafiad,
oherwydd ddiwedd 1937 yr oedd Coleg Prifysgol Cymru, Aberystwyth
yn chwilio am olynydd i Gwilym Owen, a oedd yn ymddeol o'i swydd
fel athro ffiseg oherwydd salwch. Ymgeisiodd Williams ac yn gynnar
ym 1938 cafodd wybod ei fod yn llwyddiannus. Felly, wedi treulio llai
na dwy flynedd yn Lerpwl, symudodd Williams i Aberystwyth.

Gan letya yn North Road, lai na hanner milltir o'r coleg, aeth ati i
ymsefydlu yn y dre. Ymunodd â Chlwb Dewi Sant, clwb cymdeithasol
yn y Porth Bach, oedd â chyfleusterau hamdden yn cynnwys cyfle i
gael diod ar y Sul. Gyda gwrthwynebwyr newydd, parhaodd i fwyn-
hau gemau tenis. Yn ogystal, daeth yn aelod o glwb golff Aberystwyth.
Bu'r broses ymaelodi yn fater o embaras i'r clwb oherwydd iddynt yn
wreiddiol hawlio ffi myfyriwr yn hytrach na ffi aelod llawn. Serch hynny,
mae'n siwr i Williams weld yr ochr ddoniol.

Un a ysgrifennodd i longyfarch Williams ar y penodiad, er iddo ef
ei hun fod yn aflwyddiannus, oedd Eryl Wynn-Williams. Wedi ei eni yn

Abertawe ym 1903, sef yr un flwyddyn â Williams, a'i fagu yn Wrecsam, mae yna debygrwydd rhwng gyrfaoedd y ddau. Bu Wynn-Williams yn astudio ffiseg yng Ngholeg Prifysgol Gogledd Cymru, Bangor ac wedi graddio arhosodd i wneud gwaith ymchwil a arweiniodd at radd MSc Prifysgol Cymru ym 1924. Ym 1925, wedi sicrhau cymrodoriaeth Prifysgol Cymru, cafodd fynediad i Goleg y Drindod, Caergrawnt, gan fynd i ymchwilio ar gyfer doethuriaeth yn labordy'r Cavendish dan oruchwyliaeth Rutherford. Â dawn arbennig ym maes offeryniaeth (*instrumentation*) electronig, dyfarnwyd gradd PhD iddo ym 1929 am waith ar gynhyrchiad ac amsugniad tonnau electromagnetig â thonfeddi a oedd yn filimetr o hyd. Byddai cyfnod Williams yn y Cavendish felly yn cyd-redeg â Wynn-Williams.

Ei ddawn ym maes offeryniaeth a fu'n fodd i Wynn-Williams gyflawni cyfraniadau arloesol yn ystod ei yrfa. Tra yn y Cavendish, y dull a ddefnyddid i astudio gronynnau elfennol a deflir allan pan gaiff niwclysau eu peledu gan belydrau α oedd cyfrif y fflachiadau o olau a ymddangosai mewn deunyddiau arbennig (*scintillators*) pan gânt eu taro gan y gronynnau elfennol. Roedd cyfrif gyda'r llygad yn waith blinderus. Daeth Wynn-Williams i'r adwy trwy ddyfeisio cylched electronig (yn seiliedig ar falfiau thermionig) wedi ei chysylltu i rifydd (*counter*) mecanyddol ar gyfer cofnodi y pyls trydanol a gâi ei greu bob tro y tramwyai gronyn elfennol drwy siambr ïoneiddio. (Dyfais yw'r siambr hon sy'n creu cerrynt trydan bychan pan fo gronyn yn mynd drwyddi.) Y canlyniad oedd dull cyfrifo a allai weithredu ar raddfa lawer iawn yn uwch na'r hyn y gellid ei wireddu trwy gyfrif fflachiadau gyda'r llygad. Galwodd Wynn-Williams ei ddyfais yn rhifydd '*scale-of-two*' a dyma sefydlu, i bob pwrpas, y dechneg o gyfrifo electronig. Ond yn llawer pwysicach, roedd ei ddyfais yn sail i weithrediad deuaidd cyfrifiaduron heddiw. Serch hynny, yn ôl y ffisegydd blaenllaw Mark Oliphant, a oedd yn y Cavendish ar yr un pryd â Williams a Wynn-Williams ac a fu'n athro ffiseg Prifysgol Birmingham cyn ymuno â Phrifysgol Genedlaethol Awstralia ar ôl y rhyfel, ni chafodd Wynn-Williams y gydnabyddiaeth a oedd yn ddyladwy.

Ym 1935 cafodd ei benodi i swydd darlithydd yng Ngholeg Imperial Prifysgol Llundain ond ar gychwyn y rhyfel fe'i recriwtiwyd i ddatblygu radar yng nghanolfan ymchwil telathrebu y llywodraeth. Fodd bynnag, ym 1942, oherwydd ei arbenigedd ym maes rhifyddion electroneg cyflym, cafodd Wynn-Williams ei secondio i ganolfan datrys codau Parc Bletchley er mwyn cyflymu'r cyfarpar a oedd yn dadansoddi negeseuon cudd yr Almaen, gan gynnwys negeseuon Enigma. Bu ganddo ran allweddol yn natblygiad dyfais a gafodd ei llysenwi yn 'Heath Robinson', cyfeiriad mae'n siwr at y tebygrwydd â chreadigaethau ffantastig y cartwnydd o'r un enw. Y ddyfais hon oedd rhagflaenydd Colossus, y cyfrifiadur electronig digidol cyntaf y gellid ei raglenni.

Wedi'r rhyfel aeth Wynn-Williams yn ôl i Goleg Imperial, lle cafodd ei ddyrchafu'n ddarllenydd. Ymddeolodd ym 1970 a bu farw ym 1979. Ni chafodd gydnabyddiaeth swyddogol am ei waith yn ystod y rhyfel ond mae'r sylw canlynol gan Reginald Victor Jones, a fu'n ymgynghorydd cudd-ymchwil gwyddonol y llywodraeth yn ystod yr Ail Ryfel Byd, yn rhoi blas o arwyddocâd ei gyfraniad: 'the modern computer is only possible because of an invention made by a physicist, C. E. Wynn-Williams, in 1932 for counting nuclear particles: the scale-of-two counter, which may prove to be one of the most influential of all inventions.'

Setlo yn y Gadair

Prin bod lle i amau nad oedd Williams ar ben ei ddigon yn ei swydd newydd yn Aberystwyth. Yr oedd nifer y staff dipyn llai nac yn yr adrannau y bu yn gweithio ynddynt ynghynt. Heblaw am staff cynorthwyol doedd ond tri darlithydd ar y pryd – a neb yn ymchwilio yn y meysydd a oedd o ddiddordeb iddo. Ond fel pennaeth roedd mewn sefyllfa i sefydlu tîm i ganolbwyntio, dan ei arweiniad, ar flaenoriaethau ymchwil o'i ddewis ef. Cryfhawyd y bwriad hwn drwy drefnu i'w gynorthwyydd yn Lerpwl, George Evans, symud oddi yno a'i ddilyn i Aberystwyth. Yn ogystal, roedd posibilrwydd o ehangu'r gofod a oedd ar gael i'r adran. Yn adain ddeheuol yr hen goleg y lleolid yr ystafelloedd, y labordai a'r gweithdai, gan lenwi dau lawr yr adain honno a rhan o'r islawr oddi tano. Ychydig cyn i Williams gael ei benodi cafodd cais ffurfiol ei gyflwyno i

9 Adran Ffiseg Coleg Prifysgol Cymru, Aberystwyth 1943.
E. J. Williams yw'r pedwerydd o'r dde yn y rhes flaen. Yn y
rhes honno gwelir George Evans (ail o'r chwith), I. C. Jones
(trydydd o'r dde) a Morrice Job (cyntaf ar y dde)
(Trwy ganiatâd caredig Archif yr Adran Ffiseg, Prifysgol Aberystwyth)

awdurdodau'r coleg am fwy o le, a hynny yn yr islawr mae'n debyg. Er na
weithredwyd y cynllun ar y pryd oherwydd yr Ail Ryfel Byd llwyddodd
Williams i sicrhau gofod yn yr islawr ar gyfer lleoli siambr cwmwl a'r
offer cysylltiol.

Yr oedd penodi Williams, wrth gwrs, yn dipyn o bluen yn het y
coleg. Yn ei gyfrol yn cyflwyno hanes y sefydliad yn ystod y can mlynedd
cyntaf dywed Edward Ellis taw Williams oedd, efallai, 'the most gifted
scientist ever to join the staff of Aberystwyth'. Nid ffiseg yn unig oedd
yn hawlio'i ddiddordeb, fodd bynnag. Disgrifia Ellis ef fel un o aelodau
radical y senedd, yn barod iawn i holi a herio a bod yn ddraenen yn ystlys
gweinyddwyr. Mewn geirda iddo, dywed y prifathro Ifor Evans bod yna
elfen fyrbwyll i'w gweld ar brydiau gyda'i emosiwn yn cael y gorau arno.
Ond meiriolodd gyda threigl amser gan ddwyn aeddfedrwydd i'w sgiliau

rhyng-bersonol. Serch hynny, mae'n amlwg ei fod yn ddigon parod i ymladd ei gornel er mwyn sicrhau yr hyn a oedd yn ei olwg ef yn iawn.

Daeth Williams yn gyfeillgar â'r prifathro a'i wraig, i'r graddau eu bod yn ei gyfrif yn un o'r teulu. Yn ôl ei dystiolaeth ei hun, yr oedd yn hapus yn Aberystwyth. Dyna hefyd oedd barn ei gydweithwyr a sonir am y modd y daeth i garu'r coleg. Adlewyrchai hynny ei ymlyniad i'w wlad a'i ardal enedigol, â'i wreiddiau yn ddwfn ym mro ei deulu a'r cartref lle'i magwyd.

Er taw dieithr oedd astudiaethau ym myd y cwantwm i raglen ymchwil yr adran ffiseg yr oedd yna gysylltiad o fath â'r byd hwnnw. Ym 1893 ymunodd gŵr o'r enw George Adolphus Schott â'r adran o Goleg y Drindod, Dulyn ac aros yn aelod tan 1909 pan ddaeth yn bennaeth adran fathemateg gymhwysol Aberystwyth. Ymddiddorai, o safbwynt damcaniaethol, ym mhriodweddau yr electron a'r modd yr oedd yn allyrru pelydriadau electromagnetig a chafodd ei ethol yn Gymrawd o'r Gymdeithas Frenhinol ym 1921. Nid syndod o gofio ei fod yn gweithio yn ystod blynyddoedd cyntaf yr ugeinfed ganrif taw ffiseg glasurol oedd sail ei ymchwiliadau. Wedi iddo farw cyhoeddwyd papur o'i waith yn y *Proceedings of the Royal Society* gyda'r cyflwyniad canlynol: 'This paper should be made available because it represents the final effort on behalf of the classical theory of one who devoted his life to the study of radiation as it was conceived before the quantum theory started to replace the older theory, and who was undoubtedly an authority on this subject.' Felly, ar un wedd, bodolai llinell gyswllt rhwng y gorffennol a'r ymchwil yr oedd Williams yn ei gyflwyno i'w adran ac mae'n siwr i hynny fod yn fater o ddifyrrwch iddo.

Yn ogystal â'i waith fel pennaeth adran deuai gwahoddiadau i ddarlithio, mynychu cynadleddau a gweithredu fel arholwr allanol mewn prifysgolion eraill. Ddechrau 1939 cyflwynodd ddarlith radio trwy gyfrwng gwasanaeth rhanbarthol Cymru ar y testun 'The Atomic World', gan siarad am drigolion y byd hwnnw – y gronynnau elfennol – a disgrifio dieithrwch eu hymarweddiad cwantaidd. Derbyniodd nifer o lythyrau yn ei longyfarch, un oddi wrth ei frawd David, y tro hwn yn Saesneg am ryw reswm, yn ei ganmol nad oedd prin unrhyw arlliw o acen Gymreig i'w chlywed.

Haf yn yr Amerig

Yn ystod haf 1939 bu Williams yn teithio yn yr Unol Daleithiau
gan ymweld â rhai o ganolfannau ymchwil enwog y wlad honno. Ym
Mhrifysgol Chicago cafodd y cyfle i ddarlithio ac hefyd i fynychu sym-
posiwm ar belydrau cosmig. Yr oedd Werner Heisenberg yn un o aelodau'r
symposiwm, yntau hefyd yn ymweld â nifer o ganolfannau ymchwil. Hwn
fyddai y tro olaf i Heisenberg roi ei droed ar dir yr Amerig cyn cych-
wyn yr Ail Ryfel Byd. Mae'r symposiwm yn nodedig oherwydd ffrae a
ddatblygodd rhwng Heisenberg ac Oppenheimer. Dadleuai Heisenberg
nad oedd ffiseg cwantwm o'i gymhwyso ar gyfer ymgorffori pelydria-
dau electromagnetig yn ddilys pan fo gan ronynnau egni uchel iawn.
Gwrthwynebai Oppenheimer haeriad Heisenberg gan ymosod yn chwyrn
arno yn y symposiwm. Y canlyniad fu i'r 'drafodaeth' ddod i ben â'r ddau
yn gweiddi ar ei gilydd. Pwy ddadleua nad yw ffisegwyr yn greaduriaid
angerddol? Ni ellir llai na sylwi ar eironi'r cweryl o gofio y byddai'r ddau
– Oppenheimer a Heisenberg – ymhen y rhawg yn arwain ymdrechion
eu gwledydd i ddatblygu egni niwclear ar gyfer dibenion rhyfel.

Yn ogystal â'i ymweliad â Chicago, cafodd Williams wahoddiad i
ddarlithio yn ysgol haf flynyddol Prifysgol Michigan. Canolbwyntiai'r
cyfarfodydd hyn ar ffiseg ddamcaniaethol ac roeddent yn enwog fel
cyrchfan damcaniaethwyr adnabyddus o bob cwr o'r byd. Felly yr oedd
y gwahoddiad yn gryn glod iddo. Ymysg ei gyd-ddarlithwyr yr oedd ei
gyfaill o ddyddiau Copenhagen, sef John Wheeler, a Fermi, yr Eidalwr
y cyferiwyd ato eisoes yn y bennod hon ac ym mhennod 4. Wedi rhai
blynyddoedd yn athro ym Mhrifysgol Rhufain yr oedd Fermi, erbyn hyn,
wedi ymfudo i'r Unol Daleithiau oherwydd deddfau hiliol ei wlad ened-
igol. Ond eisoes, cyn iddo adael yr Eidal, yr oedd wedi derbyn gwobr
Nobel am ei ymchwiliadau ym maes ffiseg niwclear. Canlyniad nodedig
arall a oedd yn deillio o waith Fermi yn Rhufain ar ddadfaeliad-β, y
cyfeiriwyd ato ar ddechrau'r bennod hon, oedd arddangos bodolaeth
grym niwclear newydd sef y 'grym niwclear gwan', a hynny ychydig cyn
rhagfynegiad y 'grym niwclear cryf' gan Yukawa. Pan ddaeth y rhyfel
ymunodd Fermi â phrosiect y bom atomig, fel llawer ffisegydd arall, ac
ef oedd y cyntaf i adeiladu adweithyddd niwclear.

Â'i ddarlithiau yn ymestyn dros rai wythnosau, cafodd Williams ddigon o gyfle i drafod a chymdeithasu â ffisegwyr blaengar eraill. Yn ogystal, ag yntau ond yn cyflwyno dwy ddarlith yr wythnos, doedd dim rhaid iddo aros ym Mhrifysgol Michigan gydol y cyfnod. Felly, treuliodd beth amser yn Berkeley, ger San Francisco, un o sefydliadau Prifysgol Califfornia, a darlithio yno. Pennaeth labordy pelydriadau Berkeley oedd Ernest Lawrence, y gŵr a adeiladodd y cylchotron cyntaf ac a enillodd wobr Nobel am ei orchest. O gofio bod peiriant cyffelyb i'w adeiladu yn Lerpwl, mae'n hynod debygol i Williams drafod y cynllun gyda Lawrence a'i gydweithwyr. Un arall o academyddion Berkeley oedd Oppenheimer, arweinydd grŵp ffiseg ddamcaniaethol y brifysgol, y grŵp damcaniaethol a ystyrid y mwyaf blaengar yn yr Unol Daleithiau. Â'r ddau â diddordeb ym mhelydrau cosmig a'r meson yn benodol, byddai Williams, mae'n siwr, wedi achub ar y cyfle i gwrdd ag yntau hefyd ac, efallai, i roi darlith i'r grŵp. Prifysgol arall yn Califfornia a fyddai o gryn ddiddordeb i Williams oedd Athrofa Dechnolegol Califfornia (Caltech) yn Pasadena, ger Los Angeles, oherwydd yno yr oedd Anderson a Neddermeyer, y ffisegwyr a ddarganfu y meson, yn gweithio. Fodd bynnag, nid oes tystiolaeth fod Williams wedi cwrdd â hwy.

Serch budd ei deithiau yn yr Unol Daleithiau, mae'n siwr taw yr hyn a roddodd fwyaf o bleser i Williams y flwyddyn honno oedd cael ei ethol, ar ddechrau'r flwyddyn, yn Gymrawd o'r Gymdeithas Frenhinol. Ei gyfraniad nodedig a dysgedig ym maes mudiant gronynnau trydanol drwy fater oedd sail yr enwebiad, gyda Chadwick yn cynnig ei enw a Ralph Fowler yn eilio. Ymhlith y rhai a oedd yn cefnogi ei enwebiad yr oedd Blackett, Bragg, Dirac a Wilson (sef Charles Thomson Rees Wilson). Dyma gadarnhad, os oedd angen, o'i statws ymhlith goreuon gwyddonwyr Prydain a thu hwnt.

Diddorol nodi nad ef yw'r unig gymrawd sy'n gysylltiedig â Llanwenog. Un arall oedd yr ysgolhaig a'r cyfieithydd Moses Williams yr estynnwyd bywioliaeth y plwy iddo ym 1715, swydd y bu ynddi am ryw flwyddyn. Cyn hynny bu'n gynorthwywr i Edward Lluyd yn llyfrgell Amgueddfa Ashmole, Rhydychen ac yna ar staff Llyfrgell Bodley. Cafodd ei ethol yn Gymrawd ym 1719.

Cornelu'r Meson

I bob pwrpas, dilyn patrwm ei ymchwiliadau yn Lerpwl wnaeth Williams wedi dod i Aberystwyth. Yn ystod y misoedd cyntaf cyhoeddodd waith a oedd eisoes wedi ei gwblhau, fwy neu lai, cyn cyrraedd. Astudio dadfeiliad niwclysau oedd testun un, pwnc drafodwyd mewn papur byr o'i eiddo rhyw flwyddyn ynghynt. Y tro yma, gŵr o'r enw Harold Walke oedd y prif awdur, ffisegydd a oedd eisoes â phrofiad yn y maes. Sais oedd Walke a bu'n defnyddio cyflymydd cylchotron Lawrence yn yr Unol Daleithiau (gweler uchod) cyn dod i Lerpwl, gydag ysgoloriaeth Arddangosfa Frenhinol 1851, i helpu Chadwick gyda'r dasg o adeiladu peiriant cyffelyb. Yn drist iawn, ychydig dros flwyddyn wedi i Williams adael Lerpwl cafodd Walke ei drydaneiddio tra'n gweithio ar y cylchotron a bu farw; colled bersonol a phroffesiynol fawr i Chadwick.

Ym 1939 cyhoeddodd Williams ei astudiaeth ddamcaniaethol olaf. Gwasgariad lluosol (*multiple*) pelydrau cosmig gan niwclysau oedd y testun. Tra bod modd cael disgrifiad cywir o'r hyn sy'n digwydd mewn un gwrthdrawiad, nid felly pan fo gwrthdrawiadau neu wasgariadau lluosol lle ceir cyfres o wrthdrawiadau yn syth ar ôl ei gilydd. I ateb hyn, datblygodd Williams ddull ystadegol a llwyddo, drwy ddadansoddiad manwl, i gael atebion. Yr oedd Blackett a'i gydweithiwr eisoes wedi cynnal arbrofion a gellid cymharu eu canlyniadau â'r atebion damcaniaethol. Dangosodd Williams bod cytundeb da rhwng ei ganlyniadau damcaniaethol a'r mesuriadau arbrofol a chyhoeddodd ei ganlyniadau yn y *Proceedings of the Royal Society*. Cyhoeddodd ail bapur ar y testun rhai misoedd yn ddiweddarach yn y *Physical Review* a hynny yn dilyn ei daith yn yr Unol Daleithiau, pan gafodd y cyfle i drafod ei waith ymhellach gyda gwyddonwyr eraill a oedd yn flaenllaw yn y maes. Ynddo defnyddiodd ei ddull ystadegol i ymestyn ei ddatrysiadau i gynnwys gwahanol ronynnau a'u cymharu â chanlyniadau arbrofion.

Bu dadansoddiad Williams yn dra dylanwadol a gelwir dwy hafaliad a oedd yn deillio o'i waith yn 'hafaliadau Williams'. Cyfeiriwyd ato yn aml yng nghyswllt yr ymdrech i ddatrys rhai o'r anawsterau oedd yn ymddangos wrth geisio cysoni canlyniadau arbrofion â gronyn Yukawa, anawsterau y cyfeirir atynt ar ddiwedd y bennod hon. Yn ogystal roedd y dadansoddiad yn berthnasol mewn sawl maes arall sy'n ymwneud â gwasgariad gronynnau. Nid yw'n syndod, felly, bod y papur yn dal i gael ei ddyfynnu.

Wrth ddatblygu ei ddadansoddiad, roedd angen i Williams ymgorffori'r ffaith bod effaith drydanol niwclews atom yn cael ei 'gys-godi' neu ei guddio i raddau gan electronau'r atom. Felly defnyddiodd ganlyniadau damcaniaeth ystadegol a ddatblygwyd i gyfrifo dylanwad 'cysgodol' yr electronau. Model Thomas-Fermi yw'r enw a roddwyd i'r ddamcaniaeth; cydnabyddiaeth i'r ddau a ddatblygodd y model. Cyfeiriwyd at Fermi uchod; ef fu'n darlithio gyda Williams yn yr ysgol haf ym Mhrifysgol Michigan. Llewellyn Hilleth Thomas oedd y person arall. Soniwyd amdano ym mhennod 4. Datblygodd y model ym 1925–6, ar wahân i Fermi, tra yn yr Institut yn Copenhagen. Fel y soniwyd, yn yr un flwyddyn, tra yn yr Institut, cyflwynodd y datrysiad *factor of two* yn cysoni canlyniadau astudiaethau arbrofol ar linellau sbectrol â'r hyn a ddisgwylid yn ddamcaniaethol yng nghyswllt priodwedd 'sbin' yr electron. Dyma ddau ddarn o waith arloesol gan y Llundeiniwr o dras Cymreig ag yntau ond yn ddwy ar hugain mlwydd oed.

Yn ddiweddarach yn yr un flwyddyn cyhoeddodd Williams bapur arall yn y *Proceedings* yn disgrifio'r siambr cwmwl fawr a adeiladodd yn Lerpwl ac yn rhoi adroddiad ynghylch rhai o'r arbrofion lle'i defnyddi-wyd. Ymhlith y rhain, trafododd y dystiolaeth a gasglwyd ynghylch bodolaeth y meson, gwaith a oedd, wrth gwrs, yn flaenoriaeth bwysig iddo yn Aberystwyth.

Trosglwyddwyd y siambr cwmwl fawr i Aberystwyth lle'r ymu-nodd â siambr cwmwl arall a adeiladodd Williams yno. Un oedd hon y gellid ei gweithredu dan bwysedd uchel. Rhagoriaeth y ddwy oedd bod effeithlonedd siambr cwmwl yn gwella po fwyaf ei maint neu po uchaf pwysau y nwy o'i mewn. (Cadarnhaodd Williams hyn trwy ddatrysiad damcaniaethol mewn cyhoeddiad yng nghylchgrawn mathemategol Cymdeithas Athronyddol Caergrawnt.)

Talodd yr ymdrech i'w hadeiladu ar ei ganfed, oherwydd ddiwedd 1939 llwyddwyd i gofnodi meson yn dod i ben ei thaith ac electron yn

ymddangos yn dilyn ei dadfeiliad. Mewn gwirionedd electron bositif
– electron â gwefr bositif – a welwyd, sef positron. Dyma'r dystiolaeth
gyntaf o ddigwyddiad o'r fath. Rhaid pwysleisio pwysigrwydd y dar-
ganfyddiad, oherwydd roedd Yukawa wedi rhagfynegi taw dyma sut
y byddai y gronyn damcaniaethol o'i eiddo yn dadfeilio. Felly yr oedd
darganfyddiad Williams yn ymddangos fel tystiolaeth bellach taw'r
meson oedd y gronyn hwnnw. Yn sicr, dyma goron ar lafur Williams
a'i gydweithwyr a'u rhoi ar flaen y gad ymysg y rhai a oedd yn gwthio'r
llen yn ôl ar ddirgelion sylfaenol natur. Trwy hynny yr oedd yn gosod
Aberystwyth, o safbwynt ffiseg, ar y map rhyngwladol.

Mae hanes yr arbrawf tyngedfennol a ddangosodd ddadfeiliad y
meson yn enghraifft o sut y gall hap fod yn allweddol o ran llwyddi-
ant neu fethiant arbrawf. Mae'n debyg bod y myfyriwr a oedd yn
gweithredu'r siambr cwmwl wedi bod wrthi am amser yn tynnu llu-
niau ac wedi sicrhau tua chwe deg llun heb fod yr un ohonynt yn
arddangos canlyniad diddorol. Penderfynodd fynd i'r sinema ond cyn
mynd trodd y myfyriwr yn ôl i gymryd un llun arall. A dyna lle'r oedd
y trac hanesyddol!

Roedd yr ymchwiliadau hyn yn dystiolaeth o fedrusrwydd Williams
fel arbrofwr. Serch hynny nid oedd ei afael yn sicr bob amser. Cofia
George Evans un achlysur pan roddodd un o'r ymchwilwyr blât ffoto-
graffig i Williams a oedd yn arddangos digwyddiad arwyddocaol. Yn
anffodus, wrth gydio yn y plât, rhoddodd Williams ei fysedd ar y man
tyngedfennol a gadael ôl bys arno. Wrth lwc llwyddodd technegydd i
adfer y sefyllfa ond pan ailgydiodd Williams yn y plât gwnaeth yr un
peth eto. Ei frwdfrydedd yn mynd yn drech nag ef, mae'n siwr.

Ymddangosodd dau gyhoeddiad ym 1940 yn cofnodi'r dargan-
fyddiad. Fodd bynnag, erbyn hynny yr oedd Williams, fel llawer iawn
o'i gyd-ffisegwyr, wedi dod yn rhan o weithgaredd gwyddonol y wlad-
wriaeth yn sgil cychwyn yr Ail Ryfel Byd. Y papurau ar ddadfeiliad y
meson oedd yr olaf i Williams gyhoeddi, heblaw am un cyhoeddiad y
sonir amdano ym mhennod 7.

Yn naturiol, trawsnewidiwyd bywyd yr adran gan y rhyfel. Galwyd
rhai aelodau o'r staff, gan gynnwys Williams, i gynorthwyo'r lluoedd
arfog. Gadawyd y gweddill i ysgwyddo dyletswyddau adran yn ogystal

â chynorthwyo yn y dasg o roi lloches i fyfyrwyr o Goleg y Brifysgol Llundain a oedd, gyda'u darlithwyr, wedi eu hadleoli i Aberystwyth. Yna bu'n rhaid i'r adran, mewn ymateb i alwadau'r llywodraeth, gynnal cyrsiau hyfforddiant uwch-dechnegol, gan gynnwys cyrsiau ym meysydd radio, radar ac electroneg. Felly, i bob pwrpas, bu'n rhaid rhoi rhaglen ymchwil yr adran o'r neilltu. O ganlyniad cynorthwyo'r lluoedd arfog a fyddai yn mynd â sylw Williams bellach.

Ond parhau wnaeth helfa'r meson.

Er bod y dystiolaeth wreiddiol yn gadarnhaol, dechreuodd amheuon gyniwair ynghylch yr haeriad taw yr un oedd y gronyn a ddarganfuwyd yn y pelydrau cosmig â gronyn damcaniaethol Yukawa. Roedd nifer o ffactorau yn arwain at amheuaeth. Er enghraifft, canfuwyd bod oes meson y pelydrau cosmig yn hwy na'r hyn a ddisgwylid ar sail damcaniaeth Yukawa. Yn ogystal, gwan iawn oedd rhyngweithiad y mesonau hyn â niwclysau, canfyddiad a oedd yn amlwg o gofio eu gallu i dreiddio drwy atmosffer y ddaear. Anodd iawn oedd cysoni'r anawsterau hyn â gronyn a oedd yn cludo'r grym cryf. Yn y diwedd, cadarnhawyd yr amheuon pan lwyddodd Cecil Powell, Prifysgol Bryste, i ddarganfod gronyn Yukawa mewn pelydrau cosmig ym 1947.

Rhai blynyddoedd ynghynt sylweddolwyd bod gronynnau elfennol yn gadael eu hôl pan yn teithio drwy blât ffotograffig a bod modd arddangos y llwybrau drwy ddatblygu'r plât. Dyma'r dechneg a ddefnyddiodd Powell. Dichon bod symlrwydd y dechneg wedi llywio ei ddewis, o gofio bod yn rhaid cynnal yr arbrofion ar dir uchel neu mewn balwnau gan taw ychydig o obaith oedd dod ar draws gronyn Yukawa ar lefel y môr. Cyhoeddodd Powell a'i gydweithwyr y canlyniadau yn gynnar ym 1947. Roedd y darganfyddiad hwn ynghyd â'r ymchwil a ddaeth i'w ganlyn yn ddigon i sicrhau gwobr Nobel iddo.

Yn sgîl y darganfyddiad bedyddiwyd gronyn Yukawa yn π-meson neu pion, ac ailenwyd y meson a welodd Williams yn μ-meson neu muon. I ffisegwyr, roedd bodolaeth y muon yn dipyn o ddirgelwch gan nad oedd yn eglur sut yr oedd yn ffitio i gorlan y gronynnau. Daeth yn amlwg yn y man ei fod yn perthyn i ail genhedlaeth o ronynnau elfennol, maes a fyddai yn hoelio sylw ffisegwyr yn y blynyddoedd canlynol. Ond stori arall yw honno.

Adroddir bod un o fyfyrwyr Williams a fu wrthi'n tynnu rhai miloedd o luniau siambr cwmwl dros gyfnod o amser wedi llwyddo cael trac y gellid ei briodoli i'r pion. Pe bai wedi cadarnhau hyn yna byddid wedi darganfod y pion rhai blynyddoedd cyn Powell. Yn anffodus, 'un wennol ni wna wanwyn'.

6

HELGWN Y WEILGI

Cysgodion y Tridegau

Un o nodweddion yr Ail Ryfel Byd oedd y modd y daeth gwyddon-wyr yn rhan o'r ymgyrch filwrol. Yn wir, ar un wedd gellir cyfeirio at y gyflafan fel rhyfel wyddonol. Yr oedd ymwybyddiaeth o'r hyn y gallai gwyddoniaeth gyfrannu yn bodoli cyn i'r rhyfel gychwyn ac ym Mhrydain roedd nifer o wyddonwyr, gan gynnwys Patrick Blackett, yn awyddus i'r llywodraeth ddefnyddio eu harbenigedd fel rhan o'r ymgyrch filwrol. Cefnogodd y Gymdeithas Frenhinol y syniad o sefydlu rhestr ganolog o unigolion a allai wneud cyfraniad, a derbyniwyd hyn gan y llywodraeth. Cofrestrwyd rhyw 7000 o wyddonwyr – y *boffins* fel y daethpwyd i'w hadnabod wedyn – ac yn eu plith dros fil o ffisegwyr. Y canlyniad fu i yrfa llawer ohonynt newid yn sylweddol am gyfnod.

Ond ymhell cyn yr Ail Ryfel Byd wynebodd llawer o ffisegwyr yr Almaen newid o fath gwahanol a thra argyfyngol, oherwydd ym 1933 daeth y Natsïaid i rym. Cyfeiriwyd ym mhennod 4 at Hans Bethe, y gŵr a gymerodd le Williams tra yn Copenhagen. Yn aelod o staff Prifysgol Tübingen, collodd ei swydd oherwydd ei fod o dras Iddewig. Penderfynu peidio â mynd yn ôl i'r Almaen wnaeth ei gyfaill Rudolf Peierls, yntau hefyd o dras Iddewig, ar ôl ennill ysgoloriaeth Sefydliad Rockefeller a'i galluogodd i ddod i Brydain i astudio.

Nid oedd Bethe a Peierls yn eithriadau. Yn hytrach, roeddent ymh-lith cannoedd o academyddion o'r Almaen a gwledydd canol Ewrop, y rhan fwyaf yn Iddewon, a orfodwyd i adael eu gwlad oherwydd twf Natsïaeth. Yn eu plith roedd llawer iawn o wyddonwyr. Albert Einstein,

mae'n siwr, oedd yr enwocaf, gan adael yr Almaen ym 1933. Dyna hefyd
y flwyddyn y gadawodd Erwin Schrödinger yr Almaen, nid oherwydd
unrhyw gysylltiadau Iddewig ond oherwydd ei fod yn gwrthwynebu
Natsïaeth. Ymysg eraill a orfodwyd i adael oherwydd eu tras Iddewig
oedd Otto Frisch a Max Born. Aros fu hanes modryb Frisch, Lise
Meitner, ond bu rhaid iddi hithau adael ym 1938 a hynny ar frys, yn
ddirgel a heb ganiatâd. Y rheswm oedd ei bod ar fin colli ei swydd a
hynny yn codi cwestiynau ynghylch ei diogelwch personol. Gadael hefyd
wnaeth Wolfgang Pauli a mynd i'r Unol Daleithiau ym 1940. Er ei fod
yn gweithio yn Zurich, sylweddolodd bod ei ddinasyddiaeth Almaenig
a'i gefndir Iddewig yn ei roi yntau mewn perygl. Amcangyfrifir i'r
Almaen golli un ar ddeg o enillwyr gwobrau gwyddonol Nobel oher-
wydd gorthrwm y wladwriaeth a thrwy hynny gwanychwyd bywyd
academaidd y wlad.

Ond nid pawb a adawodd yr Almaen. Yr oedd rhai ffisegwyr,
Philipp Lenard a Pascual Jordan yn eu plith, yn frwd dros Natsïaeth.
Mae'n debyg bod llawer o'r gweddill, heb fygythiad yn deillio o'u tras
na'u daliadau gwleidyddol, am barhau gyda'u gwaith yn eu gwlad eu
hunain. Yn achos Max Planck, ag yntau'n hen, roedd ei deyrngarwch
i'r Almaen yn ddigon i'w gadw yno. Fodd bynnag, er nad yn Natsïaid o
ran cred, ymunodd Werner Heisenberg a Carl von Weizsäcker â rhaglen
arfau atomig yr Almaen, gyda Heisenberg yn arweinydd. Nid yw'n syn-
dod bod gyrfa Heisenberg yn ystod yr Ail Ryfel Byd yn dal yn destun
trafod a dadlau.

Ymysg y rhai a fu'n flaenllaw yn rhoi cymorth a lloches i wyddon-
wyr yr oedd Ernest Rutherford a Niels Bohr. Ym 1933, sefydlwyd corff
ym Mhrydain – y Cyngor Cymorth Academaidd – â Rutherford yn
llywydd, gyda'r dasg o roi cymorth i academyddion a oedd yn dioddef
erledigaeth drwy sicrhau lloches, ynghyd â chymorth ariannol, mewn
prifysgol. Yn naturiol, roedd angen cael tystiolaeth ynghylch addasr-
wydd pob cais am gymorth ac fel gwyddonydd adnabyddus bu Williams
yn rhan o'r broses hon.

Yn Denmarc sefydlwyd corff tebyg â Bohr yn aelod blaenllaw
ohono, a thrwy ei gysylltiadau â Sefydliad Rockefeller gallodd roi car-
tref dros dro yn yr Institut. Llwyddodd nifer o ffisegwyr, a ddeuai wedyn

yn enwog yn eu maes, i fantesio ar y cyfle. Ceir blas o bwysigrwydd yr Institut yn y cyswllt hwn gan dystiolaeth llygad dyst a oedd yno yn ystod haf 1933, ychydig cyn i Williams gyrraedd, bod presenoldeb ceiswyr lloches o'r Almaen yn amlwg iawn. Nododd Williams ei hun, mewn llythyr at ei rieni, bod dau Almaenwr, y ddau yn Iddewon, wedi dod i'r Institut: 'Dau o'r rhai blaena oedd yno, a dau ddyn mwynaidd iawn. Wyf yn lwcus iawn fy mod i yma i gwrdda bobol fel hyn'.

Trodd rhai o gyd-wyddonwyr Williams, ac yn arbennig James Chadwick, at y posibilrwydd o greu bom atomig gan ddod yn rhan o'r trafodaethau a fyddai'n arwain at ymgyrch Prydain yn y maes. Bu Williams ei hun yn llythyra gyda Chadwick, gan ofyn am ei arweiniad ynghylch yr hyn y dylai ef wneud. Cyngor Chadwick oedd taw gwell fyddai iddo aros nes deuai cyfarwyddyd oddi wrth swyddogion cofrestr y llywodraeth (y cyfeiriwyd ati uchod), gan ychwanegu na ellid adleoli pawb yn syth. Ychwanegodd hefyd ei bod yn bwysig bod rhai acade-myddion yn parhau i hyfforddi a chynnal eu hymchwil. Yn y diwedd, troi i gyfeiriad arall wnaeth Williams. Bu Blackett ers peth amser yn rhan o drafodaethau'r llywodraeth ynghylch defnyddio arbenigedd gwyddonol i weddnewid y modd y sicrheid amddiffynfeydd Prydain rhag ymosodiad. Ar gychwyn y rhyfel cafodd Blackett ei benodi'n swyddog gwyddonol yn y Sefydliad Awyrennau Brenhinol (Royal Aircraft Establishment) yn Farnborough ac, ar gais Blackett, cafodd Williams wahoddiad ddiwedd 1939 i ymuno â'r sefydliad hwnnw. Canlyniad hyn oedd iddo ddod yn rhan o'r ymgyrch i wrthsefyll bygythiad llongau tanfor yr Almaen – yr U-fadau – ac fel y ceir gweld dyma fu ffocws ei ymdrechion gydol y rhyfel. Cyn troi at hynny, fodd bynnag, mae'n fuddiol amlinellu dat-blygiad y llongau hyn a'r modd y daethant yn rhan bwysig o'r brwydro yn ystod yr Ail Ryfel Byd.

Dechreuadau

Yn yr ugeinfed ganrif, i bob pwrpas, y daeth y llong danfor yn arf effeithiol ar gyfer dibenion rhyfel; heliwr a allai grwydro'r cefnfor yn llechwraidd gan daro ei brae yn ddi-rybudd ag ergyd farwol. Am fly-nyddoedd cyn hynny cyflwynodd dyfeiswyr lu o syniadau, rhai hollol wallgof, ond heb lwyddiant. Yn fwy aml na heb, canlyniad unrhyw arbrawf fyddai i'r llong suddo'n ddireolaeth gan ladd yr unigolion anffodus o'i mewn. Fodd bynnag, â'r bedwaredd ganrif ar bymtheg yn dirwyn i ben llwyddodd Gwyddel o'r enw John Holland, a oedd wedi ymfudo i'r Unol Daleithiau, i ddatblygu cynllun a alluogai i long symud dan y dŵr heb yr afreoleidd-dra a oedd wedi gorchfygu ei rhagflaenwyr. Sicrhaodd arian ar gyfer adeiladu'r llong oddi wrth gorff cudd o'r enw Clan na Gael, sef criw o Wyddelod Americanaidd a'u bryd ar daro Prydain fel rhan o'r ymdrech i sicrhau annibyniaeth i'r Iwerddon. Tybient y gallai llong danfor fod o fudd yn yr ymdrech ac felly ym 1878 lansiwyd model yr *Holland No 1*. (Cafodd ei hailenwi yn *Fenian Ram* gan newyddiadurwr a oedd yn amlwg yn tybio nad oedd Holland yn enw digon bachog.)

Yn anffodus i Holland, daeth terfyn ar yr arbrofi oherwydd cwerylodd aelodau Clan na Gael ymysg ei gilydd a daeth y cymorth ariannol i ben. Ymhen y rhawg, fodd bynnag, dechreuodd llynges yr Unol Daleithiau gymryd diddordeb yn y cynllun ac ym 1900 adeiladwyd llong danfor gyntaf y llynges ar sail cynllun Holland. Ychydig flynyddoedd ynghynt datblygwyd y torpido. Dyfais oedd hwn, â'i yrriant ei hun, a oedd wedi ei greu ar gyfer llongau rhyfel. O'i lansio o gwch, gallai gadw at gyfeiriad penodedig ac yna ffrwydro pan yn taro prae. Drwy gyplysu'r llong danfor â'r torpido llwyddwyd i greu erfyn rhyfel newydd hynod ddinistriol. Mewn ychydig flynyddoedd roedd llongau cyffelyb wedi eu mabwysiadu gan Brydain a nifer o wledydd Ewropeaidd eraill.

Ar y cyfan, cyfyng oedd gweledigaeth llyngesau o'r defnydd y gellid ei wneud o fadau tanfor; y farn oedd nad oedd iddynt ond rôl gefnogol fel rhan o gynllun amddiffyn arfordirol. Yn sicr ni ragwelid y gallent gipio llongau masnach. Roedd deddfau rhyngwladol rhyfel ar y môr yn gosod canllawiau pendant ynghylch goblygiadau cipio llong fasnachol a oedd yn perthyn i'r gelyn. Er enghraifft, rhaid oedd tywys y llong i borthladd a chymryd y criw, ac unrhyw deithwyr, oddi ar ei bwrdd. Prin y gellid disgwyl i long danfor allu gwneud hyn.

Fodd bynnag, yn ystod misoedd cyntaf y Rhyfel Byd Cyntaf llwyddodd badau tanfor yr Almaen (fe'u gelwid yn U-fadau gan yr

Almaenwyr) i suddo nifer o longau rhyfel y llynges Brydeinig oddi ar arfordir Prydain. Y canlyniad fu newid meddylfryd uchel-swyddogion y llynges Almaenig ynghylch potensial y badau fel erfyn ymosodol pell eu cyrhaeddiad. Yna ym mis Tachwedd 1915 sefydlodd Prydain warchae ar draws Môr y Gogledd a oedd yn gwahardd mynediad i'r holl longau masnach, gan gynnwys llongau niwtral, a allai fod yn cario nwyddau yn uniongyrchol, neu'n anuniongyrchol drwy borthladdoedd yng ngwledydd eraill Môr y Gogledd, i'r Almaen. O safbwynt yr Almaen, roedd y cam hwn yn golygu bod Prydain wedi torri gofynion deddfau rhyfel ar gyfer sefydlu gwarchae ac felly yn cyfiawnhau ymosodiadau gan U-fadau ar longau yn y dyfroedd o gwmpas Prydain. Dyma felly sefydlu dull rhyfela newydd. Dros gyfnod o dri mis ym 1915 suddodd U-fadau yr Almaen chwarter miliwn tunnell o longau, gan gynnwys llong deithwyr Cunard, y *Lusitania*, pan gollodd ymron i 1,200 o bobl eu bywydau. Brawychwyd y byd gan dranc y *Lusitania* a bu protestio chwyrn. Yn sgîl hyn a'r posibilrwydd y gallai'r cyrchoedd orfodi'r Unol Daleithiau i fynd i ryfel yn erbyn yr Almaen rhoddwyd terfyn ar yr ymosodiadau, ond nid cyn i ddwy long deithwyr arall, yr *Arabic* a'r *Hesperian*, gael eu suddo.

Serch hynny, roedd penaethiaid llynges yr Almaen, megis cŵn defaid wedi profi gwaed, yn awr yn ymwybodol o botensial yr U-fad. Ar ddechrau 1917, pan nad oedd diwedd i'w weld i'r rhyfel a'r wlad yn dioddef fwyfwy o newyn oherwydd gwarchae Prydain, rhoddwyd gorchymyn gan Kaiser Wilhelm i ailgychwyn ymosodiadau'r U-fadau a hynny heb unrhyw gyfyngiadau. Roedd y canlyniadau yn frawychus. Suddwyd dros hanner miliwn tunnell o longau y mis yn Chwefror a Mawrth 1917, ffigwr a oedd yn debyg o gynyddu i ryw 900,000 tunnell y mis.

Daeth gwaredigaeth pan benderfynwyd y dylai llongau masnach ffurfio confois a theithio gyda'i gilydd dan warchodaeth llongau rhyfel. Roedd y rhesymeg yn syml; gallai U-fad suddo dwy neu dair llong ond canran bychan fyddai hynny o gyfanswm y llongau yn y confoi. Profodd hyn yn gywir a llwyddwyd i ostwng y colledion yn sylweddol erbyn haf 1918. Serch hynny, fel y ceir gweld yn nes ymlaen yn y bennod, llwyddodd yr Almaen i droi'r rhesymeg hon ar ei phen yn ystod yr Ail Ryfel Byd.

Yn y cyfamser dirywiodd sefyllfa yr Almaen yn ddirfawr ac erbyn diwedd 1918 roedd y rhyfel wedi dod i ben dan amgylchiadau darostyngol i'w lluoedd arfog – amgylchiadau a arweiniodd at awydd i adennill hunan-barch ac unioni'r cam. O ganlyniad, ymddengys taw'r nod wedi i'r rhyfel ddod i ben oedd osgoi telerau milwrol Cytundeb Versailles ac ailadeiladu byddin a llynges yr Almaen yn ddiymdroi. Dyma amcan a oedd, mae'n debyg, yn ennill cefnogaeth gref trwch y boblogaeth.

Nid oedd yr U-fadau yn eithriad yn hyn o beth. Ym 1922 sefydlodd tair o iardiau llongau yr Almaen gwmni adeiladu llongau yn yr Iseldiroedd. Yn ymddangosiadol ddiniwed, pwrpas y cwmni mewn gwirionedd oedd cychwyn adeiladu U-fadau ar sail cynlluniau a baratowyd yn yr Almaen. Digwyddodd yr un peth mewn nifer o wledydd eraill, gan roi yr argraff taw llongau tanfor ar gyfer llyngesau y gwledydd hynny oedd yn cael eu hadeiladu, ond roedd ymrwymiad technolegol yr Almaen yn ganolog i'r gwaith. Yn yr un modd trefnwyd hyfforddiant i swyddogion llynges yr Almaen ar gyfer hwylio U-fadau.

Paratoadau

Gyda threigl amser daethpwyd i gydnabod realaeth bwriadau ailarfogi yr Almaen ac, mewn cytundeb rhyngddi a Phrydain ym 1935 ar faentioli llyngesau'r ddwy wlad, datganwyd y byddai'r Almaen yn cael adeiladu U-fadau hyd at 45 y cant o gryfder Prydain ond y gallai'r canran hwn godi i 100 y cant lle bo amgylchiadau yn gwarantu hynny. Yn syth, aed ati i gomisiynu U-fadau a oedd yn 'swyddogol' Almaenig ac yn hwylio dan faner y swastika. Y flwyddyn wedyn penodwyd Karl Dönitz (y gŵr a ddaeth yn reich-ganghellor yn nyddiau olaf yr Ail Ryfel Byd wedi hunanladdiad Hitler) yn gadlywydd llu U-fadau'r wlad.

Er yr ailarfogi, nid oedd llynges Prydain yn ystyried U-fadau'r Almaen yn fygythiad gwirioneddol. Wedi'r cwbl roedd profiad y Rhyfel Byd Cyntaf wedi dangos bod trefnu i longau masnach hwylio mewn confois yn llwyddiant. Yn ogystal, roedd techneg newydd o'r enw *asdic* (neu *sonar*) a oedd yn defnddio tonnau sain wedi ei ddatblygu ar gyfer 'synhwyro' bygythiadau dan y dŵr. Yn benodol, allyrrid pylsiau sain a mesurid yr amser gymerai yr eco a adlewyrchid o ryw wrthrych neu gilydd i gyrraedd yn ôl. Byddai'r cyfnod hwn wedyn yn cyfateb i bellter y gwrthrych. Dyma erfyn, nid anhebyg i radar, â photensial amlwg ar gyfer gwrthsefyll bygythiadau yr U-fadau. Bu Rutherford yn ymwneud â datblygu'r syniad ar ddiwedd y Rhyfel Byd Cyntaf a chyfrannodd Lawrence Bragg at wella'r dechnoleg yn ystod yr Ail Ryfel Byd.

Fel y gellid disgwyl, bu cryn ddatblygiad yng nghynllun a thechnoleg yr U-fadau ers y Rhyfel Byd Cyntaf. Yn ogystal, roedd yr Almaen wedi gwella effeithlonedd torpidos yn sylweddol drwy dawelu cynnwrf megis sŵn neu fwrlwm yn y dŵr wrth iddynt gael eu tanio. Ond a oedd modd osgoi'r *asdic* a goresgyn yr amddiffynfa a oedd yn deillio o deithio mewn confois? Daeth Dönitz a'i gyd swyddogion i'r casgliad bod modd gwneud drwy newid tactegau. Yn gyntaf, sylweddolwyd y gellid osgoi yr *asdic* pe bai'r U-fad ar wyneb y dŵr. Wrth gwrs, yn y dydd byddai'n hawdd ei gweld ond o ymosod yn y nos gellid dod yn ddigon agos i danio torpido heb i'r targed sylwi. Ond sut oedd creu difrod sylweddol pan fo llongau masnach wedi eu clystyru mewn un confoi, gan gofio na allai un U-fad ond tanio un neu ddau torpido cyn dianc? Yr ateb, meddai Dönitz, oedd clystyru'r U-fadau yn grwpiau ym Môr Iwerydd. Pan welai un U-fad gonfoi ar ei thaith byddai'n anfon neges radio at weddill y grŵp ac i'r pencadlys ac yna yn cysgodi'r confoi o hirbell tan ei bod yn nosi. Byddai'r pencadlys yn ei dro yn rhybuddio grwpiau eraill ac wedi iddi nosi byddent i gyd yn ymgasglu i ymosod ar y confoi. Oherwydd eu nifer roedd y difrod yn cael ei luosogi'n ddirfawr. Am resymau amlwg daethpwyd i'w hadnabod fel y cnudoedd (*wolf pack*) tanfor. Mae'n ddiddorol nodi bod Prydain yn defnyddio'r enw U-fad yn hytrach na'r term cyffredinol – llong danfor – yn fwriadol ar gyfer fflyd yr Almaen gan y tybid bod yr enw, o'i gyplysu â'r llysenw '*wolf pack*', yn rhoi arlliw sinistr iddynt.

I sicrhau llwyddiant, roedd un elfen arall yn angenrheidiol, sef dull cwbl ddiogel a dirgel ar gyfer trosglwyddo negeseuon radio. Roedd gan yr Almaen yr union system ar gyfer y gwaith, sef yr enwog Enigma. Ei hanfod oedd peiriant ag allweddell ar gyfer paratoi neges. O deipio allwedd, câi signal trydanol ei anfon drwy dair rotor wedi eu cysylltu'n drydanol i oleuo llythyren. Byddai'r rotorau yn troelli wedyn fel bod patrwm gwahanol yn bodoli ar gyfer yr allwedd nesaf i'w tharo, ac yn y blaen. Yn y modd hwn byddai'r peiriant wedi paratoi fersiwn cod o'r neges i'w hanfon drwy gyfrwng Cod Morse. O dderbyn y neges byddai'r swyddog yn yr U-fad yn ei fewn-deipio i beiriant Enigma y bad a'i throsi i'r neges wreiddiol. Anodd iawn oedd torri'r cod oherwydd anferthedd nifer y posibiliadau. I wneud pethau'n anos, roedd y llynges Almaenig wedi ychwanegu haenen ddiogelwch arall. Bu datrys cod yr Enigma yn ymdrech arwrol ac fel y ceir gweld bu'n gyfraniad allweddol tuag at droi'r drol ar yr U-fadau.

Yng nghyswllt yr ymgyrch i feistroli Enigma mae enw Alan Turing yn dra adnabyddus. Mathemategydd arall a fu'n rhan o'r ymgyrch oedd David Rees, Cymro o'r Fenni. Wedi ennill gradd gyntaf, cychwynnodd ar ei PhD ym Mhrifysgol Caergrawnt ac fe'i recritiwyd yn aelod o'r tîm a oedd yn ceisio datrys cyfrinachau Enigma ym Mharc Bletchley. Wedi'r rhyfel bu'n darlithio ym mhrifysgolion Manceinion a Chaergrawnt cyn cael ei apwyntio yn athro ym Mhrifysgol Caerwysg, lle y bu tan ei ymddeoliad. Gwnaeth gyfraniad pwysig yn ei ddewis bwnc, algebra cymudol (*commutative algebra*), gyda nifer o gysyni-adau mathemategol wedi eu henwi ar ei ôl. Cafodd hefyd ei ethol yn Gymrawd o'r Gymdeithas Frenhinol.

Tra taw datrys negeseuon llynges yr Almaen oedd cyfrifoldeb Turing, negeseuon y fyddin a'r llu awyr oedd yn hawlio sylw Rees a'i gyd-weithwyr. Fe'u lleolid mewn adeilad o'r enw Hut 6. Aelod arall o dîm Hut 6 oedd y Gymraes Mair Russell Jones. Wedi'r rhyfel, wnaeth hi ddim rhannu ei phrofiadau gyda'i theulu am ei gwaith ym Mletchley tan i'w mab, ar ddamwain, weld llun ohoni flynyddoedd wedyn mewn llyfr yn sôn am y ganolfan. Adroddir ei stori mewn llyfr a gyhoeddwyd ganddi hi a'i mab yn dwyn y teitl *My Secret Life in Hut 6*.

Ychydig ddyddiau wedi i Brydain ddatgan ei bod yn mynd i ryfel â'r Almaen daeth arwydd o'r hyn oedd i ddod, pan suddwyd llong deithwyr yr *Athenia* gan U-fad. Collodd rhyw gant o bobl eu bywydau ond achubwyd y rhan fwyaf o'r teithwyr gan longau cyfagos. Ymddengys i'r ymosodiad ddigwydd drwy gamgymeriad. Fodd bynnag, ddiwedd 1939 datganodd yr Almaen y byddai gan ei U-fadau yr hawl i ymosod ar bob llong estron yn ddi-wahân, beth bynnag fyddai'r canlyniad i forwyr a theithwyr – adlais o benderfyniad y Kaiser ychydig dros ugain mlynedd ynghynt.

Hwyluswyd cyrchoedd yr U-fadau pan oresgynwyd Ffrainc ym 1940, oherwydd daeth yn bosibl i leoli eu hangorfeydd ar arfordir gorllewinol Bae Biscay, rhyw 450 milltir yn nes i lonydd llongau'r Iwerydd. Yn sgîl hyn a gyda gwelliannau technegol a rheolaethol, suddwyd yn agos i filiwn tunnell o longau yn ystod tri mis rhwng Gorffennaf a Medi 1940. Mae'n debyg taw'r llwyddiant hwn a arweiniodd capteiniaid yr U-fadau i enwi'r cyfnod yn '*glückliche Zeit*', sef 'cyfnod ffodus' neu 'cyfnod llawen'.

Mae'n werth manylu ychydig ar y goblygiadau i wlad fel Prydain a oedd mor ddibynnol ar fewnforion. Er enghraifft, amcangyfrifwyd bod y wlad angen 35 miliwn tunnell o fewnforion y flwyddyn. Pe gostyngid hyn dan 31 miliwn tunnell byddai toriadau yn y cyflenwad bwyd yn anochel. Mewn gwirionedd, ym misoedd cyntaf 1941 roedd graddfa mewnforion wedi disgyn i 28 miliwn tunnell y flwyddyn. Cyfatebai cyrchoedd yr U-fadau i warchae – gwasgfa a oedd yn gyson fynd yn dynnach dynnach ar gorn gwddw Prydain, gyda chanlyniadau dinistriol oni ddeuai gwaredigaeth. Dyma fesur yr her a wynebai Williams a'i gydweithwyr.

I'r Gad

Cychwynnodd Williams ar ei yrfa yng ngwasanaeth y lluoedd arfog ar ddiwedd 1939 yn y Sefydliad Awyrennau Brenhinol yn Farnborough. Canolfan ymchwil oedd y Sefydliad, yn canolbwyntio ar waith datblygu ym maes awyrennau rhyfel ac ymunodd Williams â'r adran offer lle roedd Blackett eisoes yn gweithio'n rhan amser. I bob pwrpas swydd amser llawn oedd ganddo ac ni allai ond neilltuo rhyw dri neu bedwar dydd y mis gogyfer â chyfrifoldebau yr adran ffiseg yn Aberystwyth. Serch hynny, llwyddodd ar ddechrau 1940 i fynychu ac annerch un o gyfarfodydd y Gymdeithas Frenhinol, gan amlinellu canlyniadau ei arbrofion ar ddadfaeliad y meson. Roedd y cyfarfod yn un nodedig oherwydd presenoldeb nifer o wyddonwyr blaenllaw Ffrainc, dirprwy-aeth oedd ar ymweliad â Phrydain gyda'r bwriad o hybu cydweithrediad gwyddonol rhwng y ddwy wlad. (Yr oedd hyn cyn i'r Almaen oresgyn Ffrainc.)

Pennaeth yr adran offer oedd William John Richards, Cymro a gafodd ei eni yn Solfach. Ymunodd â'r Sefydliad wedi cyfnod yn dilyn gyrfa beirianyddol ar ôl graddio yn y pwnc ym Mhrifysgol Manceinion. Flynyddoedd wedyn cafodd ei benodi yn bennaeth y Sefydliad Ymchwil Radar (Radar Research Establishment) ym Malvern. Yn ŵr diymhongar yn ôl pob sôn, mae'n siwr iddo roi croeso i'w gyd-Gymro. Wrth gwrs, doedd y Sefydliad ddim yn gwbl ddieithr i Williams, gan taw yno yr oedd ei frawd David yn gweithio â chroeso teuluol yn ei aros ar yr aelwyd yn Farnborough.

Â'r Gymraeg yn iaith gyntaf i Richards a Williams, tystia Blackett taw yn yr iaith honno y sgyrsient fel arfer a hynny yn cynnwys trafodaethau technegol. Cofia Blackett achlysur pan gafodd un o swyddogion ffôn y Sefydliad gryn fraw o'u clywed yn sgwrsio dros y ffôn yn Gymraeg. Mae'n debyg i sgwrs ffôn, eto yn Gymraeg, rhwng Williams a'i frawd hefyd greu dychryn. Cofia ei nith, a oedd yn gweithio yn y Sefydliad, iddi gyfarfod Williams mewn coridor ag yntau yng nghwmni rhai o'r penaethiaid. O'i gweld torrodd ar draws y drafodaeth a throi i gynnal sgwrs yn Gymraeg gyda hi heb falio dim am ei gydweithwyr. Yn gyffredinol, medd Blackett, troi i'r Gymraeg wnâi Williams yng nghwmni ei gyd Gymry; yn wir credai Blackett ei fod yn fwy cartrefol yn ei famiaith.

Tasg Williams yn y Sefydliad oedd datblygu dyfais a allai ddarganfod maes magnetig llongau tanfor. Mantais seilio'r ddyfais ar fagneteg yn hytrach na radar dyweder yw'r ffaith nad yw dŵr yn newid natur y maes magnetig tra mae radar yn aneffeithiol dan ddŵr. Mewn amser byr, datblygodd brototeip o sensor i'w ddefnyddio o'r awyr. Yn y prawf cyntaf, gosododd Williams a Blackett y ddyfais mewn awyren, gan ofyn i'r peilot gofnodi a oedd yn gallu canfod y siediau metel yn Farnborough islaw. Dangoswyd bod y ddyfais yn gweithio mewn egwyddor. Fodd bynnag, roedd yna anfantais fawr, sef bod cryfder yr hyn a fesurid yn disgyn yn gyflym iawn gyda phellter. Felly byddai yn amhosibl darganfod gwrthrych metel megis llong danfor fwy na dau neu dri chan troedfedd i ffwrdd. Oherwydd hynny rhoddwyd terfyn ar yr arbrofion. Fodd bynnag, bu'r Unol Daleithiau, ar wahân, yn ymchwilio i'r posiblirwydd o ddefnyddio'r dechneg mewn ffordd wahanol. Y canlyniad oedd iddynt greu dyfais dan yr enw '*magnetic anomaly detector*' a ddaeth yn weithredol yn hwyrach yn y frwydr yn erbyn yr U-fadau.

Yn gynnar ym 1941 symudodd Blackett i'r Morlys (*Admiralty*) i swydd Pennaeth Ymchwil Gweithredol (*Operational Research*), adran newydd o fewn prif gangen forwrol yr Awyrlu, sef y Rheolaeth Arfordirol (Coastal Command; trosglwyddwyd rheolaeth weithredol y gwasanaeth i'r Morlys ar ddechrau'r rhyfel.) Northwood, swydd Middlesex, oedd lleoliad y pencadlys a dilynodd Williams ef yno. Wedi hyn trymhau wnaeth y pwysau gan ei gwneud hi'n fwyfwy anodd cynnal ymweliadau rheolaidd ag Aberystwyth, er iddo lwyddo i wneud hynny am beth amser ar gyfer dyletswyddau penodol megis cyfarfodydd y senedd, arholiadau ac ambell ddarlith. Felly, oherwydd ei absenoldeb, penodwyd un o ddarlithwyr yr adran, Ifor Ceredig Jones, yn bennaeth adran dros dro.

Ymchwil Gweithredol

Yn ôl yr *Oxford English Dictionary*, dull yw ymchwil gweithredol (YG) (*operational research (OR)*) sy'n seiliedig ar ddadansoddiad mathemategol ar gyfer cyflwyno sail feintiol (*quantitative*) i benderfyniadau rheolaethol. Erbyn heddiw mae yn wyddor gydnabyddedig. Fodd bynnag, nid felly roedd hi cyn yr Ail Ryfel Byd; yn wir, gellir dweud taw y rhyfel, fel yn achos sawl datblygiad gwyddonol a thechnolegol arall, a ddaeth â'r wyddor i fodolaeth. Cafodd y term ei fathu ychydig cyn i'r rhyfel ddechrau yng nghyswllt gwaith yn ymwneud ag effeithlonedd trin y data a'r adroddiadau a oedd yn llifo o orsafoedd radar a sefydlwyd i rybuddio rhag cyrchoedd awyr. Roedd cysoni'r llif hwn yn gryn sialens gan fod anghysondeb yn aml rhwng y wybodaeth a ddeuai o wahanol safleodd. Sefydlwyd tîm i ddadansoddi'r prosesau a ddefnyddid ac i gynnig ffyrdd i wella'r sefyllfa. Y canlyniad oedd newid gweithdrefnau a chyflwyno technegau ystadegol i'w defnyddio ar gyfer didoli'r data a gesglid.

O sôn am radar, mae'n werth nodi bod Cymro wedi chwarae rhan arloesol yn ei ddatblygiad. Ei enw oedd Edward George Bowen a bu'n astudio ffiseg yng Ngholeg Prifysgol Abertawe ychydig flynyddoedd ar ôl i Williams adael. Daeth y dechnoleg i fod pan sylweddolwyd bod modd 'gweld' awyren yn yr awyr drwy allyrru pylsiau tonnau radio a chanfod yr adlewyrchiad oddi arni. Llwyddodd Bowen i adeiladu allyrrydd digon pwerus at y dasg a chynhaliodd arddangosiad llwyddiannus. Drwy hyn gosododd y sylfaen ar gyfer sefydlu cadwyn o orsafoedd radar a fyddai'n rhoi rhybudd rhag bygythiadau o'r cyfandir. Aeth ymlaen i ddatblygu offer cyffelyb i'w ddefnyddio mewn awyren – tasg dipyn mwy anodd – a llwyddo eto. Gyda gwelliant pellach yn yr allyrwyr dangosodd bod modd i awyren ganfod llong danfor, canfyddiad a fyddai o'r pwys mwyaf yn y frwydr yn erbyn yr U-fadau ac a oedd yn gyflenwol i waith Blackett a Williams.

Wedi'r rhyfel symudodd Bowen i Awstralia ac ymysg gweithgareddau gwyddonol eraill bu'n allweddol yn yr ymgyrch i sefydlu a datblygu seryddiaeth radio yn y wlad. Fodd bynnag, o safbwynt Cymru gwnaeth gyfraniad tra gwahanol ond pellgyrhaeddol ag yntau ond yn fyfyriwr. Yn nyddiau cynnar y BBC roedd y Gorfforaeth yn wrthwynebus i'r galw am sefydlu gwasanaeth radio Cymreig. Bryd hynny derbyniai Cymru raglenni'r BBC o orsafoedd rhanbarthol yn Lloegr. Rhan o ddadl y Gorfforaeth oedd na ellid sefydlu gwasanaeth a fyddai yn benodol ar gyfer Cymru oherwydd rhesymau technegol, a thynnwyd sylw at yr anawsterau a oedd yn bodoli oherwydd tirwedd mynyddig y wlad. Tra yn fyfyriwr ysgrifennodd Bowen bapur yn dymchwel y dadleuon yma, papur a fu yn allweddol yn yr ymgyrch genedlaethol a ddilynodd. Bu'r ymgyrch honno yn llwyddiannus, a maes o law sefydlwyd Rhanbarth Gymreig y BBC a Chymru yn uned ar gyfer darlledu.

Ond yn ôl at ymchwil gweithredol. Beth oedd arwyddocâd cyflwyno'r wyddor i fyd rhyfel? Ceir awgrym mewn llyfr o'r enw *Science in War* a gyhoeddwyd gan nifer o wyddonwyr, Blackett yn eu plith, ar ddechrau'r rhyfel a oedd yn dadlau dros ymestyn y defnydd o ddatblygiadau gwyddonol gan y lluoedd arfog. Roedd un adran yn y llyfr yn ymwneud ag ymchwil gweithredol, er na ddefnyddiwyd y term. Tybir taw Blackett oedd yr awdur a haerir taw neges y llyfr a sicrhaodd gydnabyddiaeth i rôl ymchwil gweithredol o fewn yr ymgyrch filwrol. Rhydd y dyfyniad canlynol, o lyfr Stephen Budiansky *Blackett's War*, flas o weledigaeth Blackett:

In the actual business of warfare, science has been used up to now
almost exclusively on the technical side – for example, to improve
weapons ... Yet the use of these weapons and the organization of
the men who handle them are as much scientific problems as is
their production. Seeing whether these operations actually yield
the results expected from them should be a matter of direct scien-
tific analysis. ... It is possible to reduce many of the factors in mili-
tary operations to numerical values. Doing so provides problems
capable of definite solution ... There is, however, little doubt that
geographic and economic knowledge, and the assistance of great
modern developments in mathematics, could lead, in a minimum
of time, to a revolution in strategy far greater than that introduced
by Napoleon.

Mae'n bwysig sylweddoli bod hyrwyddo ymchwil gweithredol yn
gyfystyr â dadlau dros rôl newydd i wyddonwyr. Fel yr awgrymir yn y
dyfyniad, tan hynny disgwylid i wyddonwyr ganolbwyntio ar ddatblygia-
dau technolegol. Yn awr rhagwelid bod iddynt rôl dactegol a strategol.
Afraid dweud nad oedd hon yn neges a oedd yn cael croeso gan lawer
o hen lawiau'r lluoedd arfog ac un o orchestion Blackett a Williams a'u
cydweithwyr fu pontio'r bwlch hwn.

I Williams, wrth reswm, maes hollol ddieithr oedd ymchwil
gweithredol. Nid cynnal arsylwadau manwl ar briodwedd benodol syl-
wedd neu ffenomen a wnâi mwyach. Yn hytrach, rhaid oedd ceisio
gwneud synnwyr o'r data a'r wybodaeth a oedd wrth law neu y gellid eu
casglu. Wedyn rhaid oedd edrych am batrymau, ceisio dirnad achosion
a'r effeithiau ddeuai yn eu sgil ac, ar sail hynny, ragfynegi canlyniad
unrhyw newid y gellid ei weithredu. Tystiolaeth i allu Williams oedd
iddo bontio'r bwlch rhwng y ddau fyd yn gwbl hyderus.

Wrth ddod yn rhan o dîm Blackett roedd Williams ymysg criw
dethol o wyddonwyr a oedd wedi eu dwyn at ei gilydd ganddo. Mae'r
disgrifiad canlynol, gan Budiansky, o'u nodweddion yn drawiadol:

they were a collection of scientific talent the likes of which prob-
ably has never been seen before or since, certainly the oddest such

collection ever assembled in one place; among them were physicists, chemists, botanists, physiologists, geneticists, insurance actuaries, economists, mathematicians, and astronomers. (Six would win the Nobel Prize, in physics, chemistry or medicine.) Most were far to the left in their politics: some of the best were out-and-out Marxists, and more than a few had been committed pacifists who had come to see the defeat of the Nazis as a cause that overrode their abhorrence of war.

Adar brith mae'n amlwg.

Ymchwil Gweithredol ar Waith

Pan ymunodd Williams, pur aneffeithiol oedd ymgyrch y Rheolaeth Arfordirol yn erbyn yr U-fadau. Yn wreiddiol defnyddid awyrennau i gadw llygad ar eu presenoldeb a cheisio gwastraffu eu hamser trwy eu gorfodi i fynd dan y dŵr. Cyn hir disodlwyd yr awyrennau hyn gan awyrennau bomio. Ond bychan oedd y llwyddiant oherwydd, i osgoi difrod yn sgil y ffrwydriad, rhaid oedd gollwng y bom gannoedd o droedfeddi uwchlaw'r môr, gan fethu y targed yn amlach na heb. Yna, cafwyd ar ddeall bod awyrennau'r Almaen yn defnyddio arf gwahanol ar gyfer ymosod ar longau tanfor Prydeinig, sef *depth charges*. Roedd modd gollwng y rhain tra'r oedd yr awyren yn hedfan fwy neu lai ar wyneb y dŵr a thrwy hynny yn gwella'r siawns o daro'r targed. Wrth gwrs, yn y rhan fwyaf o achosion byddai'r U-fad wedi gweld yr awyren yn dod ac wedi plymio. Y penderfyniad felly oedd gosod *depth charges* i ffrwydro ar ddyfnder yn cyfateb i'r pellter y gallai U-fad blymio wedi gweld yr awyren, rhyw 100 i 150 troedfedd ar gyfartaledd. Gan y byddai, yn ogystal â phlymio, yn symud ymlaen dan y dŵr, y dacteg oedd gollwng cyfres o *depth charges* dros y pellter cyfatebol – tua mil o droedfeddi. Yn anffodus, er mabwysiadu'r strategaeth hon, doedd y canlyniadau fawr gwell.

Ymdaflodd Williams yn syth yn y dasg o ddarganfod y rheswm am y canlyniadau gwael. O ddadansoddi'r data a oedd ar gael gwelodd y broblem yn syth. Roedd seilio'r ymosodiadau ar bellteroedd cyfartalog yn aneffeithlon. Gallai U-fad a oedd wedi gweld awyren yn dod droi i'r dde neu'r aswy wrth blymio. Ar y llaw arall, ni châi un a oedd heb weld y gelyn tan y funud olaf ddigon o amser i blymio i'r dyfnder lle ffrwydrai'r *depth charge*. Dim syndod felly taw bach oedd y posibilrwydd o wneud niwed difrifol i'r gwrthrych. Yn wir, dangosodd Williams bod y llwyddiant a oedd yn bodoli – rhyw un y cant o'r holl ymosodiadau – yn cyfateb i'r hyn y gellid ei ddisgwyl yn ystadegol o ddilyn y dacteg a ddisgrifiwyd uchod ar gyfer gosod *depth charges*. Ei argymhelliad oedd canolbwyntio ar yr U-fadau oedd un ai heb ddeifio neu newydd wneud hynny, gan osod y *depth charge* i danio yn agos i'r wyneb. Yn ogystal, dylid byrhau yn sylweddol y pellter llorweddol ar gyfer gollwng cyfres ohonynt. Ar sail hyn amcangyfrifai Williams y byddai canran yr ymosodiadau llwyddiannus yn codi o ryw un y cant i ddeg y cant a mwy. Gweithredwyd ei argymhelliad ac, yn rhyfeddol, y canlyniad fu codi'r canran i tua deg y cant; llwyddiant digamsyniol o safbwynt profi gwerth ymchwil gweithredol ar gyfer penderfynu tactegau. Haerir taw adroddiad Williams yw'r un a ddyfynnwyd fwyaf yng nghyswllt cymhwyso ymchwil gweithredol at ddibenion rhyfel ac fe'i ystyrir yn un o glasuron llenyddiaeth y ddisgyblaeth.

I ychwanegu at lwyddiant ei astudiaeth aeth Williams ati i weld pam fod yr awyrennau yn gweld llawer llai o U-fadau nag y gellid disgwyl. Roedd Blackett wedi awgrymu y gallai lliw yr awyrennau fod yn ffactor. Roeddent yn ddu, gan taw eu tasg wreiddiol oedd gollwng bomiau yn ystod y nos. Yn y dydd fodd bynnag roeddent yn hynod weladwy o safbwynt U-fad. Cyfrifodd Williams effaith paentio'r arwyneb dan yr adenydd yn wyn a'i wneud yn llai gweladwy na du yn y dydd. Dangosai ei gyfrifiadau y byddai cryn welliant yn nifer yr U-fadau a gâi eu gweld. Aed ati i ailbaentio'r adenydd a'r canlyniad oedd dyblu'r nifer a welid. Roedd yn bluen arall yng nghap yr ymchwilwyr gweithredol a Williams eto yn dangos gwerth y ddisgyblaeth.

Yn y cyfamser roedd canolfan datrys codau Prydain ym Mharc Bletchley yn ymdrechu i feistroli Enigma, system trosglwyddo negeseuon y llynges Almaenig. Roedd cymhlethdod y dasg yn anferth. Fodd bynnag, daeth cymorth pan lwyddwyd i achub dogfennau, gan gynnwys tablau cod, oddi ar fwrdd U-fad a oedd wedi ei tharo gan *depth charges* ac ar fin suddo. Yn ogystal, cafwyd gafael ar bapurau oddi ar long bysgota Almaenig a oedd yn gweithredu gyda'r U-fadau. Roedd hyn yn ddigon i alluogi arbenigwyr Parc Bletchley i ddatrys y negeseuon a thrwy hynny ddod i wybod am symudiadau'r U-fadau.

Yn anffodus, collwyd y gallu i ddadansoddi negeseuon Enigma yn gynnar ym 1942 oherwydd i'r Almaen ychwanegu rotor arall i'r tair oedd eisoes yn bodoli yn y peiriant. Golygai hyn nad oedd gwybodaeth ynghylch symudiadau y cnudoedd (*wolf packs*) ar gael mwyach, na chyfle felly i rybuddio ac ailgyfeirio y confois. Roedd yn ddiwedd y flwyddyn cyn i Barc Bletchley oresgyn y broblem drwy waith dadansoddol arwrol a chymorth codlyfrau a lwyddwyd i'w hachub oddi ar fwrdd U-fad a oedd wedi ei daro.

Erbyn ail hanner 1941, rhwng llwyddo i ddatrys Enigma a'r newid tactegau yn sgil gwaith adran ymchwil gweithredol y Rheolaeth Arfordirol torrwyd i'r hanner nifer y llongau a suddwyd, tra dyblwyd nifer yr U-fadau a gollwyd gan yr Almaen mewn brwydr. Yn ogystal, gostyngodd effeithlonedd yr U-fadau yn sylweddol. Gynt roedd pob bad yn suddo pedair llong y mis ar gyfartaledd. Yn awr roedd y ffigwr yn llai nag un llong y mis. Roedd y 'cyfnod llawen' yn dod i ben, am y tro beth bynnag.

Serch hynny, parhaodd dinistr yr U-fadau. Yn niwedd 1941 ymunodd Unol Daleithiau'r Amerig â'r rhyfel yn dilyn datganiad o ryfel yn ei herbyn gan yr Almaen. Cyfeiriwyd nifer sylweddol o'r badau i arfordir dwyreiniol yr Unol Daleithiau. Yno roedd y drefn ar gyfer amddiffyn llongau masnach fawr gwell nag mewn cyfnod o heddwch, gyda'r canlyniad bod dros hanner miliwn tunnell wedi cael eu suddo ym mis Mawrth 1942. I gapteiniaid yr U-fadau hwn oedd *zweite glückliche Zeit*, sef yr 'ail gyfnod llawen'. Rhan o'r broblem oedd rhagfarn a diffyg ymddiriedaeth swyddogion llynges yr Unol Daleithiau yn yr hyn y gallai gwyddonwyr ei gyfrannu. Yn naturiol, roedd hyn yn cynnwys ymchwil gweithredol. Serch hynny, llwyddwyd i sefydlu adran ymchwil gweithredol o fewn y llynges er mwyn mynd i'r afael â dinistr yr U-fadau. Un o'r aelodau oedd William Shockley, gŵr a aeth wedi'r rhyfel i weithio yn Labordai Bell, gan ddod yn fyd enwog fel dyfeisydd y transistor. Fel rhan o'i gyfrifoldebau bu'n ystyried yr union broblem y bu Williams yn ymwneud â hi, sef y dull gorau o daro U-fadau o'r awyr. Erbyn haf 1942 roedd wedi dod i'r un casgliad ynghylch tacteg gollwng *depth charges* – blwyddyn yn ddiweddarach na Williams. Yn wir, mae'n gwestiwn a fanteisiodd ar adroddiad Williams wrth baratoi ei gasgliadau gan ei bod yn bur debyg bod y ddogfen wedi dod i ddwylo'r Americaniaid.

Oherwydd y canlyniadau andwyol, sefydlodd yr Unol Daleithiau drefn llawer mwy effeithlon ar hyd yr arfordir dwyreiniol i gwrdd ag ymosodiadau yr U-fadau ac erbyn haf 1942 daeth yr 'ail gyfnod llawen' i ben. Canlyniad hyn oedd i'r U-fadau ddychwelyd i lonydd y confois yn yr Iwerydd.

Gyda llwyddiant adran ymchwil gweithredol y Rheolaeth Arfordirol symudodd Blackett i bencadlys y Morlys ar ddiwedd 1941 i hyrwyddo defnyddio'r dull mewn meysydd eraill. Yn syth wedi symud wynebodd Blackett her newydd. O safbwynt y frwydr yn yr Iwerydd roedd angen awyrennau bomio hir-bellter i gyrraedd canol y cefnfor, ardal a oedd tu hwnt i'r sgwadronau awyr a oedd yn gweithredu ar y pryd ac a enwid gan griwiau llongau masnach yn gyffordd y torpido (*torpedo junction*). Ond roedd Awdurdod Awyrennau Bomio yr Awyrlu yn cefnogi blaenoriaeth arall, sef bomio yr Almaen. Y gred oedd y gellid torri ysbryd ei dinasyddion drwy ddinistrio dinasoedd. Yn wir, er mor erchyll oedd y canlyniadau i'r boblogaeth sifil, haerid y gellid cyfiawnhau'r weithred oherwydd y byddai yn dwyn y rhyfel i ben yn gynt. Prif ladmerydd y polisi hwn oedd y Cadlywydd Awyr Arthur Harris, a darbwyllwyd Winston Churchill, y prif weinidog, taw dyma oedd y flaenoriaeth o ran dosbarthu awyrennau hir-bellter. Dadleuodd Blackett yn erbyn hyn, gan ddatgan taw'r frwydr yn erbyn yr U-fadau a ddylai gael blaenoriaeth. Yn ogystal, cwestiynodd ddoethineb cynnal yr ymgyrch fomio, gan ddefnyddio astudiaethau ystadegol a oedd yn awgrymu nad oedd yr ymgyrch yn debyg o danseilio morâl i'r graddau a haerid. Hefyd roedd ganddo ddata ynghylch y cyrchoedd a oedd yn dangos, er enghraifft, bod nifer y dinasyddion a leddid mewn mis yn fach, yn wir yn cyfateb yn fras i nifer aelodau y criwiau awyrennau a gollodd eu bywydau oherwydd i'w hawyren gael ei saethu. Serch hynny, ni lwyddodd ymdrechion Blackett.

Dyrchafiad

Yn sgîl ymadawiad Blackett penodwyd Williams yn bennaeth adran ymchwil gweithredol y Rheolaeth Arfordirol. Roedd yr uned yn un fach o'i chymharu ag unedau cyffelyb o fewn canghennau eraill o'r lluoedd arfog; rhyw ddwsin ar y mwyaf ar unrhyw adeg. Mantais hyn oedd bod aelodau y lluoedd arfog, boed yn ymwneud â hedfan neu â'r gwasanaeth morol, yn adnabod ei gilydd yn bersonol. Roedd y ddau grŵp yn bwyta ac yfed yn yr un man; yn wir, agwrymwyd gan un ymchwilydd taw cwrw oedd sail 90 y cant o weithgaredd ymchwil gweithredol!

Gyda'r adnabyddiaeth glos, roedd yn rhwydd i'r staff milwrol rannu eu profiad ac, yn ei dro, dyfnhau eu hyder yng ngwerth gwaith ymchwil gweithredol. Yn yr un modd, roedd yn hawdd i'r ymchwilwyr drafod ac egluro astudiaethau a oedd ar y gweill ac felly hwyluso derbyniad unrhyw argymhellion a oedd yn dilyn. Ar y llaw arall, os oedd y trywydd yn debyg o fod yn anymarferol yng ngolwg y staff milwrol, câi'r ymchwilwyr ragrybudd i beidio â gwastraffu amser pellach. Oherwydd nad oeddent yn perthyn i'r lluoedd arfog roedd modd iddynt sgwrsio a thrafod gyda swyddogion hŷn heb gyfyngiad yr hierarchaeth a fodolai o fewn y lluoedd. Gwnâi hyn hi'n dipyn haws clywed mân siarad a allai fod o fudd yn nes ymlaen wrth fynd i'r afael â rhyw broblem neu gilydd. Serch hynny, roedd yr anffurfioldeb hwn yn gallu creu dryswch i'r swyddogion gan eu gwneud yn ansicr sut i drin unigolion a allai ymddangos iddyn nhw yn ddigon annisgybledig.

Mewn ychydig fisoedd ar ôl ei benodi'n bennaeth daeth Williams i'r casgliad, ar sail amcangyfrifiadau bras, bod modd gwella effeithlonedd y sgwadronau awyr a oedd yn brwydro yn erbyn yr U-fadau yn sylweddol heb ddefnyddio awyrennau ychwanegol. Er mwyn cadarnhau hyn, comisynwyd astudiaeth o drefn cynnal a chadw a sgediwl hedfan y sgwadronau. Rhoddodd Williams y dasg o weithredu'r astudiaeth i un o'i staff, Cecil Gordon, genetegydd a oedd wedi ymuno â'r adran o Brifysgol Aberdeen ac a oedd yn aelod o'r Blaid Gomiwnyddol tan ychydig cyn gadael Aberdeen.

O astudio data yn ymwneud â gweithrediad y sgwadronau daeth gwendidau y drefn a oedd yn bodoli i'r golwg. Yn gyntaf, roedd yn glir bod tagfeydd yn y gadwyn cynnal a chadw mewn sawl man. Tra roedd rhai adrannau yn gweithio'n ddibaid, roedd eraill yn segur am ran o'r amser. O ganlyniad, dim ond tri chwarter o'r gwaith y gellid ei gwblhau gyda threfn mwy effeithiol oedd yn cael ei gyflawni.

Gwaeth, fodd bynnag oedd effaith y drefn o gadw yn ôl 75 y cant o'r awyrennau mewn stâd o barodrwydd bob amser lle gallent hedfan yn syth ar alwad. Tra roedd hyn yn synhwyrol ar gyfer gwasanaeth amddiffyn, lle gallai galwad ddod yn ddi-rybudd, roedd patrwm gwaith y sgwadronau gwrth-U-fad o weithredu yn gyson ddydd a nos yn golygu nad oedd y drefn yn berthnasol. Yn hytrach roedd cadw nifer o'r awyrennau yn ôl yn golygu bod llai yn cyflawni eu gorchwylion yn erbyn yr U-fadau. Pen draw y polisi fyddai gweithredu ar sail 100 y cant mewn stâd o barodrwydd. Ymdebygodd Blackett hyn i deithiwr trên yn glanio mewn gorsaf ac archebu yr unig dacsi a oedd yn aros ond y gyrrwr yn gwrthod oherwydd bod yn rhaid i un tacsi fod wrth yr orsaf bob amser.

Yr argymhelliad oedd bod pob awyren yn hedfan yn ddyddiol gan ostwng yn sylweddol y nifer a oedd wedi eu cadw yn ôl (sef mewn stâd o barodrwydd). Canlyniad paradocsaidd hyn oedd bod mwy o awyrennau yn cael eu trwsio ar unrhyw adeg ond bod yr oriau hedfan yn cynyddu. Sicrheid hefyd bod y gweithdai cynnal a chadw wastad yn brysur.

Rhoddwyd prawf ar yr argymhelliad. Y canlyniad oedd cadarnhau y dull gweithredu newydd. Er bod canran uwch o'r awyrennau yn aros i'w gwasanaethu, dyblwyd yr oriau hedfan fwy neu lai. O ganlyniad rhoddwyd gorchymyn i'r polisi gael ei fabwysiadu ar draws y sgwadronau gan roi'r gwaith o weithredu hyn i'r gwyddonwyr ymchwil gweithredol.

Yn y cyfamser bu Williams a Blackett ar drywydd dull arall o osod gwasgfa ar yr U-fadau. Ers 1941 bu y ddau yn ystyried gwerth strategol gwahanol ddulliau o ymosod o'r awyr ar U-fadau, dulliau megis gweithredu tra'n tywys confois, cynnal cyrchoedd dros yr Iwerydd a phatrolio Bae Biscay. Yn ardal gyfyng o ryw 300 milltir wrth 300 milltir, yr oedd yn rhaid i'r U-fadau dramwyo'r bae ar eu ffordd i lonydd y confois yn yr Iwerydd. Daeth Williams i'r casgliad bod gweithredu yn yr ardal hon – gweithgaredd a alwyd wedyn yn Ymosodiad y Bae (*Bay Offensive*) – yn allweddol i lwyddiant y frwydr yn gyffredinol. Cychwynwyd patrolio'r Bae ym 1941. Erbyn ail hanner y flwyddyn honno yr oedd Williams wedi cyfrifo bod y siawns o allu ymosod ar U-fad a oedd un ai'n ymadael neu yn dychwelyd drwy'r Bae yn 35 y cant. Ymateb yr U-fadau i lwyddiant yr ymosodiadau oedd mabwysiadu y dacteg o hwylio dan y dŵr yn ystod y dydd gan ddod i'r wyneb yn y nos i ailwefru'r batris.

Ddechrau 1942 yr oedd Williams wedi paratoi adroddiad a oedd yn dangos y gellid, drwy gydbwysedd rhwng hedfan yn y nos a'r dydd a defnyddio mwy o awyrennau, godi'r siawns o ddod ar draws U-fad i gyfartaledd o 50 y cant a mwy. Roedd ei gyfrifiadau ystadegol hefyd yn darogan nad oedd yr Almaenwyr wedi datblygu derbynyddion a allai adnabod signal radar yr awyrennau ac felly rhoi amser i U-fad blymio'n gyflym dan y dŵr. Radar ar donfedd o 1.5m a ddefnyddid gan yr awyrennau i ganfod U-fadau. Doedd y cyfarpar fawr gwell na'r llygad yn y dydd. Gyda'r nos, wrth gwrs, roedd yn rhagori, ond yn anffodus roedd gweld yn agos drwy gyfrwng radar yn y nos yn broblem. Oherwydd cryfder grym y pyls radio a allyrrid rhaid oedd diffodd y derbynnydd am ennyd ar ôl allyriad neu fe ddinistrid y derbynnydd. O'r herwydd doedd dim modd i'r radar weld gwrthrychau yn nes na rhyw chwarter milltir. Felly, er gweld U-fad filltiroedd i ffwrdd, nid oedd modd ymosod yn llwyddiannus. I oresgyn y broblem aed at i ddatblygu llifolau cryf drwy gyfrwng lamp bwerus a oedd yn ddigon bach i'w gosod mewn awyren.

Erbyn canol 1942 roedd y drefn o ddefnyddio llifolau yn weithredol a chynyddodd nifer yr ymosodiadau nos yn ddirfawr. Yn ogystal, roedd y data a gasglwyd yn dangos bod canran y siawns o ddod ar draws U-fad yn agos iawn i'r ffigyrau damcaniaethol, gan gadarnhau'r cyfrifiadau. Ymatebodd yr U-fadau yn syth. Aed yn ôl i'r drefn flaenorol o ddod i'r wyneb yn ystod y dydd, gyda'r gobaith y gallai U-fad blymio'n ddigon cyflym pe gwelid awyren yn dod.

Drwy'r astudiaethau ar ymosodiadau ym Mae Biscay casglwyd cronfa sylweddol o ddata a oedd yn ddeunydd crai amhrisiadwy ar gyfer ymchwil gweithredol . Gyda'r data hyn llwyddodd Williams i gyfrifio'n fanwl faint o amser hedfan a oedd ei angen ar gyfer suddo U-fad. Yn fwy rhyfeddol, gallodd ragfynegi y gwrthfesurau tactegol a thechnolegol a oedd yn debygol wrth i'r frwydr fynd rhagddi. Gan

fod ganddo'r modd i gyfrifo'r siawns o weld U-fad o fewn ystod eang
o sefyllfaoedd, roedd felly yn bosibl cael rhybudd yn syth os gwnâi'r
Almaenwyr newid eu tactegau neu gyflwyno rhyw ddyfais newydd.
Pa ddatblygiadau bynnag fabwysiedid gan yr Almaen, roedd modd
gwybod am hynny.

Un arall o'r problemau yr aeth Williams a'i gyd-weithwyr i'r afael
â hi oedd diffyg llwyddiant bomio U-fadau o uchder isel. Y gred oedd
y dylai'r awyren anelu'r bom ychydig y tu blaen i'r U-fad. Roedd hyn
yn cyfateb i'r pellter yr amcangyfrifid y teithiai'r U-fad tra roedd y bom
yn disgyn. Gosodwyd camerau ar yr awyrennau a thrwy astudio'r ffoto-
graffau a chanlyniadau ymarferion prawf, daeth i'r amlwg bod criwiau'r
awyrennau yn gor-gywiro symudiad yr U-fad yn gyson. Yn wir, y polisi
gorau oedd anelu yn union at yr U-fad. Ar sail hyn addaswyd y cyfar-
wyddiadau i'r criwiau a chafwyd gwelliant arwyddocaol o safbwynt
llwyddiant yr ymosodiadau.

Symud i'r Morlys

Ddechrau 1943 ailymunodd Williams â Blackett pan symudodd i'r
Morlys ar ôl ei benodi'n ymgynghorydd i Bennaeth Cynorthwyol y
Staff Llyngesol a oedd yn gyfrifol am ryfel yr U-fadau. Yn syth, bu'n
rhaid ymgodymu â sialens newydd. Fis neu ddau ynghynt gofynnodd
pwyllgor perthnasol y Cabinet am asesiad o effeithiolrwydd gwarchodol
hebryngwyr awyr a môr y confois. Pwyllgor oedd hwn a oedd yn cael
ei gadeirio gan y prif weinidog ac un y bu Williams ei hun yn mynychu
yn ddiweddarach. Aed ati i gynnal astudiaeth fanwl o'r data oedd wrth
law. Dangoswyd bod presenoldeb awyrennau hir-bellter yn allweddol.
Er enghraifft, roedd hediadau o wyth awr y dydd yn gostwng colledion
ar gyfartaledd o 64 y cant. Hyd yn oed os nad oeddent yn llwyddo i
ymosod roedd eu presenoldeb yn gorfodi'r U-fadau i blymio ac felly
golli golwg ar y confoi.

Roedd yr astudiaeth, fodd bynnag, yn rhoi cyfle i ystyried cwestiwn
arall, sef maint confoi. Barn y Morlys oedd mai confois bychain oedd
orau, nid yn unig oherwydd bod rhai mawr yn anodd eu rheoli ond
hefyd oherwydd taw drwy ddefnyddio confois bach y gellid sicrhau gwell

amddiffyniad. O safbwynt y polisi hwn deugain llong oedd orau ac roedd gwaharddiad llwyr ar gonfois o drigain llong neu fwy. Ond roedd yr astudiaeth yn profi'r gwrthwyneb ac, er mawr anfodlonrwydd uchelswyddogion y Morlys, yr argymhelliad oedd cynyddu maint y confois. Dangoswyd nad oedd maint confoi o fawr wahaniaeth o safbwynt cael ei gweld gan U-fad a dioddef ymosodiad, nac yn nifer absoliwt y llongau masnach a gâi eu suddo. Dangosai'r cyfrifiadau taw 0.9 llong fesul confoi fyddai'n suddo beth bynnag ei maint. 'Diogelwch mewn nifer' oedd y ffordd gywir o astudio 'r sefyllfa, gan gofio taw dim ond hyn a hyn o dorpidos fyddai gan un U-fad i'w tanio. Amcangyfrifwyd y byddai cynyddu maint confois 50 y cant yn haneru nifer y llongau gâi eu suddo.

Canlyniad arall ddaeth i'r golwg a ffafriai gonfois mawr oedd nifer y llongau rhyfel gwarcheidiol y dylid eu neilltuo. Roedd angen chwe llong ryfel i warchod confoi o 40 llong, a dangoswyd taw dim ond un llong ryfel yn fwy oedd ei angen ar gyfer confoi o 78 llong – canlyniad yr egwyddor gyffredin bod arwynebedd yn cynyddu i bwer sgwâr hyd y perimedr sy'n ei amgylchynu. Gwrthwynebu'n chwyrn wnaeth y Morlys, ond yn y diwedd rhaid oedd ildio, oherwydd yr angen i ryddhau llongau rhyfel ar gyfer glaniad *D-Day*, a gweithredwyd argymhellion y gwyddonwyr ymchwil gweithredol.

Wrth ddisgrifio'r astudiaeth pwysleisia Blackett bwysigrwydd y cydweithio a fu rhwng aelodau y tîm ymchwil gweithredol. Roedd yn cynnwys nifer o wyddonwyr disglair, gan gynnwys Ralph Fowler, arweinydd ffisegwyr mathemategol Caergrawnt a fu'n cynorthwyo Williams pan oedd yn y Cavendish ac a barhaodd mewn cysylltiad ag ef wedyn. Serch hynny dywed, ' In this brilliant group, Williams stood out by his special aptitude for the type of analysis required.'

Erbyn hyn roedd offer radar mwy soffistigedig wedi ei ddatblygu, offer yn gweithredu ar donfedd o centimetr o hyd yn hytrach na metr ac, o'r herwydd, yn bellach ei gyrhaeddiad. Roedd hefyd yn gallu lleoli gwrthrych megis U-fad â mwy o gywirdeb, gyda'i thŵr yn creu signal cryf a chlir ar donfedd centimetr. Argymhellodd Beckett a Williams y dylid trosglwyddo awyrennau hir-bellter gyda'r offer hwn o ddwylo Awdurdod Awyrennau Bomio yr Awyrlu i waith patrolio ym Mae Biscay. Ond roedd cael cytundeb ar hyn yn dal yn anodd, oherwydd y

pwyslais ar gynnal cyrchoedd bomio ar y tir. Yn ogystal â phwysau di-
baid yr Awdurdod Awyrennau Bomio y dylid canolbwyntio ar fomio'r
Almaen, roedd yna gred taw'r ffordd orau o orchfygu'r U-fadau oedd
bomio eu hangorfeydd ym mhorthladdoedd Bae Biscay. Gwrthwynebai
Blackett, gan gyflwyno ffigyrau a oedd yn awgrymu bod ymosod ar
U-fadau yn y môr yn debyg o fod deirgwaith yn fwy effeithiol na bomio
eu hangorfeydd dros gyfnod cyffelyb. Y rheswm pennaf am hyn oedd
y toeon concrid trwchus a oedd yn gysgod iddynt ac a oedd yn anodd
iawn eu difrodi. Serch hynny, cynhaliwyd cyrchoedd yn erbyn yr angor-
feydd gydol gwanwyn 1943 ac o ganlyniad dinistrwyd Saint Nazaire a
L'Orient. Fodd bynnag, dioddefodd y gwarchodfeydd concrid nemor
ddim difrod.

Gyda'r cynllunio ar gyfer glaniad *D-Day* yn dwysáu roedd
bygythiadau'r U-fadau ar y confois yn dod yn fwy o bryder oherwydd
y galw am longau i gludo milwyr Americanaidd dros yr Iwerydd. Er
enghraifft, mewn cyrch ym Mawrth 1943 suddwyd dwy ar hugain o
longau masnach yn cyfateb i 146,000 tunnell gydag ond un U-fad
yn cael ei cholli. Felly roedd y ddadl dros ragor o awyrennau yn dod
yn fwyfwy amlwg. Eto, roedd gwahaniaeth barn. Dadleuai rhai taw
gwarchod y confois oedd bwysicaf. Hefyd roedd diffyg hyder yng nghy-
frifiadau Blackett a Williams yn dal i barhau, er gwaethaf llwyddi-
ant digamsyniol ymchwil gweithredol. Yn wir, datganodd pennaeth y
Rheolaeth Arfordirol, y Cadlywydd Awyr John Slessor, er yn cydnabod
gwerth y gwaith ystadegol, na ellid rhagfynegi canlyniad brwydr ar sail
yr hyn a alwodd yn '*slide-rule strategy*'.

Serch hynny, cytunwyd ar gynnydd sylweddol yn nifer yr awyren-
nau a oedd i weithredu yn erbyn yr U-fadau gan gynnwys yr ymgyrch
ym Mae Biscay. Gyda dadansoddiadau negeseuon Enigma yn rhoi
gwybodaeth am leoliadau'r U-fadau dechreuodd y rhod droi. Yn Ebrill
a Mai 1943 llwyddwyd i ddinistrio pum deg chwech U-fad. Fel can-
lyniad rhoddodd yr Almaen y gorau i ddefnyddio U-fadau ar gyfer
ymosod ar y confois yn yr Iwerydd ac ailgyfeirio eu hymosodiadau i
Dde'r Iwerydd.

Roedd brwydr y confois ar ben. Ond parhau wnaeth yr ymgyrch
ym Mae Biscay, gan taw dyma lwybr yr U-fadau allan ac yn ôl i'w

hangorfeydd. Felly rhaid oedd parhau os am orchfygu'r U-fadau yn llwyr. Roedd canran yr U-fadau gâi eu gweld o'r awyr yn gymharol uchel (rhyw 60 y cant) oherwydd bod yn rhaid iddynt ddod i'r wyneb am beth o'r amser. Cynhaliodd Blackett a Williams, gyda'u cydweithwyr, lu o astudiaethau ynghylch patrymau hedfan yr awyrennau, balans hedfan dydd o'i gymharu â'r nos a'r gwrthfesurau y tybid y gallai'r Almaenwyr eu gweithredu. Ar sail yr astudiaethau hyn cododd y canran yn sylweddol. Ar ei uchaf roedd pob U-fad yn cael ei gweld, ar gyfartaledd, ddwy waith y mis. Y canlyniad oedd dirywiad sylweddol yn nifer yr U-fadau a oedd yn weithredol ar unrhyw adeg a chwymp dirfawr erbyn diwedd 1943 yn eu gallu i suddo llongau masnach. Weddill y rhyfel roedd pob U-fad yn y môr yn suddo ar gyfartaledd 0.1 llong fasnach y mis. Pan oedd eu dinistr yn ei anterth roedd y ffigwr hwn bedwar deg gwaith yn fwy.

Yn sicr bu datrys cod yr Eingma a datblygu radar yn allweddol yn y frwydr yn erbyn yr U-fadau. Mewn cymhariaeth ymddengys ymchwil gweithredol yn gyffredin a di-fflach. Yng ngeiriau Blackett, 'Quite a number of these results were really quite simple and appear even more so when talked about now. There is now a kind of deceptive simplicity about the results of these investigations.' Eto ni ellir dadlau nad oedd y gwaith yr un mor allweddol a'i ddylanwad ar strategaethau rhyfela yn bellgyrhaeddol. Fel y dywedodd y Cadlywydd Awyr John Slessor yng nghyswllt yr ymgyrch ym Mae Biscay:

> No one who knows the true facts can have any doubt that a great deal of the credit for what is perhaps still not generally recognised as the resounding victory it was, namely the Battle of the Bay and the defeat of the U-boat in 1943, is due to men like Blackett, Williams, Lardner, Baughan, Eastfield and Waddington.

Yn ddiamau, bu eu hymdrechion yn arwrol a hynny nid yn unig o safbwynt grym a ffrwythlondeb eu dadansoddiadau a'r llwyddiant a ddilynodd. Yn ogystal gosodwyd pwysau mawr arnynt yn gorfforol. I un Americanwr, gŵr o'r enw Stephen Rausenbusch, a anfonwyd gan yr Unol Daleithiau i gyfrannu at weithgaredd ymchwil gweithredol

Ymosodiad y Bae, ymddangosai Blackett a Williams yn 'tired and exhausted from too many seven day weeks'.

Roedd cefndiroedd y rhai a fu'n rhan o'r ymgyrch yn erbyn yr U-fadau yn eang ac, o ran eu cyfraniad, tueddai unigolion arbenigo mewn gwahanol feysydd. Fodd bynnag, roedd gweithio fel tîm yn nodwedd amlwg, gyda llawer o broblemau yn cael eu trin yn gydweithredol. Rhaid cydnabod hynny wrth drafod cyfraniad Williams. Roedd yn gweithio gydag unigolion a oedd yn dra galluog gan gynnwys enillwyr gwobr Nobel a nifer o Gymrodyr y Gymdeithas Frenhinol. (Roedd Williams ei hun yn un ohonynt.) Ond mae tystiolaeth unigolion yn dangos bod cyfraniad Williams yn nodedig hyd yn oed yn y cwmni dethol hwn. Cafodd ei adroddiad ar ollwng *depth charges* ei ddisgrifio gan Blackett fel 'one of the most striking major achievements of the methods of operational analysis'. Sylw un o'i gydweithwyr, Chris Baughan, oedd, 'Williams, I think, was the best of us all.' A dywed Budiansky, 'E. J. Williams, (was) probably the most capable of the operational researchers.'

Afraid dweud mwy.

7

GWAWR A GWERYD

'Tube Alloys'

Â bygythiad yr U-fadau yn cilio, blwyddyn o ryddhad mae'n siwr oedd 1943 i Williams a'i gyd-weithwyr. I rai y bu'n gweithio gyda nhw, fodd bynnag, roedd 1943 yn flwyddyn o newid mawr. Y flwyddyn honno cytunodd Prydain i gydweithio gyda'r Unol Daleithiau yn y dasg o ddat-blygu bom atomig. James Chadwick oedd yn cydlynu gwaith ymchwil gwyddonol prosiect bom atomig Prydain. (Enw diniwed y prosiect oedd 'Tube Alloys' a oedd yn gweithredu'n annibynnol nes y cytundeb â'r Unol Daleithiau.) Felly, â'r gwaith wedi ei ganoli yn yr Unol Daleithiau, symudodd ef a'i deulu yno yn Nhachwedd 1943 gyda'r dasg o oruchwilio gwaith y gwyddonwyr Prydeinig. Rudolf Peierls oedd un o'r rhai a'i dilynodd ar draws yr Iwerydd.

Bu newid yn hanes Niels Bohr hefyd. Er i Denmarc ildio i'r Almaen ar gychwyn yr Ail Ryfel Byd, gweithredai'r wlad gyda mesur o hunan reolaeth. Yn wir, yn ystod y tair blynedd gyntaf ni ymyrrwyd ar raglen yr Institut. Ddechrau 1943 roedd Chadwick wedi ysgrifennu at Bohr yn ei gymell i adael Denmarc a dod i Brydain. Penderfynodd Bohr beidio â derbyn y gwahoddiad. Tybiai ei bod yn bwysicach iddo aros yn Denmarc er mwyn cyfrannu tuag at gynnal annibyniaeth sefydliadau'r wlad a gwarchod y gwyddonwyr a oedd wedi derbyn lloches yn yr Institut. Fodd bynnag, ym mis Awst y flwyddyn honno, gyda'r cynnydd mewn gweithgaredd gwrth-Almaenig, penderfynodd y Natsïaid fabwysiadu cyfraith rhyfel yn Denmarc gan feddiannu Copenhagen. Daeth yn amlwg bod Bohr, ag yntau o dras Iddewig, mewn perygl ac felly ffodd i Sweden gyda'i wraig. O ddod i wybod am hyn, daeth gwahoddiad oddi wrth y llywodraeth Brydeinig iddo ddod i Brydain. Derbyniodd y gwahoddiad a threfnwyd awyren ryfel i'w gludo'n ddirgel. Ar ôl cyrraedd cafodd Bohr ei benodi yn ymgynghorydd gwyddonol i 'Tube Alloys' a Phrosiect Manhattan ac am weddill y rhyfel rhannodd ei amser rhwng Prydain a'r Unol Daleithiau.

Ffiseg yn Galw

Nid yw'n syndod fod enw Williams, ag yntau'n un o wyddonwyr blaenllaw Prydain, ar restr prifysgolion pan ddoi'n amser i lenwi cadair ffiseg. Er y rhyfel, daeth dau wahoddiad i'w ran. Daeth y cyntaf oddi wrth Brifysgol Sheffield ym 1940 ond gwrthod wnaeth Williams oherwydd na fyddai modd iddo barhau â'i ddyletswyddau yn Farnborough. Daeth yr ail wahoddiad ym 1943 oddi wrth Brifysgol Glasgow ond gwrthod fu ei hanes eto. Yn ei olwg ef, ar y naill law nid oedd amodau ymchwil Glasgow yn rhagori ar yr hyn oedd ganddo yn Aberystwyth ac ar y llaw arall, yr oedd y sefyllfa addysgu yn llai ffafriol, gan fod nifer myfyrwyr ffiseg Glasgow dipyn uwch. Yn ei ymateb i gais Sheffield dywed bod Aberystwyth wedi bod yn hael wrtho ac, o gofio nad oedd wedi bod yn y swydd ond am ddwy flynedd, 'I feel I ought not to leave them just yet.' Mae'r cymal *just yet* yn awgrymu na fyddai'n gwrthod pe bai cynnig gwirioneddol atyniadol yn dod i'w ran ymhen y rhawg. Nid oedd y Coleg yn ddall i'r posibilrwydd ychwaith. Mewn llythyr at Williams adeg y gwahoddiad o Glasgow dywed y prifathro, Ifor Evans, 'As you know I never thought that we should keep you for ever, but when the time came, hoped you would leave for something really big.' Serch hynny roedd hoffter Williams o'r 'Coleg ger y Lli', y soniwyd amdano eisoes, yn amlwg yn ddylanwad na ellir ei ddiystyru.

Trywydd academaidd arall a gafodd ei sylw, cyn ac yn ystod y rhyfel, oedd cyhoeddi llyfrau. Bu'n fwriad ganddo ers canol y tridegau i baratoi llyfr a fyddai'n crynhoi egwyddorion a datblygiad maes ei ymchwil, sef mudiant gronynnau drwy fater. Mae'n ddigon posibl i'w arhosiad yn Copenhagen fod yn sbardun iddo. Ceir cyfeiriad at y bwriad yn ei ohebiaeth â Bohr, a blynyddoedd yn ddiweddarach soniodd Bohr bod y ddau wedi trafod cyd-awdura llyfr ar y testun. Bu Williams mewn trafodaethau â Gwasg Prifysgol Rhydychen ynghylch y posibilrwydd o gyhoeddi'r llyfr fel rhan o gyfres monograffau gwyddonol y Wasg a chafodd gefnogaeth Ralph Fowler, un o ddirprwyon y Wasg. Fowler, fel y cofir, oedd arweinydd ffisegwyr mathemategol Caergrawnt a bu'n gefnogol i Williams tra yn y brifysgol honno ac ar ôl hynny. Trwy'r cysylltiadau hyn gallai weithredu fel dolen gyswllt rhwng y Wasg a Williams. Y canlyniad fu i'r wasg gydsynio â chynllun Williams ac ar ddiwedd 1936 derbyniodd gytundeb ffurfiol i baratoi'r testun.

Yr oedd y Wasg yn awyddus i gyhoeddi'r monograff gynted ag oedd yn bosibl ond ymddengys i Williams gael trafferth i neilltuo amser digonol i weithredu ei gynllun. Ddechrau 1940, dair blynedd yn ddiweddarach a dim wedi ymddangos, cyfaddefa fod ei aml ddyletswyddau yn Aberystwyth yn ogystal â'r galwadau eraill ar ei amser wedi ei rwystro rhag cydio o ddifrif yn y dasg. Ar yr un pryd mynega'r gobaith y byddai ganddo fwy o amser ag yntau yn awr yn gweithio yn Farnborough. Daeth yn amlwg, fodd bynnag, bod y gobaith yn oroptimistaidd, oherwydd cynyddu yn hytrach nag ysgafnhau wnaeth ei ddyletswyddau yn ystod y rhyfel. Er cael ar ddeall bod sgerbwd o'r llyfr yn bodoli ar sail darlithiau a draddododd Williams yn yr Unol Daleithiau cyn y rhyfel, erbyn 1944 cydnabu'r Wasg na ellid disgwyl dim tan i'r rhyfel ddod i ben.

Nid y monograff oedd yr unig lyfr y bwriadai Williams ei gyhoeddi. Bu'n ystyried hefyd paratoi llawlyfr yn cyflwyno ffiseg cwantwm i fyfyrwyr a oedd yn astudio cwrs anrhydedd mewn ffiseg ac ymddengys iddo ddrafftio rhai penodau. Ym 1939, cafodd y cynllun hwn hefyd sêl bendith Gwasg Prifysgol Rhydychen. Yn anffodus, fel yn achos y monograff, rhwystrwyd Williams gan y rhyfel rhag cwblhau'r gwaith.

Ym 1944 dyrchafwyd Williams i swydd Cyfarwyddwr Cynorthwyol Ymchwil Gweithredol Llyngesol. Blackett oedd y cyfarwyddwr a bu Williams yn y swydd weddill ei ddyddiau yn y Morlys. Cymerodd ran flaenllaw yn y gwaith o gynllunio gogyfer â'r posibilrwydd y gwnâi'r

Almaen ailgychwyn cyrchoedd yr U-fadau. Credid y gallai hyn ddig-
wydd yn sgil adeiladu U-fadau gwell ac, yn benodol, datblygiad dyfais,
y *Schnorkel*, a fyddai'n galluogi'r U-fadau i ailwefru eu batrïau dan y
dŵr. Aeth Williams ati i ddadansoddi'r hyn a fyddai'n digwydd pe bai'r
datblygiad hwn yn llwyddiannus. Daeth i'r casgliad y gallai'r canlyniadau
fod yn bellgyrhaeddol ac aeth ati wedyn i gynorthwyo'r gwaith o gynll-
unio treialon pwrpasol. Fodd bynnag, yn y diwedd wnaeth yr Almaen
ddim ailgychwyn y cyrchoedd ac ni fu'n rhaid gwrthsefyll yr her.

Bu Williams hefyd yn astudio yr ymgyrch yn erbyn U-fadau ym
Môr y Canoldir ac ymwelodd â'r unedau perthnasol yng ngogledd
Affrica i drafod a chynnig cyngor, ymweliad a arweiniodd at newid
arferion a gwelliannau gweladwy ar sail hynny. Yn fwy cyffredinol,
cyfrannodd at drafodaethau ynghylch y rhyfel yn y Dwyrain Pell, gan
ymweld â Washington am gyfnod byr. Yn ogystal, bu'n paratoi cyngor
ynghylch ymosodiadau ar longau'r Almaen oddi ar arfordir Denmarc a
Norwy a rhoi sylw i'r heriau strategol cyffredinol a oedd i'w hwynebu
yn dilyn ymosodiadau o'r fath.

Fel y soniwyd eisoes, prinhau wnaeth y cyfle i ymweld â'r adran yn
Aberystwyth fel yr âi'r rhyfel rhagddo. Ond â'r wawr ar fin torri gyda
diwedd y brwydro a rhagolygon tra addawol o safbwynt tyfiant ffiseg
ar gorn cyfraniad sylweddol ffisegwyr yn ystod y rhyfel, dechreuodd
Williams edrych ymlaen at ailgydio yn ei waith academaidd. Serch
hynny, mae'n ddiddorol iddo ddatgan y teimlai fod sialens ddeallusol
ymchwil gweithredol y rhyfel yn gyfuwch â'i astudiaethau sylfaenol
ym myd y cwantwm. Mae hyn yn syndod efallai o gofio sylw Blackett
ynghylch symlrwydd ymddangosiadol llawer o'r canlyniadau. Hefyd,
mewn darlith ar ymchwil gweithredol draddododd flynyddoedd wedyn,
pwysleisiodd Blackett bod y gwyddonydd yn ei waith gyda'r lluoedd
arfog yn gorfod ymddwyn mewn ffordd wahanol i'r hyn a fyddai'n
arferol mewn labordy prifysgol. 'His job is to improve matters if he can
and, if he cannot, to say nothing' – bydolwg tra gwahanol. Barn Blackett
ynghylch sylw Williams oedd bod dwyster ei lafur, o gofio bod gan ei
argymhellion ganlyniadau a oedd yn fater o fywyd a marwolaeth, yn
golygu ei fod yn cyfateb i wefr ymchwil waelodol y ffisegydd i hanfod
y bydysawd.

Afiechyd ac Angau

Mae'n siwr y byddai Williams wedi dod yn ôl i fyd y gronynnau ar ôl y rhyfel, ond torrwyd ar ei obeithion. Yn Chwefror 1944 cafodd ar ddeall fod cancr y perfeddion arno, yr un aflwydd â'i frawd David flynyddoedd yn ddiweddarach. Derbyniodd lawdriniaeth ac aeth yn ôl i'w waith mewn byr amser. Mae'n siwr bod ei gryfder corfforol wedi cyfrannu at hynny ac roedd gobaith ei fod wedi gwella'n llwyr. Fodd bynnag, yn Ionawr 1945 daeth y cancr yn ôl a derbyniodd ail lawdriniaeth. Er yn wanach, aeth yn ôl eto i'w waith ac ymddengys iddo dderbyn gofal meddygol tra ar ymweliad â'r Unol Daleithiau yn ystod gwanwyn 1945. Yn ystod y cyfnod hwnnw cadwodd gofnod dyddiol manwl o'i symp-tomau, cofnod nid anhebyg i nodiadau gwyddonydd mewn labordy, ei reddf fel arbrofwr medrus yn dod i'r fei, mae'n siwr. Fodd bynnag, er triniaethau radiolegol nid oedd gwellhad a chafodd wybod yn Ebrill 1945 nad oedd ganddo lawer o amser cyn marw. Serch hynny, nid oedd am laesu dwylo a gofynnodd i'r meddygon geisio sicrhau y câi gymaint o ddyddiau i weithio ag oedd yn bosibl.

Roedd ei deulu yn gynhaliaeth i Williams yn ystod dyddiau blin y salwch. Yn ogystal mae'n amlwg iddo bwyso'n drwm ar Marion Guild, sef ei gariad olaf. Yn swyddog yn y Morlys, mae'n bur sicr taw drwy ei gwaith y daeth i adnabod Williams. Ymddengys bod y berthynas yn wybyddus i'w cyd-weithwyr, oherwydd cysylltodd Blackett â hi pan yn paratoi ei ysgrif goffa ar gyfer y Gymdeithas Frenhinol. Wedi i'r ddau gwrdd, paratôdd Guild lith yn crynhoi ei hargraffiadau ac o'i darllen does ryfedd i Blackett ei chynnwys yn ei chyfanrwydd yn ei deyrnged. (Mae i'w gweld yn llyfr Goronwy Evans, *Gwell Dysg na Golud*.) Rhydd y llith ddisgrifiad treiddgar ond cynnes a thyner sydd, er wedi ei liwio gan dristwch, yn amlinellu rhai o hynodion Williams a fflachiadau o'i hiwmor, gan ddwyn y person yn fyw i'r darllenydd.

Ymddengys llith Guild ar ddiwedd ysgrif goffa Blackett a chyfeirir ati, heb ei henwi, fel 'one who knew him intimately during his later years, and who, by her devoted care, did much to make bearable his last painful months'. Mae'n debyg i gydweithiwr, a gafodd gyfle i edrych ar yr hyn yr oedd Blackett wedi ei ysgrifennu, fynegi peth petrusder

ynghylch y gair '*her*', gan holi a fyddai'n fater o syndod i'w rieni ddod
i wybod am fodolaeth Guild. Beth bynnag, cadwodd Blackett y gair
'*her*' yn y llith; mae'n ddigon posibl ei fod yn gwybod fod Guild wedi
ysgrifennu llythyr o gydymdeimlad at James ac Elizabeth Williams gan
ddatgan, 'No one knows better than I how hard a fight Desin put up.'

Nid Guild yn unig a fynegodd ei chydymdeimlad. Dyna hefyd wna-
eth Gwendolen Rees, a ddaeth i adnabod Williams tra yn Aberystwyth.
Yn amlwg roedd yn hoff iawn ohono ac yn ei llythyr dywed, 'The same
dreadful affliction has taken from me the two people I have loved best
in the world, my mother and your son.' Go brin na wyddai ei rieni am
y rhamant a oedd yn rhan o fywyd eu mab er, yn ôl Goronwy Evans,
gwadu wnaethant, fel Williams, bod unrhyw garwriaeth yn bodoli.

Er bod ei gyflwr yn gwaethygu roedd ei wytnwch cynhenid ynghyd
â'i asbri yn dal i'w gynnal ac mae'n debyg y llwyddodd i chwarae tenis
gyda'i frawd David ddiwedd Gorffennaf. Bwriadai, wedi dod adre, i fynd
i nofio ddechrau Medi yng Nghei Bach gyda'i hen gyfaill E. T. Davies,
ond bu hynny yn un dymuniad yn ormod. Methodd hefyd ailgydio
yn y gwaith o gwblhau'r monograff a'r llawlyfr ar ffiseg cwantwm. Yr
un oedd hanes y bwriad i ysgrifennu papur ar ymchwil gweithredol,
papur a fyddai wedi bod, mae'n siwr, yn gyfraniad gwerthfawr tuag
at lenyddiaeth y pwnc. Ar drywydd arall, bu'n rhaid iddo roi'r gorau
i'w ddyletswyddau fel arholwr allanol cwrs anrhydedd ffiseg Prifysgol
Rhydychen.

Serch hyn i gyd, yr oedd un dasg arall y teimlai, mae'n siwr, fod yn
rhaid iddo ei chyflawni cyn ei farwolaeth. Hon oedd cwblhau y papur y
cafodd wahoddiad i'w baratoi ar gyfer cyhoeddiad teyrnged Bohr, yn y
cylchgrawn *Reviews of Modern Physics*, ar ei drigeinfed penblwydd. Er
gwaethaf y poen a'r blinder yr oedd Williams yn ddioddef, â chyfnodau
lle na allai wneud dim, llwyddodd i gyflawni'r gwaith hwnnw.

Wolfgang Pauli oedd golygydd y cyhoeddiad ac mae rhestr y cyfran-
wyr yn cynnwys llawer o sêr ffiseg y cyfnod, gan gynnwys rhai a enwyd
yn y gyfrol hon megis Max Born, Albert Einstein, Paul Dirac, Lise
Meitner, Llewellyn Hilleth Thomas a John Wheeler yn ogystal â Pauli
ei hun. O'r rhai sy'n absennol y mwyaf nodedig yw Werner Heisenberg
ac efallai Carl von Weizsäcker; adlewyrchiad o'r ffaith eu bod i bob

pwrpas yn garcharorion rhyfel. Ond o safbwynt y gyfrol hon, yr hyn sydd yn nodedig yw presenoldeb Williams, cydnabyddiaeth amlwg o'i statws ar y llwyfan rhyngwladol.

Defnyddiodd Williams y gwahoddiad i droi at un o'r pynciau a oedd agosaf at ei galon ac un lle gwnaeth gyfraniad nodedig, sef ei waith ar ddadansoddi gwrthdrawiadau. Hanfod y gwaith hwnnw, fel y soniwyd eisoes ym mhennod 3, oedd mabwysiadu safbwynt 'lled-glasurol' gogyfer â'r gronynnau dan sylw, gan ddefnyddio ffiseg glasurol ar gyfer darlunio eu mudiant. Craidd y safbwynt oedd bod modd cyflwyno datrysiad damcaniaethol mewn nifer o sefyllfaoedd ar y sail bod y gronynnau yn dilyn llwybrau penodol cyn ac wedi'r gwrthdrawiad dan sylw. Golygai hyn osgoi ymgymryd ag ymdriniaeth lwyr gwantaidd. Nid yw'r dull 'lled-glasurol' yn addas ar gyfer pob sefyllfa a phan mae'n anaddas rhaid dibynnu'n llwyr ar ymdriniaeth gyfangwbl gwantaidd. Pwrpas y papur, fodd bynnag, yw amlinellu'r sefyllfaoedd hynny lle mae'n rhesymol ei ddefnyddio.

Ond pam ddewisodd Williams y pwnc arbennig hwn? Eglura bod y dull 'lled-glasurol' yn galluogi'r gwyddonydd i ddeall yn well hanfodion y prosesau ffisegol sy'n gweithredu o dan y wyneb fel petai, dealltwriaeth nad yw'n amlwg o anghenraid drwy fathemateg astrus ymdriniaeth gwantaidd. Dyma Williams, felly, yn ei bapur olaf, yn tanlinellu ei gred yng ngwerth dal gafael mewn agweddau clasurol er holl lwyddiannau ffiseg cwantwm. Ym mharagraff olaf y papur, wrth gyfeirio at ymdriniaeth gyfangwbl gwantaidd dywed, 'it entails a complete blackout on ordinary ideas. The semi-classical method raises this blackout where possible.'

Ddiwedd Awst 1945 anfonodd gopi o'i erthygl at Bohr, gan ei atgoffa bod y cynnwys yn adlewyrchu'r sgyrsiau a gafodd y ddau pan oedd Williams yn yr Institut, sgyrsiau, meddai, a roddodd gryn fwynhad iddo. Mae'n siwr, felly, y gwelai'r cynnwys fel ei deyrnged ef i Bohr. Hwn oedd llythyr olaf Williams at Bohr. Rhai dyddiau wedyn anfonodd lythyr at ei rieni yn egluro'r trefniadau ar gyfer gadael ei lety yn Belsize Park am y tro olaf a dod adre gyda'i holl feddiannau yng nghar David ei frawd. Sonia i David alw heibio ychydig ddyddiau ynghynt ac iddo adael i ddal y trên yn ôl i Farnborough am ddeg yr hwyr. Dywed hefyd iddo fynd i'r Morlys wedyn i wneud ychydig o waith. Yna, gyda rhyw fflach o hiwmor, er ei gyflwr, mae'n ysgrifennu, 'Fel digwyddodd hi fe gysges yn y stol yn yr Admiralty hyd nes at y boreu!' Gan edrych ymlaen at ddod adre mae'n tanlinellu ei awydd am 'lath enwyn'. Yna mae'n gofyn i'w rieni beidio â gofidio amdano oherwydd, 'ond ei chwilio mae ochr oleu i weld o hyd, a am honno mae rhaid meddwl'.

Wedi dod adre ceisiodd, gyda'i frawd David yn gweithredu fel amenuensis, baratoi crynodeb o'i yrfa ar gyfer y Gymdeithas Frenhinol, ond oherwydd ei wendid ni lwyddodd i ddod i ben â'r dasg ac ar fore Sadwrn, y 29ain o Fedi 1945, bu farw. Fe'i claddwyd ychydig ddyddiau wedyn ar ddydd Mercher, y 3ydd o Hydref, ym mynwent Capel y Cwm, y bedd yng ngolwg ffenest cegin Brynawel. Mynychodd torf niferus y gwasanaeth angladdol gyda dynion yn unig yn bresennol. Cynrychiolent wahanol agweddau ar ei fywyd. Fel y dywedodd Morrice Job, un o fyfyrwyr Williams yn Aberystwyth ac a ddaeth wedyn yn ddarlithydd yn yr adran ffiseg, 'His life was perhaps symbolised by his funeral which took place in a simple village church, and was attended by one Nobel prize-winner, by representatives of learned societies, by high-ranking service officers, by his colleagues and also the villagers.'

Ychydig flynyddoedd wedyn bu farw'r tad a'r fam; Elizabeth Williams ar y 5ed o Fawrth 1948 yn 78 mlwydd oed a James Williams ar y 12fed o Fawrth 1950 yn 82 mlwydd oed. Bu farw ei frawd David ar y 9fed o Awst 1970 yn 76 mlwydd oed a'r brawd arall, John ar y 15fed o Fawrth 1983 yn 85 mlwydd oed.

Dyma'r englyn a gyfansoddwyd gan Idris Reynolds i deulu Brynawel yn 2003:

> Saer maen fu'n asio'r meini – o gariad
> Yn gaer uwchlaw'r Teifi,
> Ef a'i briod fu'n codi
> Trwy eu hoes labordy'r tri.[1]

8

EPILOG

Cofio

Fel y gellid disgwyl, derbyniodd rhieni Williams lu o lythyrau cydym-
deimlad wedi ei farwolaeth oddi wrth gymdogion a chydnabod, yn
ogystal ag unigolion fu'n cydweithio â Williams neu a oedd ag adna-
byddiaeth bersonol ohono yn ystod ei yrfa. Cyhoeddwyd hefyd nifer o
deyrngedau i Williams wedi ei farwolaeth. O'r rhain, y mwyaf cynhw-
ysfawr yw'r ysgrif goffa a gyhoeddwyd gan Patrick Blackett ar gyfer y
Gymdeithas Frenhinol ac sydd i'w gweld yn llyfr Goronwy Evans, *Gwell
Dysg na Golud*. (Mae hon yn un o ddwy deyrnged a baratowyd gan
Blackett; ymddangosodd y llall yng nghylchgrawn *Nature*.) Yn gryn-
odeb teilwng o gyfraniad Williams i'w faes, rhydd hefyd ddarlun cynnes
a llawn cydymdeimlad o'r dyn ei hun. Gwerthfawrogai'r rhieni gonsyrn
a chydymdeimlad Blackett, nid yn unig am iddo ddod i'r angladd ond
am yr hyn a ysgrifennodd am eu mab, geiriau a oedd yn gysur mawr
iddynt ac yn cadarnhau eu balchder ohono. I ddangos eu gwerthfaw-
rogiad anfonasant gyw iâr ac, yn nes ymlaen, geiliog at Blackett. Mae'n
siwr bod hyn yn swnio'n rhyfedd iawn heddiw ond o gofio'r prinder a
oedd yn bodoli wedi'r rhyfel byddai ffowlyn ffres o dde Aberteifi yn
ddanteithfwyd yn Llundain.

Yn naturiol, cafodd ysgrif goffa Blackett gryn gylchrediad ymysg
y teulu, ffrindiau a chydweithwyr. Un person a dderbyniodd gopi gan
Blackett oedd y llyfrbryf a'r achydd Bob Owen, Croesor. Ymddengys
i Blackett ddod i adnabod Owen oherwydd ei fod yn treulio gwyliau

haf mewn tyddyn ar stâd Brondanw ger Llanfrothen. Mae'n amlwg ei fod wedi dod yn gyfarwydd â diddordebau Owen oherwydd dywed ei fod yn anfon copi o'r deyrnged, 'as I know of your great interest in all distinguished Welshmen.'

Parhawyd am rai blynyddoedd i gynnal ymchwil ar belydrau cosmig yn yr adran ffiseg yn Aberystwyth a'r gwaith yn cael ei arwain gan George Evans, y gŵr a ddaeth gyda Williams o Lerpwl. Defnyddid platiau ffotograffig yn ogystal â siambrau cwmwl gan Evans a'i grŵp i astudio traciau pelydrau cosmig ac, er mwyn casglu mesuriadau, fe'u cludwyd i ben Cader Idris a'r Wyddfa. Aethpwyd dramor hefyd, gan weithio mewn cydweithrediad â gwyddonwyr o Brifysgol Padua ac o Goleg y Brifysgol, Prifysgol Llundain i gymryd mesuriadau ar ben un o fynyddoedd uchel yr Eidal. Yn y diwedd daeth y gwaith i ben yn Aberystwyth gydag ymadawiad Evans wedi iddo gael ei benodi'n ddarlithydd hŷn ym Mhrifysgol Caeredin.

Ond er treigliad amser, parhau wna'r cof am Williams. Ym 1962 penderfynodd cyn-ddisgyblion Ysgol Ramadeg Llandysul (fel yr oedd bryd hynny) i sefydlu Ysgoloriaeth Goffa yn yr ysgol i gofio amdano. Yna ym 1970 golygodd J. Tysul Jones, hen gyfaill ysgol Williams, gasgliad o deyrngedau ac ysgrifau amdano, gan gynnwys teyrngedau Blackett, a oedd wedi ymddangos ers ei farwolaeth. Trefnwyd bod unrhyw elw o werthiant y llyfr yn mynd i gronfa'r ysgoloriaeth goffa. Nid yw'n syndod i'r ysgoloriaeth gael ei hanelu at ddisgyblion a lwyddodd i sicrhau gradd A yn arholiad Safon Uwch Mathemateg a Ffiseg, a pharhaodd y drefn pan ddaeth Ysgol Dyffryn Teifi i fod wedi i'r Ysgol Ramadeg gau.

I ddynodi hanner can mlynedd ers marwolaeth Williams penderfynodd y Sefydliad Ffiseg (The Institute of Physics), y corff sy'n cynrychioli'r ddisgyblaeth ym Mhrydain, osod plac ar wal Brynawel i ddynodi man ei eni a'i fagu. Mae gan y Sefydliad gynllun i osod placiau glas i goffáu ffisegwyr enwog ac hyd y gwyddys dyma'r unig blac o'i fath yng Nghymru hyd yma. Mewn seremoni yng Nghwmsychpant ym mis Mai 1995 dadorchuddiodd Vernon Morgan, un o is-lywyddion y Sefydliad a fu'n fyfyriwr yn yr adran ffiseg yn Aberystwyth, y plac ar wal hen gartref Williams. Arno ceir y geiriau:

Ffisegwr o fri
EVAN JAMES WILLIAMS
1903–1945
Distinguished physicist
Lived here

Daeth tyrfa ynghyd i ddathlu'r digwyddiad yn cynnwys aelodau o deulu Williams, prif weithredwr y Sefydliad Ffiseg a swyddogion y Sefydliad yng Nghymru, prifathro Prifysgol Cymru Abertawe a phennaeth adran ffiseg Prifysgol Cymru Aberystwyth, ynghyd â nifer o academyddion eraill. Cyn y seremoni yng Nghapel y Cwm, cafwyd cân gan blant o'r ysgol leol a darlith gan Goronwy Evans yn amlinellu hanes ei fywyd.

Ym Mehefin 2003, gan mlynedd ers geni Williams, dathlwyd dadorchuddiad arall, wrth osod cerfiad o waith y cerflunydd Dennis Jones ar fur ysgol gynradd Llanwenog yn ei goffáu ef a'i frawd David yn y fan lle bu'r ddau yn ddisgyblion. Y tro hwn aelod o'r teulu, merch David, sef Betty Fletcher, gyflawnodd y gorchwyl. Ar yr un pryd cafodd llyfr gan Goronwy Evans ei gyhoeddi yn dwyn y teitl *Gwell Dysg na Golud*, testun y sampler a luniodd Elizabeth Williams. Cyflwyno teulu Brynawel wna'r llyfr, gan roi blas ar hanes y rhieni a'r tri brawd. Serch hynny, â'r llyfr wedi ei gyhoeddi gan mlynedd wedi geni Williams, does ryfedd bod y brawd ieuengaf wedi cael lle blaenllaw ynddo.

Roedd y digwyddiadau hyn yn rhan o ddiwrnod a oedd wedi ei drefnu gan bwyllgor lleol i ddathlu bywyd Williams a daeth torf o ryw bedwar cant o bobl ynghyd. Paratowyd rhaglen gynhwysfawr yn cynnwys pererindod o Gwmsychpant i Gapel Brynteg ac yna i Ysgol Llanwenog. Cafwyd cyflwyniadau byw ac ar ffilm ymhob lleoliad, ag aelodau o blith Clybiau Ffermwyr Ifanc Llanwenog a Phont-siân a disgyblion Ysgol Llanwenog yn cymryd rhan. Rhoddwyd blas o fagwraeth Williams ar yr aelwyd ym Mrynawel a'i berthynas glos â'r cartre gydol ei fywyd gan Goronwy Evans. Talodd Geraint Vaughan a Phil Williams, ill dau o adran ffiseg Aberystwyth, deyrngedau iddo fel gwyddonydd gan danlinellu pwysigrwydd yr hyn a gyflawnodd, a chafwyd gair o werthfawrogiad ar ran Cangen Cymru y Sefydliad Ffiseg gan Alan

Shore o adran peirianneg electronig Bangor. Ymysg y cyflwyniadau ffilm cafwyd golygfeydd dynnwyd gan sine-camera. Maent yn hynod ddiddorol oherwydd ynddynt gwelir aelodau o'r teulu a Williams ei hun yn eu plith – efallai yr unig gofnod ar ffilm ohono. Mae'n ddigon posibl taw ef oedd perchennog y camera.

O edrych yn ôl ni ellir llai na rhyfeddu at yr hyn a gyflawnwyd yn ystod y dydd. Dyma gymdogaeth gyfan yn dod at ei gilydd i ddathlu bywyd un a fagwyd yn eu plith, a hwnnw nid yn brifardd nac yn llenor enwog ond un a enillodd fri fel gwyddonydd. Roedd yn ddigwyddiad unigryw yn hanes gwyddoniaeth yng Nghymru ac yn destun balchder i'r gymuned.

Yn Eisteddfod Genedlaethol Sir Gâr yn 2014 traddodwyd y brif ddarlith wyddonol gan John Meurig Thomas, y cemegydd fu'n gyfarwyddwr y Sefydliad Brenhinol ac yna'n feistr Coleg Peterhouse, Caergrawnt ac a dderbyniodd Fedal y Frenhines am ei waith arloesol ym maes cemeg gatalytig yn 2016. (Ymysg y rhai sydd wedi derbyn y fedal yn y gorffennol y mae tri a adnabu Williams yn dda, sef Patrick Blackett, Paul Dirac a Lawrence Bragg.) Ei destun oedd, 'Dau Gymro, Dau Sais, Un Americanwr'. Roedd Williams yn un ohonynt ac mae'n drawiadol i Thomas roi cryn ofod i'w hanes.

'That volatile genius'

Wrth edrych yn ôl ar yrfa Williams, nid yw'n syndod gweld geiriau ac ymadroddion megis 'athrylith', 'meddwl miniog', 'deallusrwydd eithriadol', 'un o ffisegwyr disgleiriaf ei genhedlaeth' a 'gallu nodedig' yn cael eu defnyddio i'w ddisgrifio. O edrych tu hwnt i'r sylwadau hyn mae'n werth ymhelaethu ychydig ar ddwy agwedd a oedd yn nodweddu ei allu.

Yn gyntaf fe'i cydnabyddir fel arbrofwr medrus yn ogystal â damcaniaethwr praff. Hyd yn oed yng nghyfnod Williams roedd blaengaredd yn y ddwy wedd braidd yn anarferol. Wrth rychwantu'r ddwy agwedd gallai Williams ddefnyddio ei gryfder damcaniaethol i amgyffred pa arbrofion oedd bwysicaf i'w cynnal. Yn yr un modd, anelai nifer o'i gyhoeddiadau damcaniaethol at daflu goleuni ar ganlyniadau arbrofion a thrwy hynny roi cymorth i'r arbrofwyr i ymestyn eu deall o'r prosesau

ffisegol dan sylw. Mae'n siŵr bod safbwynt lled-glasurol Williams
yn gymorth yn hyn o beth. Trawiadol yw sylw Robert Wilson, a fu'n
gyfarwyddwr Labordy Cyflymydd Cenedlaethol Fermi (*Fermilab*) ger
Chicago a chyn hynny yn bennaeth yr adran ffiseg arbrofol yn Los
Alamos, bod dull Weizsäcker-Williams wedi bod yn hynod werthfawr
i arbrofwyr. Yr oedd Williams hefyd yn barod i bontio'r bwlch rhwng
arbrawf a damcaniaeth er hwylustod i eraill. Enghraifft o hynny oedd
model Bragg-Williams lle'r aeth Williams ati i ddatblygu sylfaen ddam-
caniaethol i ganlyniadau arbrofol ar aloion a oedd yn creu dryswch.

Ar y llaw arall, o gofio'r modd y mae cynnydd mewn gwybodaeth
a dealltwriaeth yn arwain bron yn anochel at orfod arbenigo fwyfwy,
gellir gofyn a fyddai yn well pe bai wedi canolbwyntio ar yr ochr ddam-
caniaethol. Ym marn rhai dyma'r wedd oedd gryfaf ac mae'r ffaith iddo
gyfrannu tuag at ddatblygiadau damcaniaethol mewn sawl maes, o
bosibl, yn cryfhau'r farn hon. Tybiai Bragg bod perygl o rannu adnoddau
deallusol rhwng y ddwy wedd a bod ei gryfder damcaniaethol yn ei
wneud o bryd i'w gilydd yn ddiamynedd fel arbrofwr. Yn anffodus,
oherwydd ei farwolaeth annhymig ag yntau yn ei anterth, ni chawn
wybod i ba gyfeiriad yr âi yn y diwedd.

Yr ail wedd yw'r hyn a ddisgrifiodd Niels Bohr fel treiddgarwch
mewnwelediad Williams wrth drin problemau damcaniaethol astrus.
Ar yr un trywydd, sonia Blackett ei fod yn ymdebygu i Bohr yn ei allu i
ddadansoddi hanfodion proses gymhleth drwy ddefnyddio cyn lleied o
fathemateg ag oedd yn bosibl a gweithredu ar sail hanfodion ffisegol y
broses honno. Cyfeirir at Bohr ei hun fel un a oedd â'i afael ar ffiseg ym
mêr ei esgyrn. Dywedwyd rhywbeth tebyg am Werner Heisenberg, sef ei
fod yn deall natur yr ateb i'r broblem dan sylw yn reddfol bron a hynny
cyn mynd ati i'w datrys yn fathemategol. Sylw Peter Kapitza am Ernest
Rutherford oedd fod ganddo fewnwelediad anhygoel – y gwyddai pa
arbrawf i'w chynnal ac am beth y dylid chwilio. Nid gormodedd yw
dweud bod Williams hefyd wedi ei fendithio â chynheddfau tebyg.
Mae'n bosibl taw hyn yw'r rheswm iddo barhau i arddel elfen glasurol
yn ei ddadansoddiadau a'i esboniadau yn hytrach na derbyn canlyniadau
mathemategol ffiseg cwantwm yn ddi-gwestiwn. Drwy wneud hynny
gellid yn aml gael gwell dealltwriaeth o'r ffenomen dan sylw.

Mae'r sylwadau uchod yn tarddu o yrfa Williams fel ffisegydd. Ond peidied ag anghofio ei gyfraniad arloesol a thyngedfennol yn ystod yr Ail Ryfel Byd i faes cwbl wahanol, ymchwil gweithredol – cyfraniad na chafodd gydnabyddiaeth haeddiannol. Nid yw hyn, efallai, yn gwbl annisgwyl. Oherwydd gofynion cyfrinachedd wedi'r rhyfel ni chafodd cyfraniad ymchwil gweithredol lawer o gyhoeddusrwydd. Yn ogystal, roedd natur y gwaith yn golygu na ddenodd y math o sylw a ddeuai i ran y bom atomig neu radar. Hyd yn oedd heddiw nid yw yn wyddor sy'n gyfarwydd ar lawr gwlad er ei bod yn erfyn allweddol ym myd busnes a rheolaeth.

Serch hynny, gellir dadlau taw dyma un o gyfraniadau pwysicaf Williams. Yn gyntaf, fel y disgrifwyd ym mhennod 6, profodd ei waith ef a'i gydweithwyr yn allweddol yn yr ymgyrch i orchfygu bygythiad yr U-fadau ym Môr Iwerydd – bygythiad a oedd yn ddinistriol o safbwynt gallu Prydain i barhau i frwydro'n effeithiol. Nid ar chwarae bach y mae defnyddio'r gair 'tyngedfennol' i ddisgrifio yr hyn y llwyddodd Williams i'w gyflawni.

Yn ail, cydnabyddir bod datblygiad ymchwil gweithredol yn ystod yr Ail Ryfel Byd wedi gosod seiliau y wyddor fel ei cydnabyddir heddiw. Yn fwy na dim dangosodd profiad y cyfnod pa mor bellgyrhaeddol ac effeithlon ydoedd. Yn wir, bernir y gallai yr Almaen fod wedi ennill brwydr yr U-fadau, ac efallai y rhyfel, pe bai hi wedi datblygu dulliau cyffelyb. Drwy ei waith yn y Rheolaeth Arfordirol ac yna yn y Morlys yr oedd Williams ar flaen y gad ac nid gormodedd fyddai ei ddisgrifio fel un o dadau cynnar pwysicaf ymchwil gweithredol.

Un o'r ymadroddion hynotaf am Williams yw *that volatile genius*. Fe'i ynganwyd gan Bragg ond nid ef oedd yr unig un i gyfeirio at y wedd yma; *mercurial temperament* oedd disgrifiad Mark Oliphant. Mae'n amlwg bod elfen o fyrbwylldra yn rhan o'i gynhysgaeth, yn enwedig yn ei ddyddiau cynnar fel gwyddonydd. Byddai ar frys i fynd i'r afael â pha bynnag broblem oedd dan sylw, gan ymgolli yn y dasg tan oriau mân y bore os oedd angen ac anwybyddu popeth arall. Efallai fod y brys hwn yn deillio yn rhannol o'r nod a osododd i'w hun yng nghwmpeini ei ffrindiau ysgol ac nad oedd amser i'w golli er mwyn ei wireddu, er i hyn, fel y soniwyd ym mhennod 4, gyfyngu ar ei ddiddordebau allanol.

Evan James Williams

Mewn cyfarfodydd gyda'i gydweithwyr mae'n debyg y gallai fod yn hynod ymrysongar ar faterion gwyddonol. Nodwedd gyffelyb a welodd un o'i athrawon ysgol pan ddywedodd bod sgwrs gyda Williams yn golygu wynebu cawod o gwestiynau treiddgar. Tebyg oedd atgof Ceiri Griffith a fu'n fyfyriwr ac ymchwilydd yn adran ffiseg Coleg Prifysgol Cymru, Aberystwyth, yn ystod y pedwardegau cyn ymuno ag adran ffiseg Coleg y Brifysgol Llundain, a'i ddyrchafu'n athro maes o law. Prin y cafodd Griffith gyfle i gwrdd â Williams ond cofiai hanesion amdano yn cerdded o gwmpas y labordai er braw i'r myfyrwyr a oedd yn bresennol rhag ofn iddynt orfod wynebu croesholi manwl.

Serch hynny, ar lefel bersonol mae'n amlwg bod cryn hoffter ohono ymysg y gwyddonwyr y deuai i gysylltiad agos â nhw. Cyfeiriwyd ym mhennod 3 at barodrwydd Williams i helpu ei gyd-weithwyr. Sonia John Wheeler, ag yntau newydd ddod i'r Institut yn Copenhagen, am gynhesrwydd Williams a'r cymorth a gafodd ganddo i setlo lawr. Dywedodd yr astroffisegydd William McCrea a fu, gyda Williams, yn aelod o'r tîm ymchwil gweithredol yn ystod y rhyfel, gymaint o foddhad a gafodd o gydweithio gydag ef. Ar y llaw arall, i Blackett, roedd yna ochr swil a oedd yn pendilio â'r wedd ymrysongar, gydag amharodrwydd i sgwrsio am faterion mwy personol. Mae'n bosibl bod y sylw yn dweud rhywbeth am Blackett hefyd, yntau yn berson syber gydag elfen o'r uchelwr amdano. Awgrymodd David, brawd Williams, ei fod yn gyfforddus yng nghwmni'r rhai oedd gyfuwch ag ef, ond yn ei chael hi'n anodd i fagu cyfeillgarwch â'r rhai oedd yn uwch, boed yn broffesiynol neu o safbwynt eu statws cymdeithasol.

Ceir awgrym yma o'r gwahaniaeth rhwng cefndir gwerinol a digon tlawd Williams ac un breintiedig dosbarth canol ac uwch llawer iawn o'i gyd-wyddonwyr, i enwi dim ond Bohr a Blackett – ffaith sy'n gwneud ei lwyddiant gymaint â hynny yn fwy nodedig. Ar y llaw arall, pwy a wadai nad oedd gwerthoedd a dylanwadau ei fagwraeth ym Mrynawel, o'u cyfuno â'i athrylith gynhenid, yn sail cyn gadarned iddo?

Bragg ddywedodd fod Williams yn berson hynod anghonfensiynol, gan ddwyn i gof sylw cyd-fyfyriwr yn Abertawe ei fod braidd yn egsentrig. Cofia Bragg achlysur pan dderbyniodd Williams wahoddiad i ginio gydag Is-Ganghellor Prifysgol Manceinion. Ychydig cyn y dyddiad, â Williams heb anfon i gadarnhau ei bresenoldeb, anfonodd yr is-ganghellor ei yrrwr i lety Williams i'w holi. Cafodd yr ateb nad oedd eto wedi dod i benderfyniad. Efallai bod ei ymateb yn enghraifft o elfen wrth-sefydliadol a oedd, fe ddywedir, yn rhan o'i gynhysgaeth; elfen a oedd yn gwrthod plygu i gonfensiwn os nad oedd rhaid. Mae'n debyg taw adlewyrchu hyn wna Blackett wrth ddweud nad oedd Williams wedi llwyr ddod i delerau â ffyrdd mwy syber y Sais. Gyda'i dymer bywiog, tueddiad i ymddwyn yn annisgwyl ar brydiau ac ysbryd direidus ei lencyndod yn dal i gyniwair, nid yw sylwadau Blackett a Bragg yn gymaint o syndod o gofio cefndir dosbarth canol-uwch y ddau.

Yng nghwmni ei gyfeillion agos, byddai hwyl a sbri llencyndod yn brigo i'r wyneb. Fel Desin y câi ei gyfarch ac iddyn nhw roedd bod yn ei gwmni yn bleser, er y gallai fod yn ddigon penstiff a gwrthnysig ar adegau. Roedd cynhesrwydd a bywiogrwydd ei gymeriad yn ddigon i swyno'r merched a ddaeth yn rhan o'i fywyd. Nid rhyfedd i'w brifathro yn Aberystwyth ddatgan bod ganddo duedd i adael i'w galon gael y gorau arno weithiau. Ceir adlais cyffelyb mewn sylw gan Marion Guild taw caredigrwydd oedd y rhinwedd bwysicaf iddo.

Heblaw am wyddoniaeth, pwnc arall, yn ôl ei frawd David a Blackett, a oedd yn codi mewn sgyrsiau oedd gwleidyddiaeth. Dywed Blackett, yn ei ysgrif goffa, fod Williams wedi ystyried rhoi ei enw ymlaen fel ymgeisydd yn yr is-etholiad a gynhaliwyd ym 1943 i ethol aelod seneddol i gynrychioli Prifysgol Cymru. Mae'n bosibl taw ffrwyth sgyrsiau gyda Williams yw'r sylw hwn, gan nad yw'n ymddangos iddo fynd â'r mater ymhellach. Ymysg ei bapurau mae taflen a gyhoeddwyd gan Blaid Cymru ym 1936 yn galw am gyfraniadau tuag at gostau llys tri Penyberth a llythyr (heb ddyddiad) yn ymwneud â chyfraniad gan Williams i un o'r cronfeydd oedd yn estyn cymorth dyngarol gogyfer â'r rhyfel cartref yn Sbaen (Youth Foodship for Spain). 'Keen progressive' yw'r ymadrodd a ddefnyddia Blackett i ddisgrifio safbwynt Williams, sy'n awgrymu ei fod yn rhannu daliadau sosialaidd Blackett a nifer o wyddonwyr eraill y bu'n gweithio gyda nhw gydol y rhyfel. Oherwydd llwyddiannau y dulliau cynllunio gwyddonol a ddatblygwyd ganddo ef a'i gydweithwyr yn ystod y rhyfel mae'n siwr ei fod ef, fel Blackett, yn awyddus i weld dulliau cyffelyb yn cael eu defnyddio gan lywodraeth y dydd.

Am ei ddaliadau eraill ychydig a wyddom. Soniwyd eisoes bod dadleuon ynghylch crefydd gyda'i dad wedi cythruddo hwnnw ar ade-gau. Mewn sgwrs gydag un o swyddogion y Morlys, ag yntau yn gwybod na fyddai'n byw yn hir, dywedodd nad oedd yn tybio bod bywyd wedi marwolaeth a'i fod yn dawel ei feddwl ynghylch yr hyn a oedd i ddod. Serch hynny, mynegodd wrth Guild ei fod yn edifar na allai rhyw gys-god o'i ymwybyddiaeth oroesi marwolaeth pe bai ond i glywed murmur yr awel yn y coed.

Yn ei ddarlediad radio awgrymodd Williams bod defnyddio ffiseg cwantwm yn debyg i siarad iaith newydd a'i bod yn amhosibl cyfieithu, fesul brawddeg, o'r iaith honno i iaith ffiseg glasurol. Wrth ddefnyddio'r gyfatebiaeth ieithyddol hon, tybed a oedd hefyd, yng nghefn ei feddwl, yn cymharu ei fywyd proffesiynol, Saesneg, â'r bywyd Cymraeg a brofai yn ôl yng Nghwmsychpant.

Yn y cyswllt hwn tystia Goronwy Evans yn *Gwell Dysg na Golud* nad anghofiodd Williams ei wreiddiau a'r fro lle'i magwyd. Pan oedd gartre, fel Desin y câi ei adnabod gan drigolion yr ardal yn hytrach na Mr Williams; dyna oedd ei ddymuniad a gwae'r person a'i cyfarchai yn ffurfiol. Beth bynnag am ei fywyd yn y byd academaidd neu filwrol, roedd am ddal gafael yn y bywyd a'r diwylliant pentrefol a oedd yn sail i'w fagwraeth. Mae hyn i'w weld yn yr ychydig lythyrau personol sydd wedi dod i'r golwg. Mae y rhan fwyaf ohonynt yn deillio o'i gyfnod yn Copenhagen. Ynddynt, ac yn yr ychydig lythyrau eraill at ei dad a'i fam, mae'n ysgrifennu'n gyfangwbl yn Gymraeg gydag ambell derm Saesneg yma a thraw (gwelir rhai ohonynt yn y paragraff nesaf). Dyna hefyd oedd cyfrwng y llythyra rhyngddo a'i frodyr. Y Gymraeg oedd iaith ei ohebiaeth answyddogol â chyd-weithwyr Cymraeg eu hiaith yn Aberystwyth, gan gynnwys y prifathro. Cyfeiriwyd eisoes ym mhennod 6 at ei arferiad o siarad Cymraeg gyda'i frawd a W. J. Richards tra yn Farnborough. Mae hyn i gyd yn dwyn i gof sylw Blackett ei fod yn fwy cyfforddus yn iaith ei febyd.

Yn llythyron Copenhagen, er yn sôn am ei waith a'r unigolion y deuai ar eu traws, a'i brofiadau yn y ddinas a'i deithiau yn Denmarc ac i wledydd eraill, mae'r bywyd yn ôl yng Nghwmsychpant yn des-tun amlwg. Yn naturiol mae diddordeb cyson yn yr hyn sy'n digwydd ym Mrynawel. Mewn mwy nag un llythyr mae'n cyfeirio at '*artificial leg*' ei dad, gan ei siarsio i fynd ati i'w defnyddio. Gofynna a oedd y '*gramophone*' yn cael ei ddefnyddio ac yna holi am y '*wireless*'. Mae'n amlwg bod hwnnw yn creu trafferth, oherwydd mae Williams am gael gwybod a lwyddwyd i'w gael i weithio. Mewn llythyr arall sonia ei bod hi'n 'amser tynu tato' gan ofyn os yw hynny wedi digwydd eto. Ceir ymholiadau am ei frodyr a'u teuluoedd gan ddilyn yn aml rhyw hanesyn neu'i gilydd a oedd wedi ei gofnodi yn un o lythyrau ei rieni.

Ceir cyfeiriadau hefyd at weithgareddau yn yr ardal; mae 'gweld y llafuriau' tra'n teithio ar drên yn ei atgoffa bod 'y gweiriau siwr i fod miwn i gyd yna.' Dro arall mae'n sôn am gynllun i bwmpio dŵr i Gwmsychpant o ffynnon gerllaw. Barn Williams oedd taw methiant fyddai'r cynllun ac yn ôl Goronwy Evans dyna oedd y canlyniad yn y diwedd. Yn ei lythyr olaf o Copenhangen mae'n trafod ei gynlluniau ar gyfer dod yn ôl a hynny yn ei atgoffa bod angen prynu teiars newydd i'w 'Ford' a'r posibilrwydd o newid hwnnw am gar arall. Sonia y byddai wedi dymuno bod gyda'i rieni pan aethant ar drip i Fannau Brycheiniog ac yna dywed, 'Wyf wedi dychmygu Cwmsychpant . . . lawer gwaith yn fy meddwl.'

Er teithio byd roedd ei galon yn dal ym mro ei febyd, yn ei diwylliant a'i hiaith.

Yn anorfod mae ysgrifau am Williams yn troi at ddyfalu am yr hyn a allai fod pe bai wedi cael byw – ystyriaethau 'petai' a 'petasai'. Yn sicr yr oedd llawer mwy i ddod ond yn y pendraw ni ellir ond dyfalu, a dim mwy. Serch hynny, ni ellir llai nag ymfalchïo yn ei fywyd, er mor fyr. Mae stori'r crwt o dde Sir Aberteifi a ddaeth yn ffigur blaenllaw yn ystod un o gyfnodau mwyaf cyffrous a chwyldroadol gwyddoniaeth yr ugeinfed ganrif ynddi ei hun yn un rhyfeddol. Mwy na hynny, nid stori wedi ei chyfyngu i'r labordy ydyw. Yn hytrach, mae am berson cig a gwaed, cymeriad direidus, Cymro gwlatgar a gŵr â chalon gynnes.

Dyna, chwedl ei ffrind ysgol E. T. Davies, oedd ei fawredd.

NODIADAU

Pennod 2

1. Yn yr olaf o'r pump cyflwynodd Einstein ei hafaliad enwog yn cysylltu egni 'E' â màs 'm': $E = mc^2$. 'c' yw cyflymder golau.

2. $E = hv$ yw'r hafaliad, gydag 'E' yn cyfateb i egni'r pecyn a 'v' i'w amledd.

3. Sef $E=hv$.

4. Cyfieithiad Walford Gealy. Gweler ei lyfr, *Wittgenstein* (Dinbych: Gwasg Gee, 1980).

5. Mae egwyddor cadwraeth egni yn gysyniad creiddiol ym maes ffiseg. Gall egni newid o un ffurf i'r llall, er enghraifft y mae peiriant sy'n arafu yn colli egni symud (cinetig) oherwydd ffrithiant, ond mae cyfanswm yr egni yn gyson oherwydd y cynnydd mewn egni gwres. (Cofier bod hafaliad enwog Einstein sy'n cysylltu egni â màs ac y cyfeiriwyd ati ynghynt yn y bennod hon, yn golygu bod yn rhaid cynnwys màs yn yr egwyddor.)

6. $E=hv$ a $\lambda = h/p$ oedd y ddau hafaliad; 'E' yn cyfateb i egni, 'v' i amledd, 'p' i momentwm a 'λ' i tonfedd.

7. Mae tonnau sefydlog yn ffenomen digon cyffredin. Er enghraifft mae tant feiolin, dyweder, ond yn seinio nodau arbennig pan gaiff ei blicio – y nodyn sylfaenol a'r harmonïau. Cyfetyb y rhain i donfeddi penodol; pob un â'r priodwedd bod y pellter rhwng dau begwn y tant yn gyfwerth â lluosrif hanner gwerth y donfedd dan sylw. O'i roi mewn ffordd arall, dim ond tonnau â thonfeddi sy'n ffitio hyd y tant sy'n bosibl.

8. Ymysg priodweddau tonnau mae diffreithiant yn nodwedd waelodol. Yn syml mae'n deillio o'r modd y mae ton yn plygu o gwmpas rhwystr yn hytrach na theithio ar hyd llinell syth. Felly, pan fo gwrthrych soled yn cael ei oleuo gan ffynhonnell gywasgedig mae ymyl cysgod y gwrthrych yn arddangos bandiau (fringes) tywyll a golau yn hytrach na bod yn gwbl glir. Enghraifft drawiadol yw'r cylch o oleuni a welir o bryd i'w gilydd o gwmpas y lleuad, canlyniad diffreithiant gan ronynnau yn yr atmosffer. Fel y crybwyllir ym mhennod 3, digwydd rhywbeth tebyg pan fo pelydrau X yn treiddio trwy risial. Mae'r pelydrau sy'n ymddangos yr ochr arall yn arddangos patrwm sy'n 'adlewyrchu' dosbarthiad yr atomau o fewn y grisial.

9. $\Delta p \, \Delta q > h/2\pi$ yw'r hafaliad. Mae 'Δp' yn cynrychioli ansicrwydd momentwm a 'Δq' ansicrwydd lleoliad. Mae '>' yn symbol sy'n golygu 'yn hafal neu fwy na'. 'h' yw cysonyn Planck. Roedd datganiad Heisenberg yn hynod bellgyrhaeddol. Megis dehongliad Born ynghylch tebygolrwydd yr oedd yr egwyddor yn tanseilio

penderfyniaeth, cysyniad sydd, fel y nodwyd ar ddechrau'r bennod, yn waelodol o safbwynt ffiseg glasurol. Wrth gwrs, oherwydd bod gwerth cysonyn Planck yn eithriadol fach nid yw canlyniadau'r egwyddor i'w gweld ond ar lefel atomig.
10. Er mwyn osgoi dryswch, defnyddir 'ffiseg cwantwm' o hyn allan.

Pennod 3

1. Nid ym 1927 fel sy'n cael ei gofnodi gan sawl person gan gynnwys Blackett yn ei ysgrif goffa.
2. Mesur o'r rhwystr i gerrynt trydan lifo drwy'r aloi.

Pennod 5

1. Cofier bod grym trydanol yn gwrthyrru gronynnau o'r un wefr ac yn atynnu gronynnau â gwefr wahanol, megis proton (gwefr bositif) ac electron (gwefr negatif).

Pennod 7

1. Cyhoeddwyd englyn Idris Reynolds yn llyfr Goronwy Evans, *Gwell Dysg na Golud* (Llandysul: Gwasg Gomer, 2003).

LLYFRYDDIAETH

Rhagair

Mae manylion llyfrau J. Tysul Jones a Goronwy Evans i'w gweld isod (adran Pennod 1).

Cyhoeddwyd yr erthygl ar gysylltiad Bohr â thri gwyddonydd o Gymru yn *Y Traethodydd*.

Dyma'r manylion:

Roberts, Gareth Ffowc a Wynne, Rowland, 'Copenhagen a Chymru', *Y Traethodydd*, 169 (2014), 95–113.

Pennod 1

Bu llyfr Goronwy Evans yn gefnlen hynod werthfawr i'r bennod. Felly hefyd y casgliad teyrngedau a olygwyd gan Tysul Jones a'r cyhoeddiad i ddathlu canmlwyddiant Ysgol Llandysul a olygwyd gan Arwyn Pierce ac sy'n cynnwys detholiadau o gylchgronau yr ysgol. Yr oedd llyfr David Dykes, sy'n croniclo hanes Coleg Prifysgol Abertawe, yn gymorth wrth baratoi braslun o ddyddiau cynnar y coleg. Yn ogystal, bu'r cyfle i bori yn y deunydd sydd ar gael yn Archif Richard Burton, Prifysgol Abertawe a phapurau Patrick Blackett (a gedwir yn Llyfrgell y Gymdeithas Frenhinol) yn brofiad tra gwerthfawr a chynhyrchiol.

Manteisiais ar garedigrwydd Goronwy Evans a roddodd fenthyg y dogfennau ynghylch Williams a ddaeth i'w law ac sy'n berthnasol i'r bennod hon a rhai o'r penodau eraill. Mae peth o'r deunydd wedi ei drosglwyddo i Neville Evans a chefais bob cymorth ganddo yntau hefyd. (Erbyn hyn mae'r deunydd hwn yn nwylo Prifysgol Abertawe.)

Dyma'r manylion:

Dykes, David, *The University College of Swansea: An Illustrated History* (Stroud: Alan Sutton, 1992).

Evans, Goronwy, *Gwell Dysg na Golud* (Llandysul: Gwasg Gomer, 2003).

Jones, J. Tysul (gol.), *Yr Athro Evan James Williams, DSc, FRS, 1903–1945.*
Gwyddonydd o Gymro Byd-Enwog/A World-famous Welsh Scientist (Llandysul:
Gwasg Gomer, 1970).

Pierce, Arwyn (gol.), *Canmlwyddiant Addysg Uwchradd yn Llandysul*
(Llandysul: Gwasg Gomer, 1995).

Pennod 2

Nid oes prinder o lyfrau yn olrhain hanes ffiseg cwantwm. Fodd bynnag, ar ôl
edrych yma a thraw deuthum i'r casgliad bod llyfr Manjit Kumar yn croniclo'n
ddeheuig y cyfnod sy'n cael ei drafod yn y bennod a gwnes ddefnydd helaeth
ohono. Gan fod Niels Bohr yn ffigur canolog yn natblygiad ffiseg cwantwm
roedd hefyd yn naturiol troi at gofiant Abraham Pais ohono. Mae'r ohebiaeth
rhwng Bohr ac Edwin Owen i'w weld yn Archif Bohr a cheir ychydig o hanes eu
cyfeillgarwch yng Nghaergrawnt yn y llyfr a gyd-awdurwyd gan Finn Aaserud,
cyfarwyddwr yr Archif.

Bu darllen llyfr Iwan Morus ynghylch ffiseg y bedwaredd ganrif ar bymtheg yn
fuddiol er mwyn gwerthfawrogi twf ffiseg cyn datblygaid ffiseg cwantwn.

Dyma'r manylion:

Aaserud, Finn a Heilbron, John L., *Love, Literature and the Quantum Atom*
(Rhydychen: Gwasg Prifysgol Rhydychen, 2013).

Kumar, Manjit, *Quantum: Einstein, Bohr and the Great Debate about the Nature
of Reality,* (Llundain: Icon Books, 2008).

Morus, Iwan Rhys, *When Physics Became King* (Chicago: University of Chicago
Press, 2005).

Pais, Abraham, *Niels Bohr's Times in Physics, Philosophy and Polity* (Rhydychen:
Gwasg Prifysgol Rhydychen, 1991).

Penodau 3, 4 a 5

Mae'r tair pennod hyn yn canolbwyntio ar yrfa academaidd Williams ac mae y
crynhoad o'i waith ymchwil a groniclir gan Patrick Blackett yn ei ysgrif goffa yn
hynod werthfawr fel man cychwyn. Wrth gwrs, mae tystiolaeth uniongyrchol o'i
gyfraniad helaeth i'w weld yn yr ymron i chwe deg o gyhoeddiadau a ymddengys
mewn cylchgronau cydnabyddedig, y rhan fwyaf yn adnabyddus ar lefel ryngwl-
adol. (Ar gyfer y llyfr hwn prin y gellir gwneud mwy na chrafu wyneb y cyhoeddi-
adau hyn oherwydd eu natur astrus.)

Penderfynwyd rhoi amlinelliad o natur y canolfannau y bu Williams yn
gweithio ynddynt ynghyd â sôn ychydig am rai o'r cymeriadau y daeth ar eu

traws. Bu cofiannau arweinwyr y canolfannau hyn yn ogystal â rhai gwyddonwyr enwog y byddai Williams wedi ymwneud â nhw yn hynod ddefnyddiol. Rhestrir y rhai mwyaf perthnasol isod.

Fel y gellid disgwyl, cyhoeddwyd nifer o lyfrau yn canolbwyntio ar natur a chymeriad rhai o'r sefydliadau ffiseg enwog lle bu Williams yn gweithio. Bu llyfrau Brian Cathcart (ynghylch y Cavendish) a Gino Segre (am yr Institut) yn werthfawr yn y cyswllt hwn.

Cofnododd un o ddarlithwyr adran ffiseg Coleg Prifysgol Cymru, Aberystwyth, Mervyn Jones, hanes ffiseg yn y coleg o'i sefydlu ym 1872 tan 1991. Bûm yn ddigon ffodus i gael benthyg copi o'r teipysgrif trwy garedigrwydd Guto Roberts, a fu'n un o fyfyrwyr ymchwil Jones, ac elwa ar y wybodaeth ynddo ynghylch cyfnod Williams yn yr adran. Rhoddwyd bywyd yr adran yn ei gyd-destun ehangach gan lyfr Edward Ellis, sy'n croniclo hanes y coleg, a gohebiaeth sydd yn archif y sefydliad.

Llwyddwyd i daflu golwg ar sawl agwedd drwy bori yn archif Williams ym Mhrifysgol Aberystwyth ac archif Bohr. (Mae'r ohebiaeth rhwng Bohr a Williams i'w weld ar ficroffilm yn llyfrgell yr Amgueddfa Wyddoniaeth, Llundain.) Felly hefyd archif y Comisiwn Brenhinol ar gyfer Arddangosfa 1851. Cefais y cyfle i fenthyg y llythyrau a anfonodd Williams at ei rieni o Copenhagen gan Goronwy Evans.

Bu gwasanaeth archif BBC Cymru yn ddigon caredig i roi caniatâd i mi weld a chyfeirio at sgript darllediad radio Williams, 'The Atomic World'.

Dyma'r manylion:
Brown, Andrew, *The Neutron and the Bomb: A Biography of Sir James Chadwick* (Rhydychen: Gwasg Prifysgol Rhydychen, 1997).
Cathcart, Brian, *The Fly in the Cathedral* (Efrog Newydd: Farrar, Straus and Giroux, 2004).
Ellis, E. L., *The University College of Wales, Aberystwyth, 1872–1972* (Caerdydd: Gwasg Prifysgol Cymru, 1972).
Farmelo, Graham, *The Strangest Man: The Hidden Life of Paul Dirac, Quantum Genius* (Llundain: Faber & Faber, 2009).
Hunter, Graeme K., *Light is a Messenger: The Life and Science of William Lawrence Bragg* (Rhydychen: Gwasg Prifysgol Rhydychen, 2004).
Monk, Ray, *Inside the Centre: The Life of J. Robert Oppenheimer* (Llundain: Vintage, 2013).
Moore, Walter, *A Life of Erwin Schrödinger* (Caergrawnt: Gwasg Prifysgol Caergrawnt, 1994).
Nye, Mary Jo, *Blackett: Physics, War and Politics in the Twentieth Century* (Cambridge, Massachusetts: Harvard University Press, 2004).

Pais, Abraham, *Niels Bohr's Times in Physics, Philosophy and Polity* (Rhydychen: Gwasg Prifysgol Rhydychen, 1991).

Peierls, Rudolf, *Bird of Passage: Recollections of a Physicist* (New Jersey: Princeton University Press, 1985).

Schweber, Silvan S., *Nuclear Forces: the making of the physicist Hans Bethe* (Cambridge, Massachusetts: Harvard University Press, 2012).

Segre, Gino, *Faust in Copenhagen* (Llundain: Pimlico, 2008).

Wheeler, John A., 'Some Men and Moments in the History of Nuclear Physics: The Interplay of Colleagues and Motivations', yn Stueber, Roger H. (gol.), *Nuclear Physics in Retrospect: Proceedings of a Symposium on the 1930s* (Minneapolis: University of Minnesota Press, 1979), 217–306.

Wheeler, John A., *Geons, Black Holes and Quantum Foam* (Efrog Newydd: W. W. Norton & Co., 1998).

Dyma gyfeirnod ysgrif goffa Patrick Blackett (fel y soniwyd, mae'r ysgrif i'w gweld yn llyfrau Goronwy Evans a Tysul Jones):
Blackett, Patrick, 'Evan James Williams, 1903–1945', *Obituary Notices of Fellows of the Royal Society*, 5 (1947), 386–406.

Pennod 6

O gofio bod datblygiad technegau ymchwil gweithredol (YG) fel rhan o'r ymgyrch yn erbyn badau tanfor yn ystod yr Ail Ryfel Byd yn faes pur arbenigol a heb ddenu y sylw a gafodd rhai agweddau eraill, bûm yn ffodus bod Stephen Budiansky wedi cyhoeddi llyfr darllenadwy yn adrodd yr hanes. Mae'r bennod hon yn dibynnu'n drwm ar gynnwys y llyfr, nid yn unig o safbwynt gwaith Williams ond hefyd drwy roi braslun o ddatblygiad y llong danfor fel erfyn rhyfel.

Fel yn y penodau eraill, bu sylwadau Patrick Blackett yn ei ysgrif goffa, ynghyd â chynnwys rhai o'r cofiannau y cyfeiriwyd atynt uchod, yn gymorth hefyd.

Dyma'r manylion:
Budiansky, Stephen, *Blackett's War* (Efrog Newydd: Vintage Books, 2013).

Penodau 7 ac 8

Pwyswyd ar bapurau Blackett, archif Williams yn Aberystwyth a llyfr Goronwy Evans wrth baratoi y penodau yma. Cefais hefyd y cyfle i ddarllen y llythyrau a'r dogfennau ddaeth i law Goronwy Evans. Daw'r cyfeiriadau at rôl rhai o gydnabod Williams yn ystod yr Ail Ryfel Byd o'r cofiannau a nodwyd uchod.

MYNEGAI